JN281385

METHODS OF THEORETICAL PSYCHOLOGY

理論心理学の方法

論理・哲学的アプローチ

A.クークラ ●著 André Kukla
羽生義正 ●編訳 Habu Yoshimasa

北大路書房

METHOD OF THEORETICAL PSYCHOLOGY
by
André Kukla

Copyright © 2001 by Massachusetts Institute of Technology
　This translation published by arrangement with The MIT Press through The English Agency (Japan) Ltd.

哲学理論と心理学理論を区別するのに決まった公式はない。両者の区別はただ，理論構成においてある手段をうながす際に効いている制約が哲学的なものか心理学的なものかを示す，目安にすぎないのだ。ともあれ，本書の各章はそのような基本姿勢で書かれている。すなわち，哲学的論拠と心理学的論拠のいずれにも区別なく頼っている。じつは私自身，もっと区別しないようになればとさえ思っている。というのは，学問の本当の進歩は，どんな伝統的学問領域から提供される事柄をも十分に超えるような論証スタイルをすべて使いこなす研究者によってのみ実現されることが，まずまちがいないと考えるからである。これこそは，最近みられる認知科学を発展させることへの関心が，ただのお祭り騒ぎになるきらいはあるとはいえ，有望視される点である。

　　　　　　　　　　　　——ジェリー・フォーダー（Jerry Fodor, 1981a, p.19）

まえがき

　本書の起源は，アメリカン・サイコロジスト誌に掲載された私の論文「心理学における非経験的な諸問題」(Kukla, 1989) にまでさかのぼる。その論文で私がねらったのは，率直にいって論争を起こすことであった。私はそこで，心理学者たちに，今まで心理学がその科学的営みにおいて，理論的研究の範囲と種類と重要性を，はなはだしく，しかも故意に過小評価してきたことを納得してもらいたかった。議論を招くことは承知で，私は，解決のために経験的研究が必要とされない，つまり，思考しか必要とされないような，重要な理論的問題がたくさんあることを，同僚たちに説得しようとしたのである。もちろん私はそれを立証するために，さまざまな例を用意した。説明の便宜上，これらの例をおおまかに分類し理論的活動のなかに位置づけた。こうしてでき上がったくだんの論文を，半分冗談に，「ひじ掛け椅子の心理学者のための職務内容説明書」とよんだものだった。

　その後，私は職務内容の説明そのものに興味をもつようになった。ことの発端となった論争的プロジェクトにおけるその役割とはまったく別に，以前のおおまかな分類法を拡張し明確化することが，行なうに値するメタ理論的 (metatheoretical) プロジェクトだと私は思った。この立場から私は多くの論文を発表した。そのなかで最も内容的に充実した論文は「心理学における理論的分析の方法としての拡充と単純化」(Kukla, 1995a) である。

　本書は先行するこの2本の論文の精神を受け継いでいる。1989年の論文と同様に本書は，心理学者に，自分たちが理論的研究に当然支払うべき対価をこれまで支払ってこなかった，ということを確認してもらう（いっそう力のこもった）試みである。本書はまた，1995年の論文と同様，この分野を説明する概観的文献にもなっている。ただし私の記述の仕方は，理論心理学を扱ったほかの概観とは異なっている。ほかの概観的著作（たとえば，Marx and Hillix, 1973; Wolman, 1981）は，内容を個々の理論的アプローチに分けて説明する。これらの著書は，精神分析理論の章，S-R理論の章，などなどからなっている。それに対して本書では，理論心理学という領域を理論的活動の諸タイプに分割する。実際のところ本書は，理論心理学のなかで書かれた著作ではない。本書は理論心理学に関する著書である。もっと正確に言えば，本書は，心理学内部の，正当であるにもかかわらず今まで無視されてきた専門領域を説明する試みである。

　本書を執筆するにあたって想定した読者層は実験心理学者のコミュニティである。けれども，心理学者の間では常識となっている情報も随所で取りあげた。たとえば，心理学者であれば「効果の法則」とは何かを教わる必要はないのだが，（第4章で）

初めてこの法則に触れるときには，1つの段落を初歩的な説明にあてている。このような初歩的な加筆をしたのは，心理学が専門でないけれども本書が扱う話題に関心をもたれる方々にも，読みやすくするためである。

以下に，本書のもとになった論文の一覧表をかかげておく。

"Nonempirical Issues in Psychology," *American Psychologist* 44 (1989): 785-794.

"Is AI an Empirical Science?" *Analysis* 49 (1989): 56-60.

"Clinical Versus Statistical Theory Appraisal," *Psychological Inquiry* 1 (1990): 160-161.

"Evolving Probability," *Philosophical Studies* 59 (1990): 213-224.

"Ten Types of Scientific Progress," in *Proceedings of the 1990 Biennial Meeting of the Philosophy of Science Association*, volume 1.

"Theoretical Psychology, Artificial Intelligence, and Empirical Research," *American Psychologist* 45 (1990): 780-781.

"Teaching Armchair Psychology," *International Society for Theoretical Psychology Newsletter* 7 (1991): 2-4.

"Unification as a Goal for Psychology," *American Psychologist* 47 (1992): 1054-1055.

"Amplification and Simplification as Modes of Theoretical Analysis in Psychology," *New Ideas in Psychology* 13 (1995): 201-217.

"Is There a Logic of Incoherence?" *International Studies in the Philosophy of Science* 9 (1995): 59-71.

"On the metametatheory of psychology: A reply to Dawson, Green, Mackay and Rozeboom," *New Ideas in Psychology* 13 (1995): 247-257.

最後になるが，Dan Chiappeさん，Chris Greenさん，およびElliot Paulさんに，心から感謝の意を表わしたい。これらの方々は，本書に散りばめられている数々の論点の源なのである。

目 次

まえがき

第1章　理論心理学という営み　1
　1.1　理論心理学の定義　1
　1.2　心理学史における経験論と合理論　4
　1.3　本書の概要　9

第2章　基本的な道具立て　11
　2.1　基本用語　11
　2.2　集合　13
　2.3　文章と語句　15
　2.4　命題と概念　17
　2.5　必然的命題と偶然的命題　18
　2.6　命題間の論理的関係　21
　2.7　命題論理における演繹的論証　24
　2.8　条件つき証明と間接証明　32
　2.9　量化論理における演繹的論証　35

第3章　理論とデータ　39
　3.1　データ　39
　3.2　自然の法則　43
　3.3　理論的用語，理論的言明，理論　46
　3.4　理論的実体の道具論的説明　47
　3.5　理論的実体の実在論的説明　53

第4章　理論の構成と評価　55
　4.1　科学理論の構成　55
　4.2　理論構成と理論評価の間の相互影響　57
　4.3　真実性　64
　4.4　普遍性　70
　4.5　理論に関するその他の評価基準　74

第 5 章　経験的仮説の導出と検証　77

- 5.1　経験的プロジェクトのいろいろ　77
- 5.2　経験的確認（仮説・演繹的説明）　79
- 5.3　経験的確認（ベイズ派の説明）　83
- 5.4　経験的否認　89
- 5.5　経験的検証と理論調整のサイクル　95
- 5.6　理論的活動としての予測　97
- 5.7　理論心理学の一形式としての弱い人工知能　98

第 6 章　理論の拡充　105

- 6.1　拡充とは何か　106
- 6.2　理論の内的一貫性の欠如　107
- 6.3　理論間の含意関係　111
- 6.4　理論間の一貫性の欠如　114
- 6.5　理論間の相補性　118
- 6.6　理論間の独立性の論証　120
- 6.7　理論的確認（追言）　122
- 6.8　一貫性の論証　128
- 6.9　理論的否認　129

第 7 章　理論の単純化　133

- 7.1　理論の好ましさ　134
- 7.2　統語的単純性　137
- 7.3　Rc単純性　140
- 7.4　Rm単純性　141
- 7.5　形而上的単純性　144
- 7.6　認識上の単純性　147
- 7.7　単純化の2つのタイプ　151
- 7.8　理論還元のしくみ　153
- 7.9　理論の統一　156

第 8 章　必然的命題　161

- 8.1　必然命題と偶然的命題の区別　161
- 8.2　強すぎる生得性論証（詳しい事例研究）　170
- 8.3　新たな必然的真理の発見　179
- 8.4　強い人工知能　181

第9章　概念にかかわる諸問題　**183**
　9.1　概念図式の案出　183
　9.2　ラッセルのパラドックス　186
　9.3　概念上の革新　187
　9.4　概念図式が評価対象とならない理由　189
　9.5　概念評価の副次的規準　194
　9.6　表現力　195
　9.7　データの即時的な増殖　198
　9.8　データの創造　198

第10章　先験的偶然知　**201**
　10.1　大前提の必要性　201
　10.2　根拠のある大前提　202
　10.3　根拠のない大前提　207
　10.4　根拠のない大前提の発見と評価　212
　10.5　心理学における根拠のある大前提　216

補遺「理論心理学」について　220

引用文献　222

邦訳のある引用文献と参考図書　229

用語解説　232

索　引　238

訳者あとがき　248

第1章 理論心理学という営み

……（科学の）概念体系…は，……感覚経験全体とのできる限り確かで……完全な一致を可能にするという目的をはたすべきである。
——アルバート・アインシュタイン（Albert Einstein, 1951, p.13）

1.1 理論心理学の定義

上記のアインシュタインの言葉は，科学という営みにとって重要な2つの心理過程，すなわち観察と推論の意義を暗示している（観察が指向性をもった知覚なのに照応して，推論は指向性をもった思考である）。科学の目的が感覚経験を概念体系と一致させることだとすれば，科学者は仕事に費やす時間の一部を感覚経験を得ることに，そして一部を概念との格闘に振り分ける必要がある。前者は科学の観察的側面であり，後者はその推論的側面である。ここまでは誰もが認めるだろう。けれども，観察と推論の固有の役割や，両者のどちらが重要かについて，今まで諸家の意見ははなはだしく食い違っていた。おおまかに言えば，**経験論**（empiricism）は観察の重要性を強調し，**合理論**（理性主義: rationalism）は推論の重要性を強調する（これらのおおまかな定義は，10章で正確に論じる）。経験論者は，観察データを組織的に獲得する活動こそが科学研究の本体だと考えている。正しい感覚データさえ入手できれば，適切な概念体系を構成し整合させるのは比較的簡単だと考えられている。反対に合理論者は，科学では，難問とそれを解決する画期的な躍進とは，たいてい概念の領域で演じられると考えている。

経験論者が好む科学研究のタイプは，**経験的研究**である。定義によれば，経験的プロジェクトとはいずれかの段階で観察が要求されるプロジェクトのことである。一方，合理論者が好む科学研究のタイプは**理論的研究**であり，理論的プロジェクトを定義すると，いずれの段階でも観察を必要としないプロジェクトということになる。経験的プロジェクトの範型は**実験**である。実験では，諸条件が組織的に操作され，特定の現象が起きるかどうかを観察する。けれども，経験的研究は実験による研究だけではない。このことは，外銀河天文学のような科学もあり得ることから容易にわかる。この領域では研究者の都合にあわせて現象を引き起こすことは困難だが，経験的研究は行なわれている。科学には，実験以外に，**自然的観察**（naturalistic observation: 人間が手を加えずに，世の中で起こる現象をあるがままに観察する）という経験的活動の場もある。さらに，その経験的研究としての地位が定まっていない，さまざまなタイプの

研究がある。この種の研究のなかで心理学にとって最も重要なのは，**内観**（introspection: 研究者自身の心的状態についての組織的な観察と記述）である。その気になれば，もっぱら内観報告に与えられた地位の変遷という観点から心理学史が一冊書けるほど，内観は心理学で大きな位置を占めてきた。19世紀には，内観こそが心理学者に認められる唯一の経験的研究の方法と見なされていた。しかし20世紀前半になると，ほとんどの心理学者が，内観は非科学的だと非難するようになった。しかし近年，かれらのこの問題に関する意見は多様になった（Kukla, 1983; Lyons, 1986）。内観については以下でさらに述べることがある。ここでの要点は，ある活動が経験的研究であるかどうかについて，科学者の間にさまざまな意見があるのは至極もっともだ，ということである。

　理論的プロジェクトの原型となるのは，一組のデータを説明する科学理論を構成する作業である。データ自体は経験的方法で得られたとしても，それを説明する理論を構築することは，経験的研究ではない。それは，思考以外の何ものも必要としない。経験的研究が実験よりもずっと範囲の広いカテゴリーなのと同様に，理論的研究も理論の構成以外に多くの営みを含んでいる。本書の理論的プロジェクトを扱う7つの章のうち，理論構成に当てられるのは1章だけである。正当な理論的研究の境界線に関する論争が，経験的研究のそれと同じほどかまびすしいことは驚くには当たらない。これらの論争については第9章と第10章で取りあげよう。

　本書では**経験的**および**理論的**を，科学活動のタイプとして定義してきた。同じ用語を科学上の**問題**のタイプを記述するために使うこともできる。すなわち，経験的問題とは経験的手段で解決される問題であり，理論的問題とは理論的手段で解決される問題である，というようにである。しかし，これでは曖昧のきらいも免れない。経験的問題とは，はたして経験的手段によって**実際に**解決される問題，経験的手段によって**解決されるべき**問題，**解決され得る**問題，経験的手段によって**のみ**解決され得る問題，のうちのいずれを意味するのだろうか。これらの概念はもちろん同じものではない。有名なケーニヒスベルグの7つの橋問題を考えてみよう。ケーニヒスベルグ（現在のカリーニングラード）の街を流れる河（プレーゲル河）には2つの島があり，図1-1に示すように，7つの橋がそれらをつないでいる。そこで，どの橋も2度は通らずに，7つの橋すべてを渡ることは可能か，という問題（いわゆる「ケーニヒスベルグの橋の問題」）が生まれた。

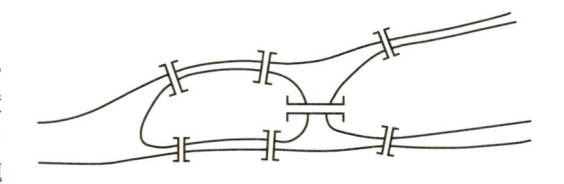

図1-1　ケーニヒスベルグの7つの橋問題

何世代にもわたるケーニヒスベルグ市民の経験は、そのように橋をわたるルートは存在しない、という強力な経験的証拠をもたらした。したがって、市民たちは経験的手段によって7つの橋問題を解いた、といえるかもしれない。しかし、18世紀初頭に、大数学者レオナルド・オイラーは同じ命題を数学的に証明した。ブラッドレーとスウォーツ（Bradley and Swartz, 1979, p.152）はこのエピソードを次のように述べている。「最初にプレーゲ河の岸辺をテクテク歩くことによって戸外で経験的に認識されたことが……後にオイラーの快適な書斎（そこでは、ただ問題を綿密かつ巧妙に考えさえすればよかった）において、（おそらくは）純粋理性の威力によって新たに認識されたのだ」。それでは、7つの橋問題は経験的問題だろうか、それとも理論的問題だろうか。もちろんこれらの用語は好みに応じてどのようにでも定義できる。しかし、互いに意思の疎通ができるような定義が必要である。通常の用語法では、純粋に理論的手段で解決できる問題は理論的と見なされ、一方、経験的問題とは経験的手段によってのみ解決可能なものをいう。最初は、これらの定義のなかに含まれている非対称性が混乱を招くかもしれないが、それが事実なのである。ある問題が経験的だということは、それが純粋に理論的手段によっては解決できないことを意味している。しかし、ある問題が理論的だということは、経験的手段による解決の可能性を除外するわけではない。これらの定義を参照すれば、7つの橋問題は、ケーニヒスベルグの住民が経験的手段で取り組んだ理論的問題だといえる。

　経験的研究と理論的研究は、いずれも、科学の発展のためにはたすべき役割を担っている。科学の分野によっては（とりわけ物理学では）独創的な経験的または理論的研究を成し遂げるには、非常に広範な素養と準備を必要とする。そのため科学者は、どちらか一方の研究のみを専門として選ばなければならない。科学の経験的な側面を専門とする人々は、経験的活動という（唯一ではないが）最もなじみのある活動の形式に因んで**実験家**とよばれることが多い。科学の理論的側面を専門とする人々は、適切にも、**理論家**とよばれる。したがって、物理学者は実験物理学者か理論物理学者のいずれかである。理論物理学者は始終新しい理論の構成に時間を費やしているわけではない。彼らには、それ以外にも行なうべき理論的な仕事がたくさんある。また、前段落で説明したように、理論物理学者は物理学の理論的問題を解決する専有権をもっているとは、厳密には言えない。著者の定義では、経験的手段を用いて理論的問題の解決を図ることも可能なのである。しかし、それは理論物理学者の仕事ではない。理論物理学は、物理学における理論的問題を理論的手段で解決しようしている。

　本書が扱っているのは**理論心理学**（theoretical psychology）である。理論心理学と心理学の関係は、理論物理学と物理学の関係と同じである。理論物理学をモデルにして、理論心理学は、ほんの最近になってようやく、心理学の独自の専門領域へと発展した。その物語をもっと詳しく説明しよう。古代ギリシャから話が始まる。

1.2 心理学史における経験論と合理論

1.1節で定義したように，経験論と合理論は，孤立した2つの立場というよりは，数々の移行的立場からなる1つの連続体である。この連続体の上に，それぞれの時代の提唱者が位置づけられる。西洋思想の創始期には，プラトンとアリストテレスが，この連続体のほぼ両端付近に座を占めていた。アリストテレス（Aristotle, 1973, p.235）によれば，「誰しも感覚なしでは何ごとも学ぶことも理解することもできない」。彼の師であるプラトンは，人間が真理に到達する方法についてこれとは異なる考えをもっていた。プラトン（Plato, 1961, pp.48-49）によれば，知識を得ようと願う者は，「魂が真理と明瞭な思考に達するのを妨げる……自分の耳目と，できるだけ関係を絶つこと」から始めなければならない。

これと同じ意見の食い違いの例は，20世紀の推理小説に登場する探偵たちの間でもしばしば見られた。メグレ警部は徹底的な経験論者である（Simenon, 1971, p.34）。

「あなたの考えでは……」
「私は考えることなどしません。ご存知でしょう。私は調べるだけなんです。」

一方，エルキュール・ポワローはひじ掛け椅子の合理論者である（Christie, 1984, p.103）。

「この事件を担当しているミラーは，あなたに劣らず頭のいい男です。彼なら，足跡であれ，シガーの灰であれ，あるいはパンくずですら，見落とさないでしょう。彼の目は何でも見えるんですよ。」
「それじゃ，あなたは，」とポワローは言った。「目ざといロンドン雀をお持ちというわけだ。しかしやっぱり，そのスズメっ子にデイヴンハイム氏事件の解決を頼むのはやめにするよ……。」
「まさか，ポワローさん，その椅子から身を起こして調べることもせずに事件を解決しよう，というのではないでしょうね？」
「ところが，まさにそのつもりなんだ。」

プラトンとアリストテレス以来，西洋思想の歴史は経験論的傾向と合理論的傾向との間で揺れ動いてきた。以下，この動揺のごく最近の例を簡潔に紹介する。

17世紀にはデカルト，スピノーザ，およびライプニッツによって，古典的合理論ともよぶべき立場が固められた。その学説によると，自然界の属性はすべて，数学的対象の属性と同じように，純粋理性によって発見される。現代の科学者から見れば，そのような主張はまったくの絵空事に見えるに違いない。古典的合理論者は，純粋な推理作用によって，私の衣類ダンスの引き出しに洗濯したての靴下があるかどうか，あるいは，フランス大統領が1983年の12月11日の朝食に何を食べたかがわかると，はたして本当に考えていたのだろうか。答えは，少なくともライプニッツの場合，無

条件の肯定である。ライプニッツの推理の連鎖はざっと次の通りである。まず神が存在することを，そして神は全能で，完全なる善であることを証明する。神の存在が，数学の命題と同じように推論できるということは，ある時代の西洋哲学では当然のこととされていた。今でもそれを信じている向きもあるのだが。この第一の関門を越えられれば，残された仕事は簡単である。神は完全なる善であるから，可能な限り最も善なる世界を創造しただろう。神は万能であるから，あらゆる可能世界を創造しただろう。したがって，神が創造した世界は，あらゆる可能世界のうち実際に最善の世界でなければならない。しかし，衣類ダンスの中に洗濯したての靴下があるかどうかを知るには，私はただ，すべての可能世界のなかで最善な世界が，洗濯したての靴下が引き出しの中にある世界か，あるいはない世界かを自ら考えればいい（その課題は，少なくとも原理的には，善良さの概念を分析しさえすれば成し遂げることができる）。

　18世紀には，ヨーロッパ世界は総じて古典的合理論にかえて，代わりに古典的経験論をとるようになった。この運動の主要な担い手は，ロック，バークレー，およびヒューム（3人とも英国人）である。早くもここで，大陸の思想とアングロ・サクソンの思想の間の対立的分離（近代を通じて続く分離）があらわれている。実際，合理論の時代と経験論の時代の間のたび重なる移り変わりは，大部分，ヨーロッパ大陸と英語圏諸国の間での知性の地理的中心地の交替として叙述できる。ロック（Locke, 1706）は近代経験論的思想の基本的枠組みをもたらした。ロック派の経験論によると，心は，外部世界の原因によって引き起こされた感覚印象を取り込み，それを材料にしてさまざまな心的操作により信念を形成する。しかしながら，感覚入力がなければ，心的操作は世界についてのいかなる真理にも到達できない。バークレー（Berkeley, 1710）とヒューム（Hume, 1739）は，経験論的認識論によって正当化できる知識の総量は，ロックが想定していたよりもはるかに少ないことを証明した。バークレーは，感覚による証拠だけでは感覚を起こす外部世界が存在することを結論することはできない，と述べている。バークレーの観念論（idealism）によると，経験論者はせいぜい，感覚が規則的で予測可能なパターンで現われると主張できるだけである。ヒュームはさらに，もしすべての知識が経験に由来するとすれば，予測可能なパターンが存在すると想定する根拠さえない，と主張した（この重要な主張は第5章で検討する）。ヒュームによれば，経験論では，いま観察されているものを越え出たいかなる信念を採用することも正当化されないことになる。要するにヒュームは，古典的経験論が結局は人間の知識の可能性について，極端な懐疑論に行き着くことを明らかにしたのである。

　19世紀になると，哲学のボールは再び大陸の合理論者のコートへ投げ返された。カント（Kant, 1781）は経験論が結局は懐疑論を招くというヒュームの基本的結論を受け入れた。ただし，ヒュームが懐疑論に甘んじていたのに対して，カントは経験論

を拒否する途を選んだ。現代の経験論者バートランド・ラッセル（Bertrand Russell）の見方によれば，哲学に及ぼしたカントの影響はまったく退行的なものだった。「因果性の概念を批判したヒュームは，（カントを）独断のまどろみから目覚めさせた（と少なくともカントは言う）。しかし，その目覚めはほんの一時的なものだった。間もなく彼は眠り薬を発明し，その薬で再び彼は眠りにつくのである」（Russell, 1945, p.704）。

カントの眠り薬の功罪については第10章で論じる。差し当たっては，カントが古典的合理論への後戻りを唱道しはしなかった，とだけ述べておこう。彼は合理論的思考のより微妙で本物らしく見える伝統（思想史に影響を与え続けてきた伝統）を創始した。実際，英語圏諸国では，彼の影響は，かつてよりも今日いっそう強くなっているようである。カントの合理論は，懐疑論に譲歩して，世界には人間がけっして理解できない多くのことがあると認める。さらに経験論に譲歩して，人間の知識の多くは，経験的手段によってのみ習得され得ることを認める。しかし，カント派の合理論者は，人間がもつ世界についての最も基礎的な知識には，感覚経験を通してもたらされないものがあると主張する。カントは，観察によって獲得される知識を「後験的（a posteriori）知識」とよび，観察を経ないで獲得される知識を「先験的（a priori）知識」とよぶ。これらの用語は，人間の知識探究活動を特色づける際に，「経験的」と「理論的」という用語の代わりに多用されている。けれどもそれらは，「経験的」や「理論的」とは異なり，問題のタイプを特色づける際には使われない。たとえば，（たまたまカントの出生地である）ケーニヒスベルグの7つの橋問題は，後験的または先験的手段のいずれかで解決できるが，問題それ自体は，先験的問題でも後験的問題でもない。

20世紀前半には，経験論が再び哲学界を支配した。カント派の合理論は古典的経験論に対する反応であったが，今度の振り子の揺れ戻しでは，概してカント的立場は無視された。カントに対するラッセルの評価は上に引用したが，そこにはこの時代の特徴が如実に表われている。20世紀の経験論は，自らをロックとバークレーとヒュームの研究プログラムの直系だと称したが，事実その通りだった。ラッセルや前期ヴィトゲンシュタイン（Wittgenstein）や「ウイーン学団」のメンバーのような経験論者たちは，古典的経験論者のプログラムを精緻化する過程で生じたさまざまな専門的問題を解決する上で，かなりの成果をあげた。この前進は，19世紀から20世紀への変わり目に生み出された精巧で強力な記号論理学（symbolic logic）を哲学の問題に適用することによって，可能になったのだった（Whitehead and Russell, 1910-1913）。論理学を適用することが，これら経験論者の活動にとってきわめて重要だった。だから，哲学史におけるこの時代は論理経験主義（logical empiricism）の時代とよばれることが多い（同じ学派につけられたもっと普及した名前に「論理実証主義（logical positivism)」がある)。しかし，経験論と論理学との間に何か特別なつながりがあるわけではない。合理論者もこのゲームに加わることができる。それどころか，論理の追究は先験的な営みだから，彼らのほうがいっそうそうした方法論が性に合うと感じるはずである。いずれにせよ，哲学の言説に形式論理を導入したことは，おそらく論理経験主義者がなした不朽の貢献となるだろう。しかし，論理経験主義は，初めにカント派の分析が生まれるきっかけとなった古典的経験論にまつわる大問題に対処するため，新しい解決案を提出することには熱心でなかった。

　この大問題（とりわけ，どうすれば懐疑論を回避できるか，という問題）に再び直面すると，論理経験主義は終焉を迎え，カントが改めて評価されるようになった。こうした展開はごく最近起きたことだから，それを歴史的な文脈で論じるのは適切ではない。本書が執筆されたこと自体が，合理論的思想の新たな時代とおぼしき現在に起きた出来事の1つである。振り子は再び振れ始めたのだ。今日，経験論の衰退の証拠は，物理学（Bohm, 1971）から法律学や文芸評論（Michaels and Ricks, 1980）にいたるまで，ほとんどあらゆる学問研究の分野にあらわれている。科学哲学者たち（この人々にとって，こうした問題は職業上の中心的な関心事なのだ）は，今日ではほとんど皆が，科学における先験的知識の役割が，前世代の論理経験主義者によってはなはだ過小評価されていたことを認めている。

　心理学という科学は，この状況のなかにどう和合するのだろうか。心理学が形成された時期は論理経験主義の全盛時代であった。だから，心理学者が全般的に，同時代の他の学問分野の研究者よりも経験論への志向が強いとしても，驚くには当たらない。このような経験論への志向は，ヨーロッパの心理学者の間では，その地理的要因により合理論への根強い動勢があったため，かなり軽減されていた。しかし北米では，20世紀初頭から中葉にかけて，歴史的背景と地理的要因とによって，経験論が尋常といえないほど隆盛する結果となった。おそらく次のように述べてもまちがいではないだろう。すなわち，「1950年頃の北米の心理学者たちよりも知識の追求における経験的側面を強調した研究者集団は，かつて他のどの学問分野にもいなかった」と。この時代を代表する心理学者はB. F. スキナーであったが，彼は，科学には理論的な問題など存在しないと主張していた（Skinner, 1950）。スキナー（Skinner, 1974, pp.109-110）によれば，論理学の問題でさえ，実験によって解くべきなのだ。スキナーは反プラトン主義者だった。

　20世紀中葉の米国の心理学者すべてが，スキナー派の研究者のように極端な立場をとっていたわけではない。しかし，彼らはたいてい，「経験論的」という表現をほめ言葉と見るよう教育されていた。たとえば，「立派な経験論者」という言い方にみられるようにである。こうした態度は，理論的思考が発展するには，ふさわしいものではなかった。理論心理学が「ひじ掛け椅子の心理学」とよばれることもめずらしく

なかった。この表現は，正しい意図から用いられる場合はその種の仕事にふさわしい魅力的な呼称だが，実験心理学者の間では嘲りの言葉としてもちいられた。ひじ掛け椅子の上での空想的冒険と同様，ひじ掛け椅子の心理学は，実物とは似て非なる偽物だと思われていた。しかしこうした考えは，20世紀が生んだ最も偉大な人物，アルベルト・アインシュタインとエルキュール・ポワローが，それぞれ自分の専門分野でひじ掛け椅子の実践家たらんと決心した事実とは，容易に両立しない。スキナー派に属さなかった人々は，心理学における理論的問題の存在を認めてはいた。しかし，彼らとて，それらを科学の主要な任務（それは経験的研究を行なって「データを集める」ことだった）に副次的に伴うものとしか見ない傾向があった。たとえば，クリステンセン=ザランキとビーチ（Christensen-Szalanki and Beach, 1983, pp.1400-1401）は次のように書いている。「心理学者はデータの収集により多くの時間をかけるべきであり，自分の好みの意見を擁護し唱導することに時間を費やすべきではない」。（心理学では）理論的問題は決まって些細なものであり，心理学の理論にまつわる半端仕事を，実験家は実験室を離れたわずかな暇にも処理できるのだ，と多くの心理学者は考えてきた（Longuet-Higgins, 1981）。もちろん，この考えは自己成就的予言として機能した。というのは，ほとんどの心理学者が理論構成を取るに足らないものと考えたので，そのために多くのエネルギーを費やす者はほとんどいなかった。その結果，卑小な理論しか生み出されないこととなった。当然のことだが，理論的関心の強い学生は，心理学以外の学問分野に職業上の満足を求めるようになった。要するに，心理学は理論的研究の伝統をほとんど完全に失ってしまったのである。

　経験論が覇権を誇ったこの時代は，1970年代半ばに，あたかもベルリンの壁がそうなったように，思いがけなくまったく突然に崩壊した。実際のところ，過去2, 30年の間に，心理学ではかつてなかったほど理論的活動が盛んになっている。心理学における理論的問題への関心の強さは，物理学でのその役割や普及ぶりにはとても及ばないが，今日，心理学では生物学と同じ程度にまで理論的研究が盛んになってきた，といえよう。おそらくこの変化は，上述した時代精神の広範な変化と関係がある。しかし，とりわけ心理学に影響を与えてきたいくつかの特別な要因がある。そのなかで重要なものは，おそらく，非経験論的問題の重要性がすでに自明であたり前のことと認められるようになった他の学問分野（とりわけ言語学，哲学，そしてコンピュータ科学）からの影響だった。実際，最近なされた理論心理学の最も優れた研究のいくつかは，フォーダー（Jerry Fodor: 哲学）や，チョムスキー（Noam Chomsky: 言語学），ニューウェルとサイモン（Allen Newell and Herbert Simon: コンピュータ科学）など，心理学を専門としない研究者たちが行なったものである。心理学の外部から寄せられた関心と批判のために，心理学者は，自分の学問分野でなおざりにされてきた理論的側面に，もっと多くの注意を払わざるを得なくなった。

再び合理論が活況を呈するこの時代に，心理学も新しい変化を迎えた。それは，固有の専門雑誌と学術団体，それに学術会議を備えた，理論心理学という分野が心理学のなかに成立したことである。今日では理論心理学の専門知識をもたない人には，心理学の専門用語や方法論，研究の模範例，意見の分かれる論争の実際などは，難解で理解できないようになった。多くの理論心理学者が述べていることだが，この分野での特別の訓練を受けない限り，心理学の理論的論文を執筆し専門雑誌に投稿することは，もはや不可能である（Longuet-Higgins, 1981; Mackay, 1988）。理論心理学に関する背景知識をもっていないと，現代の理論的論文を読むことすらおぼつかない，と私には思われる。だからこそ本書が生まれたのである。

1.3 本書の概要

従来，理論心理学を論じる際には，行動的，精神分析学的，認知的というように，理論的アプローチを1つずつ取りあげるのが常だった（Marx and Hillix, 1973; Wolman, 1981）。しかし，本書は心理学の諸理論を説明するものではない。ましてや，いずれかの理論を選んでそれを批判的に分析することは，本書の目的ではない。本書のねらいは，どんな研究伝統から生み出された理論的文献であれ，読者がそれを評価するために必要な準備を整えることにある。優れた理論家なら，精神分析学的な理論だろうと行動論的な理論だろうと，同じように容易に批判し改善できるはずである。そのために必要な技能は同じものだ。個々の理論を1つずつ検討する仕方は，こうした技能を習得する最善の方法ではない。本書では，諸理論を順番に取りあげるのではなく，種々の理論的問題を中心に記述を進める。これから検討する理論的問題を集めて一覧すれば，ひじ掛け椅子の心理学者のための最新版の職務説明書にもなる。こうしたたぐいの問題を解決するために，理論家は「コンサルタント」としてその専門能力の活用を要請される。こうした問題は，さまざまな理論的立場と関係がある。たとえば，6.2節では，ある理論が内的に不整合であるという趣旨の論証が与える理論上の影響力を検討する。そのような論証の一般的な形式は，それが科学にもたらす帰結と同様に，分析の対象がフロイト派の精神分析理論だろうとスキナー派の強化理論だろうと，ほとんど同じなのである。もちろん個々の特殊な理論問題も検討するが，それはおもに，ある種の理論的問題や理論的活動の例として取りあげる。要するに，本書は，理論心理学のなかでなされる試論ではなく，理論心理学を対象とする考察である。そのねらいは，理論的営みのために必要な道具をそろえることである。

これから検討する問題の大半は，心理学以外の諸科学でもみられる。たとえば，理論に含まれている内的矛盾の問題は，心理学と同様に，物理学や化学でも重要である。科学一般における先験的分析の役割について本書のような本を書くことも，その気になればできただろう。しかし，2つの理由があって，検討の対象を心理学に限定した。

その1つは，心理学者がいま必要としている知識を提供したいからである。心理学者が受ける科学的訓練は，他の学問分野よりはるかに，経験的な研究スキルの習得を重んじてきた。だから，本書で紹介するもろもろの事柄は，特に心理学者にとっては，未知の新しい考えと映るだろう。2つ目の理由は，(前の理由から考えると，皮肉なことだが) 心理学が，先験的研究を行なう場として，特に有望そうに見える (たとえば植物学や内分泌学よりもずっと有望そうである) ことである。

　本章に続く2つの章では，言語哲学と論理学と科学哲学を紹介する。このような知識を準備しておけば，その後に展開される理論的な考察を理解する助けになる。これらの学問分野の基礎をご存じの読者は，第2章と第3章をとばしてもかまわない。第4章ではまず，さまざまな理論的問題のなかで最もよく知られている課題，すなわち理論構成を手始めに，心理学における理論的問題を概説する。その後の2，3の章で，多くの心理学者がすでにその性質や範囲をよくご存じの理論的問題を論じるが，だからといって，読者は失望する必要はない。本書を通して，今日通説とされている経験論の所説に抜本的な改変を迫るさまざまな考えを検討する。

第 2 章　基本的な道具立て

2.1　基本用語

　論理学や数学で使われる用語（語句：terms）のなかには，あまりにも基本的なため明示的な定義によっては教えられないものがある。これは，現代の論理学や数学のもつ修復可能な欠陥ではない。どんな用語体系も定義のない要素をいくつか含まざるを得ないということは，概念生活のやむを得ない現実である。これらをその体系の**基本用語**（primitive terms）とよぶ。

　基本用語の必要性は，読者には直観的に明白であるかもしれない。けれども，その必要性が演繹的推理に基づいて立証される経緯を知ることは教訓になる。まず第一に，それは，以下で携わるような精神作業のためのかっこうなウォームアップになる。そればかりでなく，そこにかかわる一般的な論証のパターンは本質的に重要であり，後の章でも再び使われる。

　自分たちが使うあらゆる用語や語句を定義しようとしたとする。T1は考えるべき最初の語句とし，それは語句T2によって定義されるとしよう。このときT1が**被定義項**（definiendum）であり，T2が**定義項**（definiens）である。一般的には，定義項で2つ以上の語句を使うのも一向にかまわない。しかし，少なくとも1つの語句を使うことは確実だろう。しかもそれで，論証に必要なものは尽くされている。T2はその定義のために今度はT3（および，ことによると他の語句）を必要とし，T3はT4を必要とする，以下同様。この手続きには可能な結果が2つある。1つの可能性は，定義の系列のどこかで以前出てきた定義項のなかの語句（たとえば，T4はT3の定義で使われているが，じつはT2と同じ語句であることがわかるような場合）を使うことである。その場合は，この定義方式は**循環論**（circularity）になっている。つまり，T2はT3によって定義され，T3はT2（＝T4）によって定義されている。そのような循環論がある場合は，定義を学んだとしても用語体系を全体として学んだことにならない。つまり，T2が何を意味するかを理解するには，まずT3の意味を理解する必要があり，T3を理解するには，まずT2を理解する必要がある。次の段落で明らかになる理由から，かつて作られたどの辞書にも循環論が含まれているのである。仮に火星人

がそのような辞書に出会ったとすると，たとえそれが辞書であることがわかったとしても，彼らにはそれが使えないだろう。彼らはT2を調べ，T2がT3であることを学ぶ。それからT3に戻るが，そこで知らされるのは，ただT3がT2であるということだけなのである。

　循環論を避ける方法としては，定義のたびごとにまったく新しい語句を使う以外にない。しかし，そうすれば結果的には**無限遡及**（infinite regress）になる。つまり，T157の定義を理解するには，まずそれの定義項T158の意味を理解する必要があるが，T158の定義を理解するにはT159を前もって知っている必要がある，等々と，どこまでも遡及する。明らかに，そのような手続きでは，いかなる概念をも教えることはできない。というのは，どこから開始すればいいかわからないからである。どんな語句も，定義しようとすると，行き着く先は，必ず循環論か，さもなければ無限遡及である。現実の世界では，そのような試みの行き着く先は循環論である。というのは，無限に多くの定義を構成するだけの時間と用紙のある人はいないからである。だからこそ大辞典も，空間的に限度のある読書室に収納できるのである。

　結論として，人は誰しも，自分の語彙にあるすべての語句を，その定義を与えられることによっては理解にいたることができない。定義の与えられていない語句が基本用語である。基本用語を理解した上でなら，その後どんな定義でも学べるとすると，改めて問題になるのは，どんな語句にしろ，人がそもそもそれらを理解するようになる過程はどう説明されるかである。1つの可能性は，人は基本用語の意味を，それらが表わす例をあげてもらうことによって学ぶ，というものである。たとえば子どもは，ネコが何であるかを，ネコを指差してもらうことによって学ぶ，というものである。この手続きを直示的定義（ostensive definition）とよぶ。この，人は基本用語を直示的定義によって学ぶという考えには，よく知られているいくつかの問題が結びついている。その1つとして，子どもは，「語句Tの実例への指差し」とよばれる活動が実際に，Tの実例への指差しの実例であることを，すでに理解していることを仮定する必要がある。つまり，大人がネコを指差して「これがネコだよ」というときに，子どもにはいったいどうして，そのときの大人の仕種が，単に美的衝動を満足させようとしてちょっとした歌と踊りをして見せているわけではないことが，わかるというのだろうか？　さらに，子どもが大人の意図するところを理解しているとして，有限の標本から一般化する仕方を認識するという問題がある。100匹のネコ（いやそれどころか，どんな有限数のネコでもいい）が「ネコ」の実例として指差されたという事実から，ネコとは何かについて無限に多くの観点が示されたと見てよい。たとえば，「ネコ」とは四つ足動物のことをいうのだろう，といった観点である。もちろん，「四つ足動物」のような，どの単一の候補でも，子どもに反例を1つあげてやること（たとえばイヌを指差して，この四つ足動物はネコではない，という観念を，何らかの方法

で伝えること）によって，排除できる。しかし，反例の数が有限にとどまる限りは（また，きっとそうだろうが），いつまでも，無限に多くの候補が後に残ることになるだろう。この所見は，有限の量のデータを説明するための理論の構成について論ずる第4章で，もっと確実に立証されよう。基本用語がどのようにして直示的定義によって学習され得るかを説明することが不可能であるため，一部の心理学者や哲学者は，人は心的装置にあらかじめ埋め込まれたある観念をもって生まれてくるという根本原理（Fodor, 1981b; Chomsky, 1981b）を立てるにいたったが，その経緯は第6，第7章で考察しよう。さし当たり，基本用語もこれと同じように理解されるよう希望するほかない。

2.2 集合

すべての数学概念で最も基本的なものは**集合**（set）の概念である。時おり主張されてきたところによると，他のすべての数学概念は集合によって定義され得る（たとえば，Whitehead and Russell, 1910-1913を参照）。しかし，「集合」自体は常に数学の基本用語として扱われる。すなわち，明示的定義を与える代わりに，学習者が自分の生得概念のうちどの概念が集合に対応するかを認めるまで，それについて会話する以外に手はない。

この会話は次のように運ぶ。集合とは，どんな物体（objects），実体（entities），あるいは過程（processes）でもいいが，とにかくそれらの集まりのことである。たとえば，首都全体の集合は，パリ，ローマ，オッタワ，……を含む集合のことである。言いかえれば，パリ，ローマ，オッタワは首都全体の集合の**成員**（members: 要素 (elements)ともいう）である。パリはまたPで始まる名前のついた都市全体の集合の1成員でもある。偶数全体の集合は無限に大きな集合で，256はその成員の1つである。2つの集合は，それらが正確に同じ成員を含む場合に限って同一であるという。偶数でありかつ素数である正の整数全体の集合の成員は2ただ1つである。偶数でありかつ3より小さい正の整数全体の集合も，これと同じ1つの成員をもつ。したがって，これらは同一のものを指示する異なる2つの方法であって，ちょうど，「ベートーベン」と「田園交響曲の作曲者」の場合と同じである。ある集合の成員が物的対象である場合，その集合は対応する物的塊りと区別することが重要となる。ある特定のチェス盤上の正方形全体からなる集合は，単にチェス盤全体ではない。すなわち，後者は物的対象であるが，前者は抽象的実体（集合）である。仮にチェス盤の正方形全体の集合がチェス盤と同一であったとしたら，チェス盤の両半分全体の集合もまたチェス盤と同一ということになるだろう。しかしこれら2つは明らかに異なる。つまり，前者には64個の成員があるが，後者は2個の成員しかない。集合はまた別の集合の成員にもなり得る。たとえば，あるチェス盤上の正方形全体の集合は，64個の成員

からなる集合全体という集合の1成員でもある。

これで集合の意味がわかったので，いろいろな明示的定義に取りかかることができる。まず初めに，集合Aの各成員がすべて集合Bの成員でもある場合，AはBに包含されるという。この定義からただちに次のことが言える。すなわち，AがBに包含されBがAに包含される場合，AはBと同一である。AがBと同一であるのは，AとBが同一の成員をもつ場合に限ることを思い出されたい。したがって，AとBが同一であることを証明するには，Aの成員全体がBの成員でもあり，Bの成員全体がAの成員でもあることを証明すればいい。これらの条件のうち第一の条件は，AがBに包含されるという仮定によって満たされ，第二の条件は，BがAに包含されるという仮定によって満たされる。

空集合は成員を1つも含まない集合と定義される。唯一の空集合（the empty set）という言い方があるが，それは，異なる空集合は2つとは存在し得ないことを容易に証明できるからである。AとBがともに空集合であると仮定しよう。そうすると，Aの成員であってBの成員でないものはない（その理由は単純で，Aの成員であるものはないからである）。同じように，Bの成員であってAの成員でないものはない。すなわち，AはBに包含され，BはAに包含される。しかしそうであるならば，前の段落で与えられた証明によって，AはBと同一でなければならない。こうして，2つの空集合は必ず同一でなければならない（練習として，空集合は任意のすべての集合に包含されることを証明せよ）。

集合AとBの和集合（union: A∪Bと書く）とは，そのいずれの要素（成員）もAかBのどちらかに属する集合をいう。Aが集合｜3, 6, 9, 12, 15｜であり，Bが集合｜5, 10, 15｜である場合，A∪Bは集合｜3, 5, 6, 9, 10, 12, 15｜である。AとBの積集合（intersection: A∩Bと書く）とは，そのすべての要素がAとBの両方に属する集合をいう。A＝｜3, 6, 9, 12, 15｜とし，B＝｜5, 10, 15｜とすると，A∩Bとは集合｜15｜のことであり，これはその唯一の成員として数15を含む。

集合の和や積を扱う計算式の操作技能を多少とも磨くことは有益である。たとえば，AがBに包含されていれば，A∪B＝Bとなることは明らかなはずである。証明を求められれば，たとえば次のように述べることになろう。すなわち，「AはBに包含されているとする。そうすると，Aの各成員はいずれもBの成員でもある。そしてその場合，AかBのどちらかに属する要素の集合はBのみに属する要素の集合と同一である。なぜならば，Aに属するものはすべて自動的にBにも属するはずであるから。しかし，これはまさにA∪B＝Bと述べることに等しい」と。同様にして，次の原理も真であることを納得されたい。(1) AがBに包含されている場合，A∩B＝Aである。(2) 任意の2つの集合AとBについても，A∩BはA∪Bに包含される。

A∩Bが空集合の場合，AとBは共通の成員をもたない。その場合，AとBは相互排

反（mutually exclusive）であるという。AとBの和集合が第三の集合Cに等しい場合，AとBはCを網羅する（exhaustive of: すなわちAとBとでCの要素全体を占める）という。AとBが相互排反であってかつCを網羅することはあり得る。その意味は，AとBのそれぞれが，Cの要素全体をきれいな重複のない2つの群に分割したそれぞれに対応するということである。しばしば言われるように，科学におけるカテゴリー体系は，生物学者が生物を種に分類する場合のように，相互排反的でかつ当該科学で扱われる実体全体を網羅するものでなければならない。この条件が生物学の枠組みによって満たされ得るならば，あらゆる生物はいずれかの種に配属されるべきであり（網羅性），いかなる生物も異なる2つの種に配属されてはならない（排反性）。

2.3　文章と語句

　結局のところ，（応用科学とは対照的に）純粋科学の研究成果は，平叙文（たとえば，「人類は人類以外の霊長類の子孫である」，「F＝ma」，「生活体は，連続強化の後よりも部分強化の後で消去が緩慢である」）の集合である。「平叙文」とは，真か偽のいずれかであるような言語表現のことである。論理学者にいわせれば，文は**真理値**（truth values）をもち，それは真か偽のいずれかである。確かに，ある文の真理値がどうであるか常にわかるとは限らない。主題に関して1つの意見をもつことすらおぼつかない。しかし，使われた言語が理解されておれば，いかなる文についても，それがある真理値をもっている（それが真か偽かのいずれかである）ことは見てそれとわかる。

　言語表現がすべて真理値をもつとは限らない。たとえば，「人類」，「霊長類」，F，m，およびaは真理値をもたない。「人類」が真であるか偽であるかを問うたところで意味がない。したがってこれらの表現は文章ではなく，**語句**（terms）である。語句とは，どんなたぐいにしろ，実体または実体の集まりを命名，指示，あるいは表示する表現のことである。たとえば「ジグムント・フロイト（Sigmund Freud）」や「第二次世界大戦」のような固有名詞の表示対象は1つの個別的実体（前者では人物，後者では事象）であるし，「人類」のような普通名詞の表示対象は個別的実体の**集合**（この例では人類全体の集合）である。ジグムント・フロイトは人間であるという場合，彼が「人間」と表示されたものの1成員であること，または，それに属することを言い表わしている。

　語句で表示した実体は物的対象である必要はないことに注意してほしい。第一に，普通名詞で表示された集合は物的対象ではない。人類全体の集合は，それ自体，1人の人間ではないし，物体でできた他の何かでもない（それは1つの数同様，抽象的対象である）。抽象的実体の地位をあれこれ考えるのは（集合や数といったものが「現実に」存在するかどうかを問題にするのは）興味を引くことである。しかし，その愉

しみはここでは差し控えよう。それらの地位がどうであろうと，抽象的実体が語句の表示対象として許されることは明確である。たとえば「3」という語句が1つの数を表示する確実さは，「ジグムント・フロイト」という語句が1人の人間を表示する確実さとまったく同じである。

さらに注意してほしいのは，語句という用語と，文法家の用語である「語（word）」とは同じ対象の表示ではないということである。語句はいくつの語を使って表現してもよい。たとえば，「合衆国のすぐ北隣の国」という語句は，「カナダ」という単一の語と同じ実体を表示する。

語句が実体を表示する（denote）というのはどんな意味だろうか。何か基本になるものがあるとすれば（そして確実にそのようなものがある場合），語と物の間の表示関係がその有力候補である。明示的定義の理解に何が深くかかわっているかを考えてみるとよい。いま仮に「独身者」は「未婚の成人男性」と定義されるとしよう。これを1つの定義として理解するには，被定義語「独身者」と定義語「未婚の成人男性」とは，表示対象が同じであることを理解する必要がある。すなわち語句が物を表示するとはどういうことかを理解する必要がある。ことこれに関する限り，どんな定義案の場合でも事情は同じである。このように，「表示」の定義としてどんな提案がなされようと，それを理解するためには，表示の本質を理解する必要があるのである。

「人魚」という語句の表示対象は何だろうか。人魚が存在しないのであれば，この語句には表示対象がないと言いたくなるかもしれない。けれども，いかなる語句にも必ず表示対象があることを保証しておくのが実は便利なのである。「人魚」の表示対象は空集合であるとしてみよう。この想定は言語についての発見であると解釈すべきではない。生物学の発見であるとするのは，なおさらするべきでない。それはむしろ，あるタイプの言説をうながす慣習を反映している。この慣習はゼロを1つの量とみなすという決定とほとんど同じである。誰かがリンゴを3個持っていて，その後3個ともなくなったとすると，その人の手もとにリンゴはいくつ残っているか。なんなら，その人が持っているリンゴの数は存在しないと言って言えなくもないが，もっと好ましいのは，彼の手もとにあるリンゴの数はゼロであるという言い方である。この表現のほうが好ましい理由は実利的なものである。つまり，そのほうが算術の法則の適用が簡単になるからである。同じ理由で，「人魚」のような語句が空集合を表示するという表現をとる慣習によって，言語や意味についての考察が容易になるのである。

「人魚」が空集合を表示するとすれば，もちろん，「ケンタウロス」，「四角な円」，それに「1990年以前の女性の合衆国大統領」も同様である。しかし，これらの語句は同じ意味をもっていないのは確かである。したがって，語句のもつ意味は，その語句の表示対象と同じものではない。確かに，上にあげた例では，「現実には」命名する対象がない語句についての慣習に頼っている。しかし，同じ論点がわかる例をほか

に考えるのは容易である。たとえば，「1990年以前の合衆国大統領で，その名前がロナルドという人」，また「1990年以前のカリフォルニア州知事で，その姓がレーガンという人」などの語句は，それらの表示対象は同一であるのに同じ意味をもってはいないことは確かである。表示対象と意味とはそれぞれ別物であることを理解するもう1つの方法は，語句の意味はその表示対象についてはまったくわからなくても理解し得るのを実感することである。これの例としては，「ポルカ音楽を密かに聴いていて，しかもけっして正体を暴かれない人」という語句が考えられる。

　語句（用語）について思い出してほしいことで最も重要なのは，本節の最初に述べた，語句は真でもなく偽でもないということである。これは一見ずいぶん単純な主張に思えるが，じつはそれについては意外なほどの混乱がある。新しい科学理論では，通常，新しい語句が導入され，それらでもって世界についてその理論独自の新しい仮定を表現する。たとえば，精神分析理論では「イド」，「エゴ」，それに「スーパーエゴ」などの語句が導入され，出生時から存在するのはイドだけであるという仮定が立てられた。また，S-R理論では，「刺激」，「反応」，そして「強化」という語句が導入され，反応傾向の変化はすべて強化によって引き起こされると仮定された。そのような新しい仮定は，もちろん，真か偽のいずれかである。しかし，イド，エゴ，およびスーパーエゴによって，あるいは刺激，反応，および強化によって行動を論ずるのは正しいかどうかを問題にしたくなることは多い。第9章で確認するつもりであるが，語句体系の相対的価値を評価することは確かに可能である。しかし，この評価は，厳密には，これらの体系がある科学上の目的を達成するためにどれだけ有益または便利であるかによって行なわれるのであって，特定の学術用語の真偽を問題にすることは意味がない。英語は真であるか，あるいはフランス語のほうがより正しいのではないかを問題にするようなものである。英語で表現された語句によって作成された文は真か偽のどちらかである。ちょうど，精神分析学の用語または行動論の用語によって作成された文がそうであるのと同じである。しかし，語句（用語）それ自体は真理値をもたないのである。

2.4　命題と概念

　「カナダはヨーロッパにある」と「ヨーロッパにはカナダが含まれる」とが異なる文であることは疑いない（初めの文は「カナダ」で始まり，後の文は「ヨーロッパ」で始まるからである）。にもかかわらず，これら2つの文は「同じことを言っている」という直観的印象を私たちは強く受ける。ここでこの直観を解明しようとは思わないが，それを話題にするための新しい用語をいくつか導入したい。2つの異なる文が同じことを言っている場合，それらは同じ命題（proposition）を表現しているということにしよう。命題という考え方は，異なる言語による文が同値であることを述べるた

めに有益である。"Canada est dans Europe" は，上記の2つの文のどちらもが表現しているのと同じ命題を，フランス語で表現している。

同様に，異なる語句であっても意味が同じであれば同じ**概念**（concept）を表現しているといえる。「同胞」は「兄弟または姉妹」と同じ概念を表現し，またこれと同じ概念がフランス語では "frère ou soeur" という語句によって表現できる。

以上，文と命題の間および語句と概念の間の区別をしてきたので，先へ進んでこの区別を自在に操ることにしよう。厳密には「『強化（reinforcement）』という用語によって英語で表現された概念」と言うべきときに，私は決まって，「『強化』の概念」などとルーズな言い方をする。しかしながら，区別が特に重要な場合があろう。そのような場合には注意する必要がある。たとえば，概念の学習過程に関する理論的に重要な問題を考えてみるとよい。すでに示唆したように，一部の心理学者によって，新しい概念を学習するのは不可能であるという主張がなされてきた。この主張を批判する際に，たとえば，「sibling（同胞）」という新しい概念を学習するには，siblingとは兄弟または姉妹であると教えられればすむではないか，というだけでは不十分である。人がこの定義を理解できるのは，すでに「兄弟または姉妹」の概念をもっている場合に限られる。ところが，siblingの概念は兄弟または姉妹と同じ概念である。もっと一般的には，被定義語と定義語は常に同じ概念を表現したものである。そういうわけで，定義をしてもらったからといって新しい概念を教わったわけではない。定義が教えてくれるのは，以前からもっている概念を新しい語句でどう表現するかだけなのである。

2.5 必然的命題と偶然的命題

英語では一語で表現できないけれどもじつはきわめて有用な基本用語の1つに，可能世界（possible world）という概念がある。これは基本用語であるから，本節の考察を始めるに当たってまずその定義をするというわけにはいかない。ここでできることは，この概念をめぐる話をして，それについて皆が同じ理解に達することを願う以外にないのである。私たちが住んでいる現実世界は多くの可能世界のうちの1つである。しかし，私がこの文章を書いているときとは違うシャツを着ていること以外の点では現実世界とまったく同じ世界を想像すると，それもやはり可能世界の1つである。もっと根本的に違う可能世界として，引力の大きさが2つの物体間の距離の3乗の関数であるような世界がある。他方，独身者が既婚者であったり黒猫が黒くなかったりするような可能世界は存在しない。

可能世界という概念は，その他多くの考えを明確にするのに使うことができる。たとえば，2.3節で見たように，語句（用語）の意味はその表示対象と同一視することはできない。けれども，そこでは，表現の意味とは何かについては何ら積極的な提案をしなかった。「意味」を可能世界によって定義するという，直観的にも興味をそそ

る方法がある。ある2つの語句は，現実世界だけでなくすべての可能世界においても同じ表示対象をもつ場合に限り，同じ意味をもつといえる。この規準によれば，「人魚」や「ケンタウロス」の場合に正しい答えが与えられる。確かに，これらの語句の表示対象はこの現実世界では同じ（それらの表示対象はともに空集合）である。しかし，人魚は存在するがケンタウロスは存在しないような可能世界が存在することは確かである。そして逆もまた真である。これらの世界では，2つの語句の表示対象は明らかに異なっている。たとえば，34匹の人魚と0頭のケンタウロスのいる可能世界では，「人魚」の表示対象は34個の実体の集合であるが，一方，「ケンタウロス」の表示対象はやはり空集合である。したがって，「人魚」は「ケンタウロス」と同じ意味をもたない。他方，同胞であってしかも兄弟または姉妹ではない実体が存在するような可能世界は存在しない。また，兄弟または姉妹が同胞でないような可能世界も存在しない。したがって，「同胞」と「兄弟または姉妹」は同意語である。

可能世界の概念はまた，必然的命題と偶然的命題の間に重要な区分線を引くのにも使える。すなわち，**必然的命題**（necessary proposition）とはあらゆる可能世界で同じ真理値をもつ命題である。一方，**偶然的命題**（contingent proposition）は，一部の可能世界では真であり，それ以外では偽である。そういうわけで，基本的命題には4つのタイプがある。

・必然的に真の命題，たとえば，「独身者は未婚である」
・必然的に偽の命題，たとえば，「独身者は既婚である」
・偶然的に真の命題，たとえば，「ニューヨークには独身者が100人以上いる」
・偶然的に偽の命題，たとえば，「ニューヨークには独身者が100人もいない」

第8章で見るように，ある科学上の主張が必然的，偶然的のいずれと理解されるべきかを明らかにすることがたびたび重要となる。ある命題が必然的である場合，それを経験的手段によって確認しようとするのは，一般的に時間と労力のむだである。経験的手段によってある命題を確認することは，その命題が現実世界において真であるか否かを確かめる目的で，現実世界を調べることである。しかし，その命題が必然的である場合，それは，現実世界においても，他の想像できるあらゆる可能世界と同じ真理値をもつ。したがって，調べる必要はない。つまり，科学の偶然的命題だけが実験的証明を必要とするのである。

ある命題が真であるとしよう。それが偶然的に真なのか，それとも必然的に真なのかを決めるには，どうしたらいいだろうか。ここに不完全ながら答えがある。それは，その命題が偽であるような可能世界を描くことができれば，その命題は偶然的なものに違いないことがわかる，というものである。「ニューヨークには独身者が100人以

上いる」という命題の場合，何か災害が差し迫ったために1人残らずニューヨークを離れるというような可能世界があることは明らかである。すなわち，この文が偽であるような可能世界は存在する。したがって，この文は偶然によってしか真とはならない。哲学の文献には，とうていありそうもない惑星上の，これまたありそうもない地球外生物にかかわる精巧な可能世界構成物が豊富に載っている。本書でも，次の数章でその一部に出会うことになろう。これらの論考の多くにおいては，想像上のシナリオがあまりにも非現実的で，そのような可能性を真面目に考えるのは馬鹿げて見えるほどである。しかし，もちろん，この構成の主眼は，事実の何であるかについて思索することではなくて，命題（たぶん，きわめて現世的で，そのため一般に受け入れられた命題）にも時として必然的よりむしろ偶然的なものがあることを立証することにある。ある命題が偽であるような可能世界を想像することができないからといって，その命題が必然的に真であることが立証されるわけではない。想像できないのは，その人の想像力に限界があるためかもしれないからである。

　ある事柄が可能世界であるかどうかをめぐって，2人の意見が違うとしたらどうだろうか。たとえば，腕が12本ある人間が存在するような可能世界を私が案出したとしよう。すると読者は，12肢もあることはその生き物が人間ではないことを立証するに十分だろうという理由で，そのような世界はあり得ないと主張するとしよう。この種の意見の不一致から示唆されるのは，読者と私が同じ用語に異なる意味を付与しているらしいことである。確かに，ある意味，つまり，一方はこの用語を普通の用法にしたがって使い，他方は普通の用法から逸脱しているという意味においては，おそらく一方が正しくて他方はまちがっているということになろう。しかし，その用語が英語の話し手によって通常どのように使われているかの問題に私たちが特に関心をもっていない限り，私が正しくて，読者がまちがっていると私が言い張ることは無意味である。12肢の人間に関しては，私は読者の用法を認めて，「人間もどき(shmuman)」という新しい用語を導入してもよい。この用語は，所有する手足の数に制限がないこと以外は「人間 (human)」とまったく同じ意味であると規定される。そうすると，私の言う可能世界に手足が12本ある人間もどきを住まわせることができようし，何であれ私の主張したいことをどんどん進めることもできよう。

　可能世界の概念については，ことによって招きかねない誤解が1つあるので，これを解いておく必要がある。あり得る主張は，独身者は結局は既婚であるという可能世界（人々が，「独身者」という用語に別の意味を付与するような世界）が存在するということである。たとえば，英語の話し手が「独身者」という用語を使う場合，それは30歳以下のすべての成人男性を意味する，という点以外はちょうどこの現実世界とそっくりな，ある世界を考えてみよう。それは既婚の独身者を含めた世界ではないだろうか。同じ主張によって，黒猫が黒くないような可能世界（たとえば，「……

（黒）くない」が「非常に……（黒）い」を意味するような世界）さえ，存在し得るのではないだろうか。確かに，住民たちが「独身者は既婚である」という文，あるいは「黒猫は黒くない」という文を主張しても正しいような可能世界は存在する。しかし，その可能世界の言語でその文が表現する命題は，現実世界で同じ文が表現する命題と同じではない。文Sは可能世界Pにおいて真であるというとき，この主張は，現実世界の言語で「S」が表現する命題がPにおいて真であるという意味に理解されるべきである。これが可能世界の正しい分析であることがどうしてわかるのだろうか。それがわかるのは，それが正しいと自分たちが規定するからである。もしこの規定に同意せず，独身者は既婚であるような可能世界が存在すると主張し続ける人がいれば，自分たちは，「可能世界」という用語に対する独占権を放棄して，代わりに，可能もどき（shmossible）世界を話題にすることになろう。この世界は可能世界と非常によく似ているが，ただ，PにおけるSの真偽を決めるのに，現実世界の言語でSが表現する命題のPにおける真偽を決めるかどうかという点だけが，それと異なる。

　ある命題に関して，可能世界には何ら言及することなく，それが真であるという場合，それは，その命題がこの現実世界において真であるという意味である。また，ある命題が偽であるというとき，その命題が現実世界において偽であるという意味である。この点が途方もない混乱を招くようである。この混乱は，思うに，現実世界をただ可能世界の1つとしか見ないという，また，現実世界が格別な恩恵を受けていることを忘れるという，誤った風潮のせいである。結局，現実世界は現存する唯一無二の世界なのである！　その他の可能世界は非現実的な可能性でしかない。現実世界でイヌを飼っているということは，単にイヌを飼っているということと同じである。どこか別の可能世界でイヌを飼っているということは，どこか遠方でイヌを飼っているということと同じではない。それは単に，イヌを飼うことは論理的不可能事ではないといっているに過ぎない。真なる言明がどこかの可能世界では偽になることは大いにあり得るし，偽の言明がどこかの可能世界では真になることも大いにあり得る。しかしながら，見落としてはならないのは，科学への努力の目的が，ある可能世界において真なるものを発見することではなく，（あらゆる可能世界において）真なるものを発見することである，という事実である。

2.6　命題間の論理的関係

　2つ以上の命題が（互いに）**一貫性を欠く**（inconsistent）とは，それらすべてが真であるような可能世界が存在しない場合をいう。「世界には独身者が100人以上いる」という命題は，「世界には独身者が100人もいない」という命題と一貫性がないことははっきりしている。明らかなことであるが，ある科学理論の諸命題に一貫性がない場合，その理論は現実世界に関して真ではあり得ない（というのは，現実世界は

可能世界の1つであり，一貫性のない諸命題の集合はすべての可能世界において偽であるからである）。第6章では，科学者は一貫性に欠けた理論をうっかり定式化することがあると認めるだろう。論理分析によって一貫しない点が見つかると，その理論はただちに偽であることが証明される。経験的研究は無意味である。つまり，ある理論がすべての**可能世界**において偽であることがわかった場合，現実世界を調べても何の役にも立たない。

　2種類の非一貫性を区別すると役に立つ場合がある。2つの命題が**矛盾する**（contradictory）というのは，それらがともに真であるような可能世界が存在しないうえ，ともに偽であるような可能世界も存在しない場合である。前半の節が述べているのは非一貫性の条件であり，後半の節は条件をもう1つ追加している。それで，矛盾する命題の対はすべて一貫性もない。しかし一貫性のない命題がすべて（互いに）矛盾しているとは必ずしもいえない。互いに矛盾する諸命題は，あらゆる可能世界で逆の（opposite）真理値をもつ。1つの例として，「雪は白い」と「雪は白くない」という命題の対がある。ある2つの命題が**反対命題**（contraries）であるというのは，両方がともに真であるような可能世界は存在しないが，ともに偽であるような可能世界は**存在する**場合である。「第一次世界大戦は1914年に勃発した」と「第一次世界大戦は1915年に勃発した」という2つの命題は，反対命題である。つまり，これら2つの命題がともに真であるような可能世界は存在しないが，第一次世界大戦は1913年に勃発したというような可能世界においては，それらはともに偽である。

　ある命題集合が一貫性がある（consistent）とは，それが非一貫的ではない場合に限っていう。同じことであるが，ある命題集合が一貫性があるとは，それらの命題がすべて真であるような可能世界が**存在する**場合をいう。ある命題集合が一貫性があるという事実は，もちろん，それらの命題が真であることを含意はしない。一貫性があることをいうためには，それらの命題がどこかの可能世界で真である必要はあるが，その世界が現実世界である必要はない。「独身者の平均身長は7フィート以上である」は「独身者の平均体重は300ポンド以上である」と一貫性がある。それは，独身者がそれほど巨大であるような可能世界は存在し得るからである。にもかかわらず，これら2つの命題はいずれも（この現実世界では）偽であることは疑う余地がない。

　1つの命題がもう1つの命題を**含意する**（imply）とは，第一の命題が真であって第二の命題が偽であるような可能世界が存在しない場合をいう。すべてのエメラルドはグリーンであるという命題は，アフリカで発見されたすべてのエメラルドはグリーンであるという命題を含意する。それは，後者の命題が，前者が真であるようなどんな可能世界においても，不可避的に真であるからである。他方，命題「すべてのエメラルドはグリーンである」と「すべてのルビーは赤である」があるとしよう。これらの命題はいずれも偶然に真である。けれども，それらの間には含意関係は存在しない。

というのは一方が真で他方が偽であるような可能世界は存在するからである。1つの命題がもう1つの命題を含意するときしばしばいわれるのは，第一の命題は第二の命題のための**十分条件**（sufficient condition）であること，および第二の命題は第一の命題のための**必要条件**（necessary condition）であるということである。たとえば，すべてのエメラルドがグリーンであるという事実は，すべてのアフリカのエメラルドがグリーンであるための十分条件である。つまり，前者がどこかの可能世界において真であるという情報は，後者もまたその世界において真であると結論するために十分である。逆に，アフリカのエメラルドがグリーンであるという事実は，すべてのエメラルドがグリーンであるための必要条件である。つまり，後者がどこかの可能世界において真になるはずである場合，前者もまたその世界において真であることが必要である。「necessary（必要な）」という英語のここでの用法は，前節でのnecessary（必然的な）の用法，すなわち，必然的命題と偶然的命題の区別とは異なる。2.5節では「必然的」という形容詞は，単一の命題の属性（すなわち，すべての可能世界において真であるという属性）を指示するために使われた。ところが本節では，それと同じ言葉が，2つの命題間の関係（すなわち，第二の命題が第一の命題を含意する際に適用できる関係）を指示するために使われている。

最後に，2つの命題が**同値**（等価: equivalent）であるとは，第一の命題が第二の命題を含意する場合をいう。この定義は次のようにいっても，結局，同じことになる。すなわち，2つの命題が同値であるとは，それらがすべての可能世界で同一の真理値をもつ場合をいう。「平均的な男性は平均的な女性よりも身長が高い」と，「平均的な女性は平均的な男性より身長が低い」とは同値命題である。「平均的な男性は平均的な女性よりも身長が高い」が真であるような可能世界がどこかにあり，この命題が偽であるような可能世界がどこかにある。同様に，「平均的な女性は平均的な男性より身長が低い」が真であるような可能世界がどこかにあり，それが偽であるような可能世界がどこかにある。しかし，これら2つの命題のうちいずれか一方が真であり，他方が偽であるような可能世界は存在しない。

これらの論理的関係と前節で導入した必然性・偶然性概念の間の関連を調べるのは教育的意味がある。まず第一に，これまでにあげたいくつかの定義から，必然的に真である命題はどんな偶然的命題とも一貫性があることが当然推論される。Pを必然的に真の命題，Qを何かの偶然的命題としよう。Qが偶然的であるということは，ある可能的世界では真であるがある可能世界では偽であるということに等しい。WをQが真であるような世界の1つであるとしよう。Pが必然的に真であるということは，すべての可能世界においてそれが真であるということと同じである。そうすると，Pは世界Wにおいて真である。こうして，PとQがいずれも真であるような可能世界が少なくとも1つ（すなわち世界Wが）存在することが証明された。しかし，このこと

こそ正に，PとQには一貫性があるという場合の意味内容である。

　PやQのような記号を使って命題を表わす仕方には，何らかの説明が必要である。代数で，数値を表わすために変数を使うことにはすでに誰もが慣れている。数値変数を使うのはどんなときだろうか。ところで，1＋2＝2＋1であることは誰でも知っている。3＋4＝4＋3や127＋6＝6＋127も知っている。実際，誰でも，これらと同じ形の数的事実を無数に知っている。確かに，それらをすべてあげることはできない。しかし，次のようにいえば，この知識を簡潔に表わすことができる。すなわち，xとyを任意の2つの数とすると，$x+y=y+x$は必ず成り立つ。ここの考察では，P，Q，Rなどの大文字を，事実上，小文字の場合と同じように使っている。ただ1つ違うのは，大文字で表わすのは数ではなく任意の命題である点である。わかりきったことであるが，「雪は白い」は「雪は白いという事実はない」と一貫性がない。同じようにわかりきったことであるが，「ソクラテスは死を免れない」は「ソクラテスは死を免れないという事実はない」と一貫性がなく，「ニューヨークはホンデュラスの首都である」は「ニューヨークはホンデュラスの首都であるという事実はない」と一貫性がない，以下同様。もっと簡潔に表わせば，次のようにいえる。すなわち，任意の命題Pについて，Pは，Pという事実はないという命題と一貫性がない。

　これまで導入してきた諸概念を読者が理解したかをテストするために，次の命題を証明してみるとよい。

・必然的に真である任意の命題は，必然的に真である他の任意の命題と同値である。
・必然的に偽の任意の命題は，必然的に偽である他の任意の命題と同値である。
・必然的に偽の任意の命題は，いかなる任意の命題とも（それ自身とさえも）一貫性がない。
・必然的に真の任意の命題は，いかなる任意の命題によっても含意される。
・必然的に偽の任意の命題は，いかなる任意の命題をも含意する。

2.7　命題論理における演繹的論証

　理論家が作業を進める際に使う道具は論証（arguments）である。論証とは一定の要件を満たす命題の系列のことである。命題系列の最後の命題がその論証の**結論**（conclusion）である。それ以外の命題はすべて論証の**前提**（premises）である。論証は，語句や概念同様，真でも偽でもない。それらは**妥当**（valid）か妥当でない（invalid）かのどちらかである。この際，妥当性の定義をするが，ただ，特別なタイプの論証すなわち**演繹的**（deductive）論証の場合にとどめておこう。けれども，「演繹的」という形容詞は続けて使わないことにする。追って予告するまでは，論証について述べる事柄はすべて，じつは演繹的論証だけに当てはまるのだと思ってほしい。

さて，論証が妥当であるとは，そこに含まれる前提が結論を含意する場合に限って言う。それ以外の場合，論証は妥当でない。したがって，妥当な論証はこの意味で「真理保持的」である。すなわち，もし前提が真ならば，結論もまた真であると確信できる。けれども，この特性表示にある仮定節（もし～ならば）をけっして忘れてはならない。ある論証が妥当性をもちかつそこに含まれる前提が真である場合，その論証は**健全な** (sound) 論証であるという。論証が健全であれば，その結論は真であると確信できる。しかし，論証によっては，そこに含まれる前提が偽であっても，妥当である場合が大いにあり得る。ここに単純な例がある。

(A1)
　前提1：雪がグリーンか，草が赤かのいずれかである。
　前提2：雪はグリーンでない。
　結論：草は赤である。

この場合は，第1前提も結論も偽である。にもかかわらず，論証自体は妥当である。この論証が妥当だとみなすとはどういう意味だろうか。その意味は，両前提がいずれも真であるような可能世界においてはすべて，結論もまた真であるということである。
　また，すべての前提と結論が真であっても，次の例のように，妥当性のない論証があり得る。

(A2)
　前提：雪は白い。
　結論：草はグリーンである。

この論証が妥当でない原因は，結論の真実性が前提の真実性によって論理的に含意されていない点にある（いくら才気縦横な論理学者でも，この前提だけから結論までの道筋を考え出すことはできまい）。
　いまあげた例は，論証は妥当であるが前提と結論が偽であるものと，論証は妥当でないが前提と結論は真であるものである。練習として，前提が偽で結論が真であるような，妥当な論証を構成するとよい。じつは，前提と結論の間の真偽に関する1つの組み合わせを例外とするあらゆる組み合わせについて，妥当な論証および妥当でない論証をそれぞれ構成することが可能なのである。唯一不可能なのは，前提が真であって結論が偽であるような妥当な論証である（もしこの組み合わせが可能であったとしたら，妥当性は真理保持的ではないだろう）。
　ある論証が妥当でないことを証明するためには，前提は真であって結論は偽である

ような可能世界を案出しさえすればよい。それがいかに極端にありそうもない世界になっても問題ではない。仮に少しでもそれが可能な世界であれば、前提が真であるだけでは結論が真であることは保証されない。たとえば、(A2)の非妥当性は、雪は白いが草はグリーンでないような可能世界が存在するという事実によって立証される。

　論証の妥当性を証明することは、もっと込み入った問題である。論証の前提は真で、その結論は偽であるような可能世界を構成する試みに失敗しただけでは、明らかに不十分である。そのような失敗は、論証の非妥当性のせいよりも、想像力の不十分さのせいかもしれないからである。論理学の授業では、あるタイプの前提からどんなタイプの結論を引き出すのが妥当であるのかを見分けるための、基本的推論規則を学ぶ。基本的推論規則自体がどのように正当化されるかという深遠な哲学的問題にここでふれるつもりはない。このあと出てくる理論的分析は概して論理的直観に頼ることになろう。ちょうど、比較的最近の形式論理学の出現以前に、いく世代にもわたる科学理論家や数学者がそうせざるを得なかったように。しかし、直観は、若干の初歩的な論理規則を少し勉強するだけで、かなり鋭く磨くことができる。

　命題「Pであるという事実はない」をPの**否定**（negation）という。命題の否定を話題にすることは多いので、「……であるという事実はない」という煩わしい言い回しの代わりになる略記法を導入すると便利である。任意の命題Pの否定は~Pと書くことができる。Pが命題「雪は白い」を表わすとすれば、~Pは命題「雪は白いという事実はない」（もっと口語らしい英語では「雪は白くない」）を表わす。同様に、「および（かつ）」を略記して&を使おう。「P&Q」（PおよびQと読む）をPとQの**連言**（conjunction）という。英語の単語「および（かつ）」は、たとえば「ジョンおよびメアリはここにいる」のように、概念を結合するために使うことが多い。けれども、論理記号&は2つの命題を結合するためにだけ使う。それは**命題結合語**（propositional connective）とよぶことが多いが、十分道理にかなった命名である。

　このほかにも命題連結語が3つ必要である。2つの命題PとQの**選言**（disjunction）は命題「PまたはQ」のことであり、これはP∨Qと書こう。英語の連結語「または」は2通りの意味にとれる。ジョンはニューヨークにいる、またはメアリはニューヨークにいるのいずれかであるという主張があるとしよう。もし、ジョンはニューヨークにいてメアリはロサンゼルスにいること、またはジョンはロサンゼルスにいてメアリはニューヨークにいることがわかれば、先の選言的主張は真であると認めざるを得ない。もしジョンとメアリがいずれもロサンゼルスにいることがわかれば、先の主張はまちがいなく偽である。しかし、もし2人ともニューヨークにいるとすれば、どうだろうか。この場合の正式の英語の用法は完全には確定的でない。いずれにしても、そのような問題を議論しても意味がない。重要なことは人々が同意に達することに尽きる。PおよびQの両方とも真であるときにも「PまたはQ」は真であるというとすれ

ば,「または」を包含的(inclusive)な意味で使っていることになる。2つの命題の選言が真であるためにどちらか一方が偽でなければならないとするときは,「または」を排反的(exclusive)な意味で使っているわけである。

　条件(conditional)命題「もしPならば,Qである」はP → Qで表わす。前節で導入した含意の概念は,この,条件・帰結関係の一例である。すなわち,PがQを含意するならば,命題P → Qは確実に真である。しかし,P → Qは,「PはQを含意する」よりもはるかに広い概念である。もしPが,Qで記述される事態の原因となる事態を記述するならば,たとえPがQを論理的に含意しなくても,P → Qは真だろう。たとえば,次の命題は真である。すなわち,もし地表から5フィートの高さから物体を落とすならば,引力が原因で物体は落下するだろう。けれども,物体を落とすことは,それが地上に落下することを論理的に含意しているというのは,もちろん事実でない。なぜなら,引力の存在しない可能世界が存在するからである。実際のところ論理学者は,条件命題を,Pが真でかつQが偽であることがない限りは,P → Qは真であるというように使用する。たとえば,論理学者はこういう。「雪が白いならば草はグリーンである」は真であると。この極端に大ざっぱな用法は英語ではたまにしか見られない。人々が,たとえば「彼が競争に勝つようなことがあれば,自分はサルの伯父さんだ」などという場合,その人々に,競争に勝つこととサルの伯父さんであることとの間に論理的ないし因果的関係があると主張するつもりがあるわけではない。人々の主張が真だと見なされるのは,たぶん,彼が勝ち,しかも,自分はサルの伯父さんではない,という事実がない限りにおいてだろう。にもかかわらず,論理学者には真と見なされそうであるが英語の慣用からは偽(または無意味)の判決を下されそうなP → Qの事例が,たくさんあることは否定できない。「 → 」の関係は**実質含意**(material implication)とよばれ,2.6節で導入した,より狭い**形式含意**(formal implication)とは区別される。条件命題の条件節はその**前件**(antecedent)といい,帰結節はその**後件**(consequent)という。

　最後になるが,**双条件**(biconditional)命題P ↔ Qは,2つの条件命題P → QとQ → Pがともに真である場合に限って真である。双条件命題(あるいは**実質同値**)と2.6節で述べた**形式同値**の関係は,実質含意と形式含意の関係に対応している。具体的には,PとQは,すべての可能世界で同じ真理値をもつとき,論理的に,言い換えれば形式的に同値である。しかし,実質同値であるためには,この現実世界で同じ真理値をもちさえすればよい。なお,P, Q間の実質同値性は,「Qならば,またその場合に限って,Pである」,あるいは「Qの場合に限りPである」と表現されることが多い。

　さあ,これで基本的推論規則を示す準備ができた。以下では,論証の前提と結論を直線で分離する。また各規則には伝統的な名称をつけておく。

肯定式（Modus ponens: MP）

P → Q
P
―――
Q

　この規則を，その理由は明白だが，前件肯定の規則とよぶこともある。思い出してほしいが，MPのような規則は1つの図式であって，それはPやQに対して任意の命題を代入できることを教えてくれる。たとえば，肯定式は，「ソクラテスが人間であれば，ソクラテスは死を免れない」および「ソクラテスは人間である」という前提から，ソクラテスは死を免れないと結論づけることに対する正当化であるし，また「雪がグリーンであれば草は赤である」および「雪はグリーンである」という前提から，草は赤であると結論づけることの正当化にもなっている。PやQはまた，それぞれ他の数個の命題を結合子で結合してできた命題であってもよい。たとえば，次の論証は肯定式の実例である。

もし雪が白くて草がグリーンであれば，私はあるサルの伯父さんである。
雪は白くて，草はグリーンである。
ゆえに，私はあるサルの伯父さんである。

否定式（Modus tollens: MT）

P → Q
～Q
―――
～P

　MTは後件否定の規則ともよぶ。
　MPおよびMTは，演繹論理でごくふつうにみられる2つの虚偽（fallacy）と区別するよう気をつける必要がある。それらは，条件命題の後件を肯定する虚偽と前件を否定する虚偽である。虚偽を犯すと，妥当でない論証を妥当な論証と取り違えることになる。後件肯定の虚偽は次のような形をとる。

P → Q
Q
―――
P

次にあげるのは後件肯定の実例である。

もし彼が勉強しなかったとしたら，彼は試験に失敗するだろう。
彼は試験に失敗した。
ゆえに，彼は勉強しなかった。

　この論証の不備な点は，もちろん，2つの前提が，勉強不足以外の何らかの（たとえば死んでしまったなどの）理由によって彼が試験に失敗したのかもしれないという可能性を残していることである。前件否定の虚偽は，

P → Q
〜P
――――
〜Q

の形をしているが，例は次の通りである。

もし彼女が勉強したら，そのコースに合格するのに。
彼女は勉強しなかった。
ゆえに，彼女はそのコースに合格しなかった。
（もちろん，彼女は勉強しなかったかもしれない。しかし，それでも，単なる幸運から，それともカンニングをして，コースに合格したかもしれない。）

　残りの規則は，ほとんど説明を要しない。

簡約（Simplification: S）
P & Q
――――
P

Q & P
――――
P

　簡約規則に2つの式をともにあげるのは冗長に見えるかもしれないが，ここでは完全に明示しようとしたのである。P → QとQ → Pがまったく同値でないように，連結記号のなかには，確かに命題の順番を問題にするものもいくつかある。しかし，連言の場合，命題の順番は問題にならない。

連言（Conjunction: C）
P
Q
―――
P & Q

添加（Addition: A）
P
―――
P∨Q

選言（Disjunction: D）
P∨Q
～P
―――
Q

連鎖規則（Chain Rule: CR）
P → Q
Q → R
―――
P → R

対偶律（Transposition: T）
P → Q
―――
[～Q] → [～P]

　対偶律の結論で角カッコが使われていることに注意されたい。もし単に～Q→ ～Pと書いたとすると，この式はどう読めばいいかわからないだろう。1つの読み方は，実際に意図されている結論になるだろう。すなわち，Qの否定はPの否定を（実質）含意するという結論である。しかし，もう1つの読み方として，初めの否定記号は式の残り全体に適用されるというものがある。この場合は，～Q → ～Pは，QがPの否定を含意するという主張の否定を示していると読みとれるだろう。角カッコあるいは丸カッコは，その人の意図する読み方を指定する。もし2番目の読み方を示したいのであれば，～[Q → ～P]と書くところである。

二重否定（Double Negation: DN）

P
―――
~~P

~~P
―――
P

ド・モルガンの法則（De Morgan's Law: DM）

~[P & Q]
―――――
[~P]∨[~Q]

~[P∨Q]
―――――
[~P] & [~Q]

　演繹的に妥当な論証を構成することによって前提から結論を引き出す過程を**演繹**とよんでいる。間もなくわかることであるが，科学の営みには他の種類の論証の構成もかかわってくる。それらの論証は演繹的には妥当でないと見なされねばならない。しかし，ある論証が演繹的に妥当でないといっても，それが無益であるというわけではない。演繹的に妥当でないことが意味するのは，単に，前提の真実性が結論の真実性を保証しないというだけである。

　上述した推論の演繹規則は，個々に見ると自明であるが，これらの規則に完全にのっとった論証によって到達する結論は，必ずしも，自明だとはいえない。そうした可能性が生じる理由は，演繹のもつ累積的特徴による。というのは，いったん前提の集合からある結論が推論されると，その結論自体が，その先の演繹において**追加前提**として採用可能ということになっているからである。すなわち，前提P1とP2から結論C1を演繹できれば，そして，次に前提P1，P2，およびC1から結論C2を演繹できれば，結局，この場合は，P1とP2からC2が演繹的に帰結するといえるのである。演繹は非常に長い推論連鎖を伴うことがあるので，初めの前提と**最終結論**だけを見ると，それらの間の関係は直観的に明白ではないこともある。ここで，もう少し入り組んだ演繹的推論の例を見ておくと有益である（この例は，後で理論の否認を検討するときに出てくる）。3つの前提 [T & I] → P，I，および~Pがいっしょになって，結論~Tに達することを証明したいとしよう。この論証は次のようになる（この論証の各行のすぐ隣には，当該命題を得るために使われた先立つ行番号と推論規則を示す）。

1. [T & I] → P   前提
2. ~P   前提
3. ~[T & I]   1, 2, MT
4. [~T]∨[~I]   3, DM
5. I   前提
6. ~~I   5, DN
7. ~T   4, 6, D

　この論証形式の一例として，結局実際には起こらないようなまちがった予測をある理論が立てる場合は，たとえ適切な検証に必要な初期条件が整っていても，その理論を偽と結論づけるような，論証をあげることができる。Tをある理論（たとえば，グリーンの目をした人々は嫉妬深いという理論）とし，IをTの検証のための初期条件（たとえば，実験参加者たちはグリーンの目をしている）とし，またPをその理論からの予測（たとえば，実験参加者たちは嫉妬深い）としよう。もしその理論が真であり，初期条件が満たされているならば，この予測は真だろう（これが上の論証の第1前提と1行目である）。この予測が，結局，真でないことが判明したとしよう（これが，第2前提と2行目である）。当然の帰結として，理論と初期条件との連言は偽である（3行目）。そしてこのことは，ド・モルガンの法則によって，理論が偽であるか初期条件が当てはまらないかのどちらかである（4行目），というのと同値である。しかしこの場合，初期条件が満たされていたことが仮定されている（5行目の第3前提）。そしてこのことは，初期条件は満たされていなかった（6行目）という事実はない，というのと同じことである。こうして，選言の規則によって，この理論は偽である（7行目）。

2.8　条件つき証明と間接証明

　前節の終わりで例示したタイプの論証を**直接証明**（direct proof）とよぶ。直接証明の形式は次の通りである。

1.
2.
・
・
・
n. P.

　1行目からn−1行目までは，推論規則によって先立つ行から得ることができる前提か命題かのいずれかを含んでいる。その結果が，Pが諸前提から帰結するという主張の証明になっている。
　このほかにも演繹の作業をはるかに容易にしてくれる論証のパターンが2つある。

すなわち，**条件つき証明**（conditional proof）と**間接証明**（indirect proof）である。条件つき証明は，証明すべき命題が条件命題の形をしている場合に試みられる。条件つき証明では，条件命題の前件を，前提として論証に追加してよいのである。そして後件に到達できれば，条件命題は証明されたと見なされる。条件つき証明の形式は次の通りである。

1．P
2．
3．
  ・
  ・
  ・
n．Q．

　ここでは，2行目からn−1行目までは，推論規則によって先行する行（1行目を含む）から得られる前提または命題のいずれかである。結果はQの証明にはならない。なぜならば，論証は仮定Pを利用しており，このPは前提の1つではないからである。この論証が証明するのは，条件命題P → Qが諸前提から帰結するということである。

　再び次の2つの前提を考えよう。すなわち，(1) もしある特定の理論Tが真で，初期条件Iが満たされているならば，予測Pが帰結する [T & I → P]，および (2) 初期条件が満たされている [I]。さて，条件つき証明によって，もし予測が結局偽とわかるならば理論は偽である [~P → ~T] ことを，証明しよう。

1．~P　　　　　　　条件つき証明のための仮定
2．[T & I] → P　　　前提
3．~[T & I]　　　　 1, 2, MT
4．[~T]∨[~I]　　　　3, DM
5．I　　　　　　　　前提
6．~~I　　　　　　　5, DN
7．~T　　　　　　　 4, 6, D

　このような見慣れない形式ばった表現をとったが，そのことで，じつは条件つき証明は日常の推論でふつうに使っている事実が見えなくなってはならない。誰かに条件つきの主張（たとえば，もし利率が下がれば株式市場は株価が上がるだろう）を納得させようとする場合，私たちは，たとえ前件が実際には偽であるとわかっていても，それが真である（たとえば，利率は下がるだろうというような）ことをまず想定するのが普通である。次いで，そうであれば後件が帰結する（たとえば，株価は上がる）

ということを明らかにする。結果は，もちろん，株価は上がるということの証明ではなく，条件つき主張の証明である。

　間接証明は，まず，証明しようとする命題の否定を仮定し，そこから矛盾した結論に到達するというように進められる。その形式は次の通りである。

1．~P
2．
3．
　．
　．
　．
m．Q
　．
　．
　．
n．~Q.

　このパターンでは，2行目からn行目までは，推論規則の適用によって，先行の行（1行目を含む）から得られる前提か命題かのいずれかでよい。任意の命題Qについて，Qおよび~Qは，もちろん，矛盾命題である。つまり，両方とも真であるような可能世界は存在しない。このように，仮定からQと~Qの両方が得られるという事実は，仮定である~Pが偽でなくてはならないことを示唆する。すなわちPは真である。間接証明は，帰謬法（reductio ad absurdum）ともよばれるが，その理由は，この証明では，~Pが真であるという仮定を立てて，結局はQと~Qが両方とも真であるという不合理な結論に帰着される，という手続きをとるからである。

　次にあげるのは，~Pが真であることが，P → QおよびQ → ~Pの前提から論理的に帰結するという主張の間接証明の例である。

1．~~P　　　　　間接証明のための仮定
2．P　　　　　　1, DN
3．P → Q　　　　前提
4．Q　　　　　　2, 3, MP
5．Q → ~P　　　前提
6．~P　　　　　 4, 5, MP

　これで命題~Pの間接証明が完結する。なぜならば，この命題の否定（~~P）の仮定が結局は矛盾（すなわち，2行目のPと6行目の~P）に帰着したからである。この矛盾は，いま立証しようとしている命題そのものにかかわっているが，これは，この特定例でたまたま見られた特徴である。仮に，まったく違うある命題Rとその否定~Rを立証したとしても，証明はまったく同様に妥当だろう。

2.9 量化論理における演繹的論証

2.7節で述べた推論規則によって正当化できなくても妥当性のある論証は多い。次に簡単な例をあげよう。

すべての哺乳類は動物である。
すべてのイヌは哺乳類である。
ゆえに，すべてのイヌは動物である。

前節で考察した論証とは違って，この論証を形づくっている命題は，より小さい命題からできた複合物とみなすことはできない。もしこの論証を命題の変数で記号化しようとすれば，各命題に対してそれぞれ異なる変数を使う必要がある。最終結果は次のようになろう。

P
Q
―
R

このパターンは，おそらく，普遍的に妥当であるとはみなせないだろう。もし仮にそれに普遍妥当性があるとしたら，任意の命題が他の任意の2つの命題から帰結することになろう！　にもかかわらず，論証が従う普遍的なパターンがある。それが妥当なのは，次の論証が妥当であるのと同じ理由による。

すべての人間は音楽愛好者である。
すべての子どもは人間である。
ゆえにすべての子どもは音楽愛好者である。

しかしながら，これら2つの論証に共通するものが何であるかを指摘しようとするならば，命題よりもむしろ**概念**の変動範囲を表わす変数を導入する必要性に気づく。いまあげた2つの論証を実例とする普遍妥当な論証形式は，次の通りである。

すべてのYはZである。
すべてのXはYである。
―――――――――
すべてのXはZである。

この推論規則は，X，YおよびZにどんな概念を代入しても，妥当な論証をもたら

すが，それは論理学の研究のまったく新しい一章を開くことは明らかである。前節で扱ったのは命題連結語の論理的属性だけだった。この話題は，適切にも，命題論理（propositional logic）とよばれている。しかしいまは，量化論理（quantifier logic, 訳者注：これは述語論理（predicate logic）ともよばれている）が出てきたのである。これは，すべての実体（all entities），いくらかの実体（some entities），あるいは存在しない実体（no entities）が特定の概念に属するか否か，についての主張がもつ論理的属性を研究する部門である。

ある部類に属するすべての成員について何らかの断言をする命題を全称命題（universal proposition）といい，「すべての」という概念自体は全称量化子（universal quantifier）とよんでいる。ある部類に属するいくらかの成員について何らかの断言をする命題（たとえば，「いく人かの人間は音楽愛好者である」）を存在命題（existential proposition）といい，「いくらかの」という概念は存在量化子（existential quantifier）とよんでいる。ある部類に属する成員がまったくない場合，その成員について何らかのことが真であると伝える命題には特別の名前はなく，また英語の「no」や「none」という量化子にも特別の名前はない。その理由は，「no」という量化子を使う命題は，常に，「すべての」や「いくらかの」だけを使った同値の命題として書き換えが可能だからである。たとえば，"No snakes are mammals."（「哺乳類であるヘビは存在しない」）という命題は，「いく匹かのヘビが哺乳類であるという事実はない」という命題と同じである。

現代の教育課程では，量化論理を勉強するのは命題論理を習った後である。けれども歴史的には，そちらのほうが最初に研究された。実際それは，およそ2500年前にアリストテレスによって研究された。伝統的ないしアリストテレスの論理学という名で知られているものは，もっぱら量化子とかかわりがあるのだ。アリストテレスは，あらゆる三段論法（syllogism：2つの前提，3つの概念，それに「すべての」，「いくらかの」，あるいは「皆無な（none）」という量化子を含んだ論証）を網羅的に考察した。これらの組み合わせの多くは妥当ではない。たとえば，

すべてのXはYである。
いくらかのYはZである。
―――――――――――――――
XであるようなZは存在しない。

アリストテレスは，妥当性のあるものをすべて選び出し，それらにそれぞれ命名している。量化子をめぐる現代の論じ方は，以前よりも説得力がある上に洗練もされている（2500年もたてば，何らかの進歩があったのは当然だ！）。現代の量化論理学は，

以前のように長たらしい列挙はせずに，比較的少数の推論規則を明示し，そこから妥当な三段論法をすべて導くという手続きをとっている。そればかりではなく，それらの推論規則にのっとれば，アリストテレスの三段論法の枠組みに適合しないような，量化子についての妥当な推論パターンを多数導くことが可能である。けれども，私はここでこの話題を公平に評することはできない。量化子にかかわる論証が現われたときは，当面，論理的直観に頼らざるを得ないだろう。

第3章 理論とデータ

　本章では，理論および理論とデータとの関係を考察するために必要な概念的枠組みを提示する。この主題は，あらゆる面で論争を招くのが常である。しかしさいわい，理論的営みにたずさわる科学者の日々の研究が，これら意見の相違の影響を被ることは少ない。つまり，理論家たちは，論争を引き起こしている諸問題の大半を気兼ねなく無視できるというわけである。けれども，各種の理論的活動を論じるには，何らかの明確な立場をとると都合がいい。そこで著者はある特定の立場を選ぶのだが，それが他の立場と比べて優れている証拠は，ここでは示さない。

　著者は，18世紀の数学者T.ベイズに因んで，ベイズ主義（Bayesianism）と名づけられた立場を選ぶ。ベイズは，このアプローチで中心的役割を演じる確率論の定理を証明した人物である（ベイズの定理については5.3節で論じる）。ベイズ主義は，蓋然論（probabilism）として知られる一般的な立場の一種である。蓋然論では，科学理論にそれが真である確率が割り当てられる。たとえば，進化論が真である確率は非常に高いが，燃焼に関するフロギストン説が真である確率はゼロに近い，などということができる。

　科学者や科学哲学者の大多数は蓋然論者である。しかし反対者もいて，彼らは，偶然的全称言明に確率を割り当てるのは無意味だとか，あるいは，すべての偶然的全称言明の確率はゼロだとか，あるいは，科学者は自分の理論的所説に離散的確率を割り当てることなどはしない，などと主張する（たとえば，Glymour, 1980; Laudan, 1977; Thagard, 1988を参照）。ベイズ主義は目下のところ，蓋然論では最も評判のいい立場である。それの定義は第4章でしよう。

　著者が蓋然論やベイズ主義を選ぶのは，おもに議論の促進に資するためである。理論的問題の性質や種類に関する言説の大半は，内容にほとんど影響を与えることなく，科学哲学で現在重んじられている立場と合致する形で，再定式化できるはずである。

3.1 データ

　科学理論の本質を理解する最良の方法は，それをデータと比べることである。デー

タとは，観察だけに基づいて真だとわかる命題である。私の目の前にあるバラが赤いというデータを得るには，ただ世界を眺めるだけで十分である。何らの思考の働きも必要ではない。しかし，そのバラが原子からできていることは，ただ眺めるだけではわからない。長い思考過程の結果，そのような結論に到達するのである。つまり，このバラは原子からできているという主張はデータではない。データは世界によって与えられる（given）のであって，私たちが推論を働かせる必要はないのである。

　この「与えられたもの（与件: the given）」という言葉は，「データ（data）」という言葉が文字どおり意味するものであるが，それが表わす概念は，実際にはさまざまな問題をはらんでいる。しかし，その問題点を詳しく説明する前に，人々の認識的（知識探究的）営みにおいて，この概念に託すべき役割について説明したい。新しい知識に到達する方法の1つに，すでにもっている知識に基づいて推論する，というのがある。私たちがもっている考えのほとんどは，このタイプのものである。たとえば，モスクワがロシアの首都であること，人類は18世紀にも存在していたこと，私の郷里の街で私がまだ訪ねたことのない通りに住んでいる人たちも衣服を着用していること，自分の頭を撃ったら重傷を負うだろうこと，などがそうだ。しかし，私が抱いているすべての考えが他の考えから推論されたものだとすれば，無限遡及のわなに陥るはめになる。たとえば，地階から人声がすることを根拠に，そこに誰かがいると結論するのは，あり得ることだ。しかし，この，地階で人声がするという先行知識はどこから来たのだろうか。おそらく，これ自体が，更なる先行知識に基づいてなされた推論だろう。つまり，私が地階から人声がしたと信じているのは，信頼できると思われる誰かが私にそう教えてくれたからかもしれない。結局，先行知識から得られたものでない何らかの命題に，いつかは到達するに違いない。そのような命題こそ，純粋に「与件」なのである。誰かが人声のことを話してくれたと私がわかるのは，私がその話を聞き取ったからである。つまり，誰かがそう話したとき私がそこにいたからだ。筋を通す人々の間では，何を与件とするのが妥当かについて，互いに意見が一致しないこともあるかもしれないが，合理的言説において，何らかの与件に訴えるのは避けられない。説明はどこかで終わらなければならないのだ。ただし，上記の分析から，人間の五感によって観測されるものに到達したら，そこで説明は終わるべきだ，と結論する必要はない。与件の役割は直感を生み出すことだ（つまり，何であれ，「そうに違いない」という強い感覚を私たちがもったとき，説明のサイクルが終わるのだ），と主張する人もいる。あるいは，いくつかの命題は，人間である私たちが無条件で同意するよう，生まれながらに定められているのかもしれない。これらの可能性は後で検討する。前述の分析の目的は，観察データの必要性を立証することではなく，合理的な言説でそれらがはたす役割を明確にすることである。データが引き合いに出されると，証拠を問う理由がそれ以上，求められなくなる（たぶん，このほかにも証拠の

さて次に，さっき保留した困難な点を見てみよう。私が部屋の中でイヌを見て，「部屋の中にイヌがいる」と言うとする。この発言はデータたるにふさわしいように見える。しかし，私が見ているものは，その動物はイヌのかっこうをした機械仕掛けのロボットだという命題とも矛盾しないのではないか。それがイヌだという前に，その内部の生理学的機構を調べる必要があるのではないか。もし調べないでそれがイヌだと考えるなら，その知識は，イヌの外見をもつロボットはいまだ造られたことはないという，事前知識を前提としているのではないか。もしそうだとすれば，部屋の中にイヌがいるという私の主張は，結局，直接もたらされた「与件」ではないことになる。また，私が見たイヌが幻覚だという可能性はどうなるか。おそらく，私に与えられた唯一の知識といえば，私の感覚の記述（すなわち，たとえ私の経験したものが幻覚だったとしてもやはり事実であるはずの，形や色に関する言明）である。この立場は**現象論**（phenomenalism）とよばれているが，1930年代および1940年代にはかなりの支持者がいた（Price, 1950を参照）。現象論者によれば，唯一のデータは「感覚データ」（たとえば，「私には緑色がかった楕円の斑点の視覚印象がある」というような）である。物質界についてのいかなる信念も（いや，それだけでなく，物質界が存在するという信念すら），感覚データに基づいた推論と見なされた。第1章で論じたバークレーの**観念論**は，現象論の歴史上，早期の事例である。バークレーとは違って，20世紀の現象論者の多くは，物質界に従った推論はたいへんいいものだと考えた。彼らの主張の要点は，物質界の存在を疑うべきだということではなく，その存在は直接の観察によっては**与えられない**と認識すべきだ，ということである。しかしその後，現象論者の議論の矛先が，感覚データに基づかない観察だけでなく，感覚データ自体に対しても向けられかねないことが認識され，現象論は拒否されるようになった。たとえば私が，いま見えている楕円形の斑点は緑色がかっている，というとしよう。この主張は，「緑色がかった」という言葉が指示するものを私が正確に覚えているという，自分への信頼を前提としているのではないか。そして，このことについて自分自身の記憶を信じるなら，それ以外にもさまざまな証拠に依拠していることになるのではないか。

長々とした哲学話は端折るが，データとは何かを規定する絶対的規準の画定に成功した人は，いままで誰もいない。それにもかかわらず，ある時点において与えられる何ものかに訴えることは，避けられないのだ。この難局をどうすれば打開できるのだろうか。今日もっとも一般的な説では，データと見なされるかどうかは，**理論との関連でのみ決められる**という。つまり，各理論はそれぞれ，理由づけを必要とする主張とは何かよりも，むしろ与件とみなすべき主張とは何か，を特定する独自の仕様書をもっているのだ。与件を特定する仕方は，ある程度，恣意的なものだ。だが，その特

定はなされなければならない。この説は広範囲な含みをもっている。たとえば，もし競合する2つの理論がそれぞれ異なる命題集合を自分にとってのデータとして特定するなら，観察だけに基づいて両者の一方を選ぶことはできない。一方の理論を確認または否認するデータも，他方の理論にとってはデータとさえ見なされないのだ。この問題はのちほどまた出てくるだろう。

現象論者も現象論をとらない人も，データとは修正不可能な（incorrigible）ものだ，と長い間考えてきた。つまり，私たちに与えられるものは，絶対的な確実さで認識されるのであり，したがって修正の手の届かないところにある，と考えられたのである。この見方は，最近の考え方とは相容れない。今日ではどのようなタイプの主張であれ，誤っている可能性があると考えられている。物の見え方を色粒という現象用語でただ記述する場合でも，現象概念を誤って使う可能性がある。一方，データの修正不可能性を放棄すると，その影響も甚大だ。たとえば，理論とデータが矛盾する場合は，通常，理論が誤っていると見なされるが，そう考える必要は必ずしもないことになる。データを修正する必要がある，と考えてもよいのだ。しかし，以後の考察は，データは絶対的な確実さでもって真だと認識されている，という大前提に基づいて進めよう。

ここで，一般に偽だと堅く信じられている仮定に立って考察をすすめるのは，言語道断だと思われるかもしれない。ところが実際は，科学の営みではそれが慣例になっている。物理系を理解し予測しようとする科学者は，決まって，物体の表面には摩擦がないとか，完全な真空が存在するとか，気体は完全な膨張力をもつ粒子から成り立っている，などという仮定を立てている。もちろん彼らの理論自体が，現実世界ではそのような状況はけっして存在しない，と示しているにもかかわらずである。こうした仮定による理想化は，次の2つの条件が満たされている場合には，正当だと見なされる。すなわち，(1) 仮定によって理想化すれば，当該事態がいちじるしく単純化でき，したがってその分析がいっそう容易になること。(2) 無視された要因が重要でないため，それを省略しても当該の問題に関する判断に実質的な影響を及ぼさない，と考える理由が十分にあること。もちろん，第二の条件について誤りをおかす可能性もある（すなわち，理想化のためにたいへんなまちがいをきたす結果になるかもしれない）。だが，最善を尽くすしかないのだ。いずれにしても，観察データは真だと確信をもって認識されている，と仮定するのは，それが上記のようなたぐいの理想化であり，またその仮定によって，結果を大きく歪めることなく，さまざまな問題を容易に考察できるからなのだ。

こうした難問題は差しあたり脇へ置くことにして，データとして不適格な2つのタイプの命題をみよう。

● 「すべてのエメラルドはグリーンである」や「F＝ma」のように，あらゆる時間と空間にわたって一般化される全称命題がある。そのような言明は，けっして文字通りな形で「与えられ」るものではない。なぜなら，すべての時間あるいは空間を観察することは，誰にもできないからだ。百万個のエメラルドを観察して，すべてグリーンだとわかれば，かつて存在した，いま現に存在している，あるいは将来存在するだろうすべてのエメラルドがグリーンだということはほとんどまちがいない，と私たちは考えるだろう。しかし，これが直接に観察した事実とは言えないことは，明らかである。同じ理由で「F＝ma」も，あらゆる時点と場所において，すべての粒子に当てはまる真なる法則だと想定されているわけだ。

● 命題が原理的に観察不可能な実体や過程を指示する場合，それはデータとして不適格である。これらの命題は，理論の違いによって規定のされ方が違ってくるタイプの「非データ」である。観察不可能な実体の例としては，従来，物理学における力や場や素粒子，社会学における社会的階級や役割や地位，精神分析や認知科学における無意識の心理過程があげられている。「F＝ma」が，上記いずれの点でもデータとして不適格なのは明らかだろう。

こうした非データも，科学では決定的な役割を演じる。本節に続く2つの節で，それを詳論する。

3.2 自然の法則

しばしば言われることだが，データを収集しただけでは，科学にはならない（それは**博物学**（natural histories）に過ぎない）。このような理由で，すべての時間および空間について真だと主張する**自然の法則**（laws of nature）が定式化されたとき，初めて科学が始まるのだ。著者としては，「科学」という言葉の意味を1つに定めようとしても，そこから得られるものが多いとは思わない（ただし，実利的意味となると話は別だ。自分たちの活動に「科学」のラベルをうまい具合につけた集団は，研究助成金を獲得する見込みがそれだけ増すのだ。だから図書館科学や，保険科学，警察・消防科学，その他これに類した「何々科学」が生まれたのだ）。しかし，過去2，300年の間に科学をめぐって沸き起こった興奮の多くが，普遍的原理，すなわち「法則」を発見したという主張によるものだったことは，否定できない。

「法則」という言葉には，記述的な意味と規範的な意味がある。記述的な意味での法則は，世界がいま**現に在る**姿を教えてくれる。それに対して，規範的な意味での法則は，世界が**在るべき**姿を示してくれる。本書ではもっぱら記述的法則だけを扱う。そうはいっても，心理学という科学では規範的法則も重要な役割を演じることを忘れてはならない。精神衛生や合理的意思決定の理論は，完全に規範的な理論である。

自然の記述的法則として形式の整った命題は，その真偽は別として，**法則定立的**（nomological）命題あるいは**法則的**（nomic）命題とよばれることが多い。すべての法則定立的言明は，すべての時間と空間にわたる全称命題となる。前の例をもう一度

用いると，「F＝ma」は世界のあらゆる場所で，また世界の歴史のあらゆる時点で，真であると考えられる。しかし，すべての全称命題が法則定立的だというわけではない。いま仮に，かつてジョージ・ワシントンのポケットの中にあったコインがすべて銀製だったとわかったとしよう。ジョージ・ワシントンはすでに亡くなっているので，まさか別種のコインがいつか将来，彼の衣服のどれかのポケットに入ることはないと仮定してもまちがいではない。したがって，次の全称命題が真だということは，ほとんど確実である。

(1) ジョージ・ワシントンのどのポケットに入っているコインも，すべて銀製である。

　上文の現在時制は，「金は金属である」の場合と同様に，過去，現在，未来すべての時間を指示すると解釈されるべきである。さて，もう1つ次の全称言明文を考えてみよう。

(2) 地表から3フィートの高さで放たれた物体は，すべて落下する。

　命題 (1) と (2) の論理形式は，同じように見える。しかし，直観的にわかるように，この2つの命題からまったく異なる論理的帰結が生じる。各命題から，誰もがすぐ同意する反事実的推論（counterfactual inference）を行なえば，両者の違いが明らかになる。反事実的言明とは，偽であることがわかっている命題が仮に真だとした場合に想定される，世界の状態についての言明である。たとえば今，私がポケットの中に持っているコインを考えるとしよう。そのコインは1週間ポケットの中にあったが，その後，溶かしてしまったと仮定しよう。すると，そのコインが地表3フィートの高さから放たれることは，もはやけっしてない。それでも，命題 (2) に基づいて，あなたはおそらく，次の主張に同意するだろう。

(3) もし私のコインが地表3フィートの高さで放たれたとすれば，それは地面に落下するだろう。

　しかし，あなたはおそらく，命題 (1) からなされた次のような同じタイプの推論には，同意はしないだろう。

(4) もし私のコインがジョージ・ワシントンのポケットの中にあったとすれば，それは銀製だろう。

すなわち，あなたは（私もそうなのだが），命題 (2) から反事実的推論を行なうことは可能だが，命題 (1) からそれを行なうことはできない，と考えているのだ。こうして (1) から (4) への移行の妥当性が否定された。それは，ジョージ・ワシントンのポケットの中のコインについての真なる全称言明は自然の法則だ，ということを否定したに等しい。

それにしても，この違いは何によって生じたのだろうか。直観的には，私たちは，(1) が真なのは単に偶然の一致による（incidental）のだが，(2) が真なのは，物体が放たれることとそれが地面に落下することの間の**因果関係**（causal connection）によっている，と理解する。ジョージ・ワシントンはたまたまポケットにコインを持っていたのだが，空中で放たれたコインは落下しなければならなかった。もっとも，この「～しなければならなかった（had to～）」という表現は，論理的必然性を意味するわけではない。もちろん，地上 3 フィートから放たれたコインがヘリコプターのように空中にとどまると考えても，論理的な矛盾は生じない。ここで私たちは，論理的必然性ほど厳格ではないが，偶然による真理よりは強い，**因果的必然性**（causal necessity）という考えを用いている。空中で放たれたコインが落下しないような可能世界はたくさんある。しかし，放たれたコインが必ず落下するような多くの可能世界（**法則定立的に可能な諸世界**）もある。自然の法則は，法則定立的に可能なすべての世界で真であるような全称命題なのだ。

しかし，こうしたことは単なる用語上の問題に過ぎない。ある法則が法則定立的に可能なすべての世界で真だ，と教えられたからといって，その法則がどのようなものかを理解する助けにはならない。つまりこの場合には，その法則について別の語り方が与えられただけだ。じつは，法則定立性という概念の意味を明確にするのは，非常にむずかしい仕事なのである。法則定立的言明が反事実的推論を支えることは確かだ。しかし，それが確かだからといって，ある法則が意味することを理解する助けにはならない。もし，反事実的推論が支持される条件を説明するよう求められたら，それらが法則に当てはまることだ，と答えるしかないだろう。だが，法則と反事実的推論の関係は注目に値する。その関係は，ある特定の命題が法則としての役目をはたすかどうかを判断する，手軽な手段を与えてくれる。つまり，その命題の反事実的含意は真である，と自分が認めるかどうかを確認すればいいのだ。この仕方でテストすると，上記の命題 (2) は法則定立的だが，命題 (1) はそうではないことがわかる。だが，この検証に合格しても，(2) は真なる自然の法則である，あるいは (1) は自然の法則ではない，ということが証明されたわけではない。ただ，その人自身の考えが明らかにされるだけなのだ。

では，このように考える根拠はどのようなものなのだろうか。もし，私のポケット

の中にあるコインが空中で放たれたとすれば地表に落下するだろう，ということが真であれば，私はただコインを放つだけで，それを地面に落下させることができる。もっと一般には，反事実的推論の前件が真となるように条件を整えるなら，そこから導かれる後件（帰結）が当然実現されることになる。けれども，非法則定立的な一般化の場合には，私たちには，その一般化を反証する以外にない。つまり，銅貨をジョージ・ワシントンのポケットに詰め込んでも，銅を銀に変えることはできないのだ。実験的研究の教科書では，法則定立的一般化と非法則定立的一般化の違いは，「因果的」な関係と単に「相関的」な関係の違いとして扱われることが多い。実験による方法が自然観察に勝る点は，正確には，実験によれば，ある一般化が因果的なものか，それとも単に相関的なものかを，確かめられることである。事実，実験を次のように定義することもできる。実験とは，それによって反事実的推論の前件が満たされ，またその結果，後件がこれと同調するかどうかが観察できる，1つのしくみである，と。

3.3 理論的用語，理論的言明，理論

多くの法則が，原理的に観察できない実体や過程の存在を仮定している。重力や電子，エーテル，フロギストン（燃素），気象における前線，無意識の心理過程，知能，性格特性，社会階級，司法制度，国家，国民総生産など，その例は枚挙にいとまない。これらの対象を表わす語句が**理論的用語**（theoretical terms）である。それに対して，**観察用語**（observation terms）は直接観察できる実体を表わす。**理論的言明**（theoretical statement）とは，少なくとも1つは理論的用語を含む言明である。一方，**観察言明**（observation statement）とは，観察用語以外に非論理用語を含まない言明である。この区別には，「データ」を定義する際に生じた難問題がそのまま受け継がれる。つまり，データとは何かがわかれば，あらゆるデータは観察言明だ，ということができる。だが，あらゆる観察言明がデータだというわけではない。たとえば，観察可能な属性を観察可能な実体に帰属させる法則を考えてもいい。「すべてのエメラルドはグリーンである」はこうした法則の候補だ。このタイプの法則は「観察言明」の定義を満たすだろうが，それが全称命題である限り，データにはなり得ない。さらにいえば，時間的空間的に限定されたとしても，くだんの観察言明はデータにならないだろう。なぜなら，データと見なされるために必要な観察を誰も行なえないからである。たとえば，ある場所にあるエメラルドはグリーンだという主張を考えてみよう。もし誰かがその場所まで行って観察を行なうとすれば，また，その人がそこで実際にグリーンのエメラルドを見つけるとすれば，くだんの主張は人類のデータ貯蔵庫に加えられるべきである。しかし，もし誰もそれを調べに行かなければ，データにはけっしてならない。だが，それは観察言明にはなるのだ。というのは，その言明が，観察不可能な実体や過程をいっさい含んでいないからだ（いまだ観察されていない実

体を含んではいるが)。

　定義によれば，理論的言明はデータにはなり得ない。その種の言明の真実性を立証するには，推論によるほかない。この点では，科学の法則に似ているといえるだろう。事実，そうした言明は科学的法則になり得るのだ。たとえば，「F＝ma」は，反事実的推論を成り立たせる全称命題だから法則だといえる。またそれは理論的実体に言及しているので理論的言明でもある。このような法則は，**理論的法則**（theoretical law）とよばれる。「すべてのエメラルドはグリーンである」というような法則は，観察可能な実体に言及しているので，「観察法則（observation law）」とよぶのだ，と考える向きもあるかもしれない。しかし，そうではない（すなわち，それらは**経験的法則**（empirical law）なのである）。

　専門用語の使い方をいっそう混乱させているのは，「理論（theory）」という用語がさまざまな場面で使われていることである。日常的な場面では，たとえば「それは執事のしわざだ，というのが私の持論だ（I have a theory that ……）」のように，理論とは，いまだ正しいと立証されていない仮説のことである。科学的な言説では，相互に関連する諸法則をまとめて理論とすることが多い。その際，そうした法則のなかに理論的法則を含むことが求められる。しかしこれが「理論」の標準的な用語法だとは，とてもいえない。「理論」という言葉に対して，ある種の明確な見解をもつ人もいれば，そうした明確な考えをもたずに「理論」という言葉を使う人もいる。著者は，総括的な定義をとろう。すなわち，理論とは，原理的に観察可能かどうかにかかわらず，世界のいまだ観察されていない側面を記述する言説だと考える。そう考えれば，理論的法則も経験的法則も理論の資格をもっている。しかし，「それは執事のしわざだ」のような特定の状況に関する観察言明も，観察によってそれを確かめた人がいないなら，理論の資格を認められることになる（この場合，探偵にとって「理論」になるものが，執事にとっては「データ」なのである）。このようなおおまかな使い方が，科学界では認められている。たとえば，「ビッグバン」理論は，宇宙の起源といういまだ観察されていない特定の状況の記述である。要するに，データが示す以上のことを主張するあらゆる命題が，理論なのである。こうした考えは，理論とは不確かな仮説だ，という日常言語の用法と似たところもある。というのは，自分が観察したのでない事柄に関する主張の真偽には，それほど確信がもてないのが普通だからだ。しかし，こうした理論の**定義**が，理論が真だと確信するのを妨げるわけではない。それどころか，データでさえ絶対に確実だとは立証され得ないのだから，データより理論のほうが真なる確率が高い，とみなすこともあり得るのである。

3.4　理論的実体の道具論的説明

　いまだ観察されてはいないが観察可能な理論（「それは執事のしわざだ」，「すべて

のエメラルドはグリーンである」）がどのような位置にあるか，いまや明らかだろう。それは，必要とされる条件が整えば観察するつもりである，あるいは観察したい事柄に関する，なし得る最良の推測である。しかし理論的実体に関する理論の場合はどうだろうか。誰もが，原理的に観察不可能な事柄を仮定するのはなぜなのだろうか。この疑問に対する答えは，大きく2つのカテゴリーに分かれる。**実在論者**（realists）の答えはこうである。人間が自ら観察できるのは世界のごく一部だけだから，世界の残りの部分を知るには，推論を用いざるを得ない。実在論者にとって理論的言明とは，そうした，観察で明らかにされない隠れた領域に関する主張なのだ。それらの言明は，世界の記述として真か偽かのどちらかである。一方，**道具論者**（instrumentalists）によれば，理論的実体は，実利的な目的のために考案された便利な虚構なのである。たとえば心理過程を，頭の中の小人が互いにメッセージや指令をやり取りする一連の操作ととらえれば，理解しやすくまた有益だろう。しかし，そのようなモデルを採用したからといって，実際に，頭の中に小人がいる，と信じなければならないわけではない。ある理論的実体に対しては道具論的立場をとり，別の理論的実体に対しては実在論的立場をとることもある。たとえば，電子の実在は信じても頭の中の小人の実在は信じないかもしれない。経験論者のなかには，全面的な道具論をとる人もいる。理論的実体はすべて虚構だというわけだ。この立場によると，存在すると正当に信じることのできる実体は，観察できるもの以外にはないことになる。

　無意識に対するS.フロイト（Sigmund Freud）とP.ジャネ（Pierre Janet）の態度を例に，実在論と道具論の違いを考えてみよう。フロイトは，無意識に関する精神分析の理論がフロイトより前にジャネによって構想されていたことを認めていた。けれども彼は次のような不満を表わしている。ジャネは「あまりにも遠慮がちに，自分の考えを述べた。あたかも無意識がただの言葉，1つの語り方に過ぎない，と（つまり，自分がそれでもって，現実に存在する何かを意味するつもりではなかった，と）言いたかったかのようだ……。私が思うに，彼はいたずらに信用を失くしたのではないか」（Freud, 1917, p.296）。現代の用語でいえば，フロイトは無意識に関して実在論の見地に立ち，一方，ジャネは道具論者であった。ジャネによる信用の喪失を非難したフロイトは，理論的実体の発見者たる名誉を主張する権利をもつのは実在論者だけだ，と図らずも述べているのである。

　理論的言明に関する道具論の所説を，もっと詳しく検討しよう。仮に理論的実体が便利なフィクションだとして，では，どのような目的を達成するために便利なのだろうか。道具論者の著書や論文では数多くの提案がみられるが，そのなかで，理論的法則は「データを生産する」のに役立つ，という説が最も凡庸なものだろう。その主張は以下のようである。理論的法則は，ある観察可能な帰結をもたらす。法則の定式化が経験的研究を刺激して，予測された観察可能な帰結が真か否かが検証されるように

なる。その結果，人類の観察に基づく知識が増大するのである。この考えでは，理論的法則自体は，何ら本質的な価値をもたないことになる。それは刺激を与えて研究を促進する上で役に立つだけである。こうした見解の例が，心理学の文献にたくさんみられる。ここで，よく知られるパーソナリティ理論の教科書（Hall and Lindzey, 1978, p.12）からの抜粋を例示しよう。

　……以上の通り，理論が何から構成されるかについて概説した。次の問題は，理論の働きは何か，である。第一に，また最も重要なことだが，理論は資料の収集へ，つまり，いまだ**観察されていない**重要な**経験的関係**の観察へと導いてくれる。理論は当該現象に関する知識を組織的に増大させるものでなければならない。また理想的には，この知識拡大は理論から導出された明確な経験的命題（言明，仮説，予測）によって（もちろん，それら経験的命題は経験的検証にかけられる），媒介もしくは刺激されるべきである。理論は，一連の経験的言明を作り出す，一種の命題製造機に例えることができる……。

　しかし，理論を命題製造機とみるこの考え方は，2つの理由で支持できない。第一に，もし理論が経験的研究を刺激する道具に過ぎないなら，その動機づけを高める能力がどこからくるのか説明できない。理論から経験的仮説を導出することが，たとえばアルファベット順に仮説を検証することに勝る利点は，何だろうか。第二に，もし理論の長所が経験的データを産出すること以外にないなら，データを得るためにいかなる組織的方法を探す必要もない。新しいデータを得るのは，きわめて容易なことである。私たちは，果てしないデータの海を泳いでいるのだ。特定の地点を通過するすべての自動車のプレート番号を1週間記録する，次の週には別の場所で同じことをする，といったことは，その気になればすぐにでもできる。洗濯機の中に入れるすべての衣類を1つひとつ記録することもできる。特定の歩道のひび割れの数を数え上げることもできる。精巧な命題製造機など必要ないのだ。確かに，理論は経験的な研究がなされるべき方向を示しはする。しかし，もし科学の目標が大量のデータを積み上げることだけなら，理論に導かれた経験的発見を，他の仕方でなされた発見よりも高く価値する理由はない。それどころか，理論的言明など，何の役にも立たないことになる。心理学者の一部は，この結論をためらいなく受け入れてきた（たとえば，Skinner, 1950を参照）。

　道具論による第二の提案によれば，理論の役割は，収集された膨大なデータを簡便な利用しやすい形に**要約**することだという。確かにこれは，観察不可能な実体に言及する言明の特徴を，うまく言い表わしている。次の主張を例に考えてみよう。

(5) 標準的な人の子どもの数は，1.87人である。

私たちは，当然，この主張の真実性を受け入れるのだが，それは，この世には端数の子どもを生むような変わった生き物がいる，などと考えてのことではない。私たちはむしろ，「標準的な人」についてのこの主張は，整数人の子どもをもつ通常の人々についての言明の長い連言に代わる，便利な縮約形と見なしているのだ。言い換えれば，言明 (5) は，「標準的な人」という言葉を用いない，もっと長い命題に変形可能なのだ。(5) の変形文は，次のようなものになる。各人がもつ子どもの数を合計して，人々の数で割れば，1.87になる。

　しかし，命題 (5) はまだ理論ではない。なぜなら，理論とは，理論を生み出したデータを超えて，それ自身の内容をもつものだからである。それだからこそ，理論から予測を導出できるのである。百万個のエメラルドを観察してそれらがすべてグリーンだとわかれば，「エメラルドはすべてグリーンである」という理論を作るかもしれない。この仮説はすでに観察されたデータの要約以上のものである。それは次に発見されるエメラルドもグリーンだろうという予測を導く。もし私たちがデータを適切に要約することだけを理論に求めるなら，「すべてのエメラルドはグリーンである」という理論を他の理論より重んじる理由はない。つまり，「最初に観察された百万個のエメラルドはグリーンだったが，残りのエメラルドはすべてブルーだろう」という理論を採択しても，何の問題もないはずだ。

　道具論による第三の提案では，理論的言明は大量のデータを要約するにとどまるものではないことは認めるが，理論的言明は観察言語に還元できる，という立場は捨てていない。そこでは，短縮された観察言明がデータになるだけでなく，あらゆる時空間にわたる予測をもたらす（たとえば，「エメラルドはすべてグリーンである」のような）**経験的一般化**（empirical generalization）を可能にする，とみなされている。しかし依然として，理論的言明が便宜的な理由のためだけに導入される，という考えに変わりはない。原理的には，理論的言明を用いずにあらゆることを表現できるが，それを用いれば時間と紙の節約にはなる，というわけだ。

　1960年代までは，理論的用語はすべて，このようにして観察用語に還元できる，という考えが広く受け入れられていた。論理実証主義者の主張の中心には，内容を損わずに理論的言語を観察的言語に翻訳できる，という信条があった。心理学では，**論理行動主義者**（logical behaviorists）が，観察不可能な心的過程に関する言説を，内容に影響を与えずにそのまま，観察可能な行動の言説に翻訳できる，と主張した。スキナー（Skinner, 1953, p.162）は次のように述べている。

　街中である男性が，いま誰かある人が怖がっている，怒っている，恋をしている，などというとき，その男性は，何らかのふるまいが起こる傾向を語っているのである。つまり「怒っている」人は，殴る，罵る，あるいは別の方法で危害を加える確率が増大する。一方，助ける，好意を示

す，慰める，愛を語る確率は低下する。「恋をしている」人の場合は，助ける，好意を示す，寄り添う，愛撫する傾向は増大し，どんな仕方であれ危害を加える傾向は低下する。「恐れている」人は，（逃げる，隠れる，目や耳をおおうなどして）特定の刺激との接触を減らしたり，避けたりする傾向がある。また同時に，そのような刺激のある方向や新奇な場所へ行く可能性は小さくなる。

　当然，論理行動主義者は，心的過程について道具論的立場をとっていた。だが，現在では，科学において興味を引くようなおもしろい理論的用語の多くが，「標準的な人」式の翻訳では，十分に表現できないことが明らかになっている。論理行動主義の場合，精神主義的（mentalistic）概念を行動の言語に翻訳する試みはいずれも，密かに，他の精神主義的概念を用いるものだった。「恋している」という表現が，「寄り添って愛撫する傾向がある」などの表現と等価に用いられている，というのはまったく正しくない。残念なことだが，あなたを抱きしめている人物が，愛のためではなくお金のために，そうしているのかもしれない。愛に関する行動上の必要条件をもっと詳細に調べても，この問題を解決することはできない。もし，誰かに十分なお金を支払うか，凄惨な罰をちらつかせて脅せば，その人々はこちらの望む通りの行動傾向を示すだろう。「恋をしている」人が相手に寄り添って抱きしめたいと思うことは，「愛する」という言葉の意味の一部だろう。しかし「～したいと思う」という言葉は，もちろん行動的な用語ではない。「～したいと思う」ことに対する行動的に等価な表現を特定する際に，同じ問題が生じる。「何かを欲しい」と思うことが，それを手に入れる傾向の増大として表われる，とは言えないのだ。なぜなら，両者の間に等価な関係が成り立つのは，ある人がそれを手に入れる能力が自分にはあると信じているときだけだからだ（そうでなければ，得ようと試みさえしないだろう）。ところが，「信じる」ことは，精神主義的概念である。このような例が多々あるのだ。

　似たような例は，他の科学の理論的実体（たとえば，物理学における力や原子構成粒子）でも指摘されている。すなわち，こうした理論的実体を肉眼で見える物体が特定の時空間で見せる運動に置き換えて定義する試みもなされたが，論理行動主義の研究計画とまったく同様，完全な失敗に終わった。どうやらどの科学にもそれぞれ，独自の還元不可能な理論的用語があるようである。しかし理論的用語にも，「標準的な人」のように，還元可能なものが一部はあるということを忘れてはならない。「理論的用語」という言葉を，還元不可能なものだけを指すように限定する人もいる。マックコーコデールとミール（MacCorquodale and Meehl, 1948）は新しい言葉を作り，還元可能な理論的用語を**媒介変数**（intervening variables），還元不可能な理論的用語を**仮説構成体**（hypothetical constructs）と名づけた。

　還元主義が失敗に終わったため，道具論はその簡潔で強力な論拠を失った。とはい

え，実在論が一方的な勝利をおさめたというわけではない。現代理論心理学の領域で，ダニエル・デネット（Daniel Dennett, 1971）は精神主義的概念に対して道具論的立場をとってきた。もっとも彼は，精神主義的概念は行動的用語によって定義できない，と認めている。精神主義的心理学の理論は，理論が要請する心的過程が存在しなくても，行動について予測を行なうのに役立つ，と彼は主張する。任意の理論的言明に対して，同様の観点から選択を行なうことができるだろう。なぜなら，理論T自体は偽であっても，理論Tから生じるいかなる観察レベルの帰結も，論理的には真であり得るからだ（たとえば現代の物理学者は，ニュートンの運動の法則は偽だと考えている。それにもかかわらず，ニュートンの法則は，今日正しいとされている相対性理論と同じ結果をもたらす限りで，今でも予測のために用いられている。その理由は，どちらの理論を用いても同じ答えが得られ，ニュートンの法則を用いたほうが計算量が少ない，というものである）。このように，予測を行なうことが目的なら，偽と考えられている理論を用いることが理にかなう場合もあり得るのだ。もしこうした方略を選ぶならば，便宜的に採用された理論に対して，道具論的姿勢をとることになる。拡大解釈すれば，すべての理論に対して，この同じ態度をとることができるだろう。その際，当該の理論からの観察上の帰結は信じるが，理論自体はどれも信じてはいない，ということになる。

　一組の理論的言明を観察言語に還元できないからといって，実際の科学研究で必ずそれらの理論的言明を用いなければならないわけではない。当該の科学的言明が，（実在論に反して）文字どおりには真でもなければ，（道具論に反して）とりわけ有益でもない，と考えることもできる。上記の諸概念が還元不可能ならば，それらの概念をすべて廃棄し，用いないようにすべきだ，と考えることもできる。これが消去主義（eliminativism）である。実在論と道具論の場合と同様，ある理論的概念については消去主義の立場を支持し，他の概念に関してはそうしない，ということも可能である。精神主義的概念の消去を主張する代表的な学者はチャーチランド（Paul Churchland）である。彼によれば将来，科学が進歩すれば，「確信」や「欲望」に関するこれまでの空論をすべて「放棄する」よう「説き伏せられる」日が来ると「予期する」こともあながちまちがいではない，という（「恋をしている」については，もう少し複雑だが）(Churchland, 1981)。そうだとすれば，未来の科学的に正しい世界では，愛し合う二人は，自分たちの神経学的および内分泌学的状態の直接的描写を，囁き合うのだろう。

　心的過程をめぐる道具論者と実在論者と消去主義者の論争は，心理学では今日も活発に行なわれている。しかし，あらゆる理論的実体をすべて否定する全面的な消去主義は，まちがいだと見なされている。なぜなら，徹底的な消去主義は物理諸科学から，興味深く有益な問題をほとんどすべて，取り去ってしまうからだ。

3.5　理論的実体の実在論的説明

　理論的主張がなされる背景を実在論者の立場からみれば、その要点は、誰もがそうした主張の真実性を想定している、という単純なことなのだ。科学は世界がどのようなものかを発見しようとする営みであり、現在の最高の研究成果をもってしても、世界には多数の観察不可能な実体や過程が存在する。理論的言明が、世界の中にあるこうした観察不可能な部分を記述するのだ。

　しかし、実在論者の主張を信じなければならない理由は何だろうか。最近なされた実在論を擁護する議論のなかで最も有名なものは、ヒラリー・パットナム（Hilary Putnam, 1975）の**奇跡論法**である。パットナムによれば、実在論こそが、科学理論が成功をおさめている理由を説明し得る、唯一の仮説なのである。もしも物理学が仮定するような原子構成粒子が現実には存在しないとすれば、物理学が今までに成し遂げた目覚ましい予測の成功を説明できない。予測の成功は単なる奇跡に過ぎないということになろう。この奇跡論法に対する道具論の側からの標準的な反論は、次のようなものである。ある任意の理論とまったく同じ観察上の帰結をもたらす理論は、当該の理論以外にも数え切れないほどたくさん存在する、と。また、正しい理論（それが存在するとして）と同じ予測を行なう代替理論が、将来にわたって数限りないほどたくさん存在するはずである。前述のように、これらの代替理論は、それ自体は正しくなくても、正しい予測をなし得るのである。したがって、奇跡は起こり得るのだ（つまり、理論が正しい予測を導き、成功したからといって、その理論が正しいと結論する理由にはならない）。

　一方、道具論を擁護するおもな議論は、**データによる理論の決定不全性**（underdetermination of theories by data: van Fraassen, 1980）に依拠する論証である。この論証も先ほどと同じように、あらゆる理論には、それと同じ予測を導く、経験的には等価な代替理論が存在する、という前提から出発する。そこから続いて、どれか1つの理論を信じるに足る経験的根拠を見つけることはけっしてできないはずであり、したがって、私たちは道具主義者にならざるを得ない、と主張する。

　この論証に対する実在論からの反論は、経験上等価な理論がどれほど多くても、それらがみな等しく優れた理論ではないのだから、私たちは最も優れた理論を採用すべきだ、というものである。この実在論による反論は、次の2つの前提に立っている。第一に実在論者は、経験的に等価な理論の集合のうち、どの理論が最も優れているかを決めるルールを必要としている。それらの理論はすべて同じ予測を導くのだから、予測の正しさの点で互角の諸理論の優劣を決めるルールは、**非経験的な規準**によるものでなければならない。そのような規準とはどのようなものか。まず、**単純性の規準**は、上記の要請を満たす好例である。すなわち観察上、同じ帰結を導く2つの理論があるなら、より単純なほうを採用するべきだ、という規準である。第二に実在論者は、

経験的には対等の資格をもつ諸理論の間で優劣の決着をつけるルールを正当化する必要がある。もしそれが，2つの理論のうち，より単純なほうを採用するというものなら，なぜそう決めるべきなのかを明らかにしなければならない。なぜ，より単純な理論を選ぶべきなのか。科学が説明しようとしているこの世界自体は，きわめて複雑なのではないのか。単純性の概念が科学において演じる役割は，第9章で取りあげる。ここでは，データによる理論の決定不全性論議に反論するために実在論者が用いる非経験的な要素の一例として，単純性をあげたのである。この理論の非決定性を主張する道具論者は，実在論者が理論を評価する際に用いる非経験的規準（たとえば，単純性）は正当化され得ない，と論じるのが常である。

　本書で「実在論・道具論」論争を解決しようと試みるのは，適切ではない。記述の便宜のため，以後，著者は実在論者のごとく語ることにする。しかし，本書で述べられることの大半は，種々の道具論とも両立するものである。両者を区別する必要がある場合は，指摘するつもりである。しかし，実在論と道具論のどちらを選ぶにしても，次のことは明らかだろう。つまり，科学では，理論的言明が，データに帰せられる価値をはるかに超えた，本質的な価値をもっているのである。

第4章　理論の構成と評価

4.1 科学理論の構成

　理論の構成（construction），つまり理論を作ることは，理論的営みのなかでいちばんのおなじみだろう。しかし，この理論の構成について，多くの誤解がみられる。その1つに，理論を構成することが理論的営みの唯一の課題だという誤解がある。以後の各章で，この考えがまちがいだという証拠を，読者にいくつもお示ししよう。理論の構成が先験的活動だということは言うまでもない。確かに，理論は経験的研究によって検証されなければならない。この問題は次章で取りあげる。しかし，テストすべき理論がなければ，経験的テストを行なうこともできない。データから理論がひとりでに生まれ出るわけではないし，既存のデータにさらにいっそう多くのデータが追加されれば，理論がおのずからでき上がるわけでもない。ひじ掛け椅子に座って考え，理論を作り出す（invent）しかないのだ。このことには誰も異存はないだろう。

　わざわざ心理学における理論の構成の例をあげる必要はないだろう（読者はそれぞれ，自分の場合を考えてほしい）。けれども具体例があれば，この理論的活動にみられるいくつかの特徴がもっとわかりやすくなる。そこで心理学の理論の歴史上，最も大きな影響をもった事象の1つを，すなわちソーンダイク（Edward Lee Thorndike, 1898）によって提唱された**効果の法則**（law of effect）の定式化を，理論構成の例として選ぶことにする。ソーンダイクの研究の知的背景として，ダーウィンの進化論をめぐって19世紀後半にたたかわされた歴史上有名な論争の存在が指摘される。進化論者はさまざまな証拠をあげて，多くの種の身体的構造が連続していると主張した。しかし，進化論に反対する論者は，人間とそれ以外の動物の間では，心的能力に非連続性がみられると主張した。これに対して初期のダーウィン主義者は，さまざまな種の動物がみせた知的ふるまいの逸話を，連続性の証拠としてあげるだけだった。ソーンダイクの研究のねらいは，実験的方法によってこの心的能力の連続性という問題を検討することだった。

　ソーンダイクが用いた研究方法は，さまざまな仕掛けをもつ「問題箱」を考案し，ネコを用いて実験を行なう，というものだった。その箱に入れられたネコは，箱にし

つらえられたレバーを押すなど、特定の反応をしなければ外に出られない。なんとか特定の反応を行なって箱の外に出られれば、報酬として餌が少しもらえるのだった。報酬をもらって食べると、ネコは再び箱にもどされ、次の試行が始まる。この実験のデータから、ネコが箱に入れられてから出るまでの時間（反応潜時）が、試行を重ねるにつれてしだいに減少したことがわかる（図4-1）。つまり、ネコは箱から脱出することを学習したのだ。ソーンダイクは、これらのデータはネコの推理過程によってこの課題が解決されたという仮説では説明できない、と主張した。なぜなら、もしネコが何度目かの試行で解決法を理解したのだとすれば、その時点で反応潜時が急激に減少したはずだからだ。しかし実際に観察されたのは、試行とともに潜時が漸進的に減少することだった。

上記の仮説がいうような知性による解決でないとすれば、何によるのだろうか。ここで、ソーンダイクが考えた理論が登場する。彼は、刺激と反応はS-R結合（S-R bond）によって結びつけられていて、その**強度**が変化する（つまり、ある刺激Sとある反応Rの間の結合が強いほど、Sが存在するときに生活体がRを行なう可能性が高い）と考えた。S-R結合がもつこうした性質は、検証にのる科学的仮説にはいまだなっていない（それはS-R結合の**定義**の一部である）。ソーンダイクの科学的仮説（効果の法則）は、2つの条項からなる。すなわち、(1) Sが存在するときにRが生じ、その直後に報酬が与えられると、S-R結合の強度は増大する、(2) Sが存在するときにRが行なわれても、その直後に報酬が与えられない場合は、S-R結合の強度は減少する。

さて、効果の法則はどのようにして、前述の潜時が表わすデータを理論的に説明するのだろうか。実験の初期の試行では、問題箱の刺激とそこからの脱出をもたらす反応との間の結合強度はきわめて小さい。したがって、ネコは「正しい」反応以外の反応を行なう可能性が高い。それらの誤反応の後には報酬が与えられないので、問題箱という刺激事態とそれらの反応の間の結合強度は、減少する。これは、誤反応が生じる傾向が以後の試行で減少することを意味する。問題箱でさまざまな反応を行なううちに、ネコはやがて正しい反応を偶然、行な

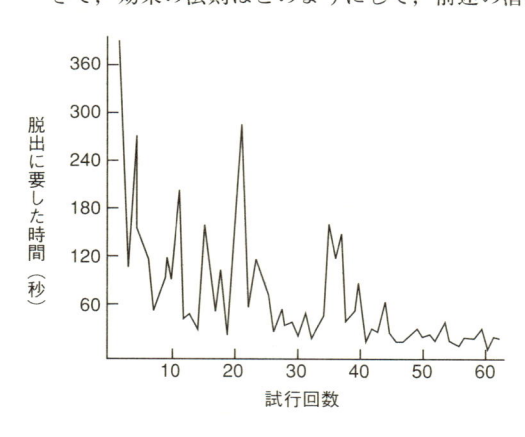

図4-1 ソーンダイクのネコの問題箱の実験結果 (Thorndike, 1898)

うようになる。正反応が起きたなら，その直後に餌の報酬が与えられ，その結果，当該の反応と刺激事態との結合強度が増大する。このため，次の試行では，ネコが誤反応をする可能性がいくらか小さくなり，正反応をする可能性がいくらか大きくなっている。その結果，正反応がなされるまでに必要な時間（反応潜時）が，第一試行よりもいくらか短かくなるだろう。このプロセス全体が次の試行でもそのままくり返され，その後の試行での反応潜時はさらに短かくなる。やがてついには，刺激と正反応の間の連合強度が他のすべての結合の強度よりはるかに大きくなるので，試行を始めるとすぐに正反応が生じるようになる。効果の法則はこのようにして，箱からの脱出に要する潜時がしだいに減少して漸近値に達する，という観察事実を説明するのである。

この効果の法則が編み出されたのは，経験的な成果でないことは明らかだ。経験的研究は反応潜時のデータをもたらした。しかし，このデータ自体はS-R結合やその強度に言及などしないし，もっと多くの経験的研究を行なったとしても，そこからS-R結合の強度という概念がおのずから現われるようなデータの集合が手に入るわけでもない。この理論的概念は，考え得るあらゆるデータをも超えたところにある。だからそれは「考え出される」しかないのだ。

4.2 理論構成と理論評価の間の相互影響

1つの，あるいはいくつかの競合する理論を作り出した（理論の構成）なら，その自分が作り出したものがどの程度，適切なのか知りたいと思うのは当然だろう。これが**理論の評価**（theory evaluation）である。経験的テストを行なってその評価を行なった結果は，理論の価値を評価する上できわめて重要なのだ。これらの経験的テストの特質と重要性については，次章で考察する。けれども2つの理由のために，理論評価は少なくともいく分かの非経験的な先験的分析を含まざるを得ない。2つの理由の1つは実際的理由であり，もう1つは論理的なものである。

実際的な理由とは，次のようなものである。経験的研究を行なうためには時間や労力や金銭などの資源が必要だが，それは限られており，誰が考え出した理論でも，そのすべてを検討するために大切な資源を気前よく用いることはできない。したがって，もろもろの理論が経験的テストに値するかどうか判断するために，何らかの評価基準が必要になる。そうしなければ，この現実の世界で科学者がその役目をはたすことはできないに違いない。そうした基準を候補になった理論に適用することも，理論的研究の1つなのである。

よく言われるように，同じ一組のデータに異なった説明を与えることのできる理論はたくさんある。ここから2つ目の論理的理由が生じる。本節で，この主張を立証するつもりだ。だがその前に，ここから予想されるもう1つの帰結を説明しよう。もし，あらゆる理論T1が同じデータを説明できるライバル理論T2をもつとすれば，T1（あ

るいはT2でも同じである）を選ぶ理由として，T1のほうがデータとの一致度が高いから優れている，と選択を正当化することはできない。競合するライバル理論を差し置いて，ある特定理論を選好するなら，その理由は，選ばれた理論のほうが経験的な面以外の理論的な利点をより多くもっているから，というものでなければならない。確かに，さらなる経験的研究によって，T1では説明できるがT2ではできない新しいデータが発見されれば，どのようなライバル理論T2も棄却されるだろう。しかし，もし，いかなるデータの集合であれ，それを説明できる理論が多数存在するのだとすれば，T1がそのデータを説明する唯一の理論だということはけっしてない。T1によって説明されるデータの集合がどれほど拡大されても，そうなのだ。だから，もし私たちがある1つの理論を選ぶとすれば，その選択は先験的な評価によるしかないのだ。

　もうお気づきかもしれないが，これらはじめ2つの理論的課題（理論構成と理論評価）は，同時並行的に行なうことができる。つまり，先験的な評価の原理がわかっていれば，その原理を活用して，自動的に高く評価される理論を構成できるのではないか。これが可能かどうかは，評価に用いる尺度の性質にかかっている。理論評価のためのこうした規則は，自動的に高い評価を受ける理論を構成する方法を用意してくれるようなものであるかもしれない。しかしまた，そのようなものでないかもしれないのだ。ここでまた，1つ目の課題についてきわめて人為的な例を用いて考えよう。仮に，簡潔性が理論の唯一の長所だとしよう。つまり，標準的な英語で表わされた理論的言明が短いほど，その理論は優れているとしよう。この場合には，任意に理論を考え出しては評価に付す場合よりは，うまくいくだろう。次のような方法を用いれば，最も優れた理論をすぐに構成できる，と自信をもって言える。まず，すべての可能な文字の組み合わせを文字列の長さによって順位づけする。同じ長さの文字列はアルファベット順にする（句読点や大文字小文字の区別，空白などのこまかな点は，ここでは無視することにする）。この方法によって得られる文字列は，次のようになる。a, b, c, …, z, aa, ab, …, zz, aaa, aab, … 以下同様。次に，最初から順番に文字列を検討し，それぞれの文字列が何らかの理論を表わす言明になっているかどうかを確認する。こうして得られる最初の理論が，最良の理論である。もっとも，同じ長さの別の文字列がアルファベット順で先に理論と認められた場合は，同点の首位だが。おそらくこの場合の最良の理論は，「Ants act.（アリどもは働く）」というものだろう。上記の場合は，理論構成の方法自体が理論の評価を行なうのだ。だから理論を評価するために，専用の手続きを用意する必要はない。

　しかし，最適な理論構成を可能にするアルゴリズムを生み出さない評価方法もある。いま仮に，理論の正しさを裁可する究極の「理論の哲人」が，ある理論の是非を決めるのだとしよう。この場合には，競合する諸理論の優劣を決める方法は明らかだ。つまり，それらの理論を「理論の哲人」の前にささげて是非の託宣を待つだけのことで

ある。しかし，理論を評価する手続きがわかっていても，それだけでは理論を構成すればいいのかはわからない。今仮定している例では，理論構成と理論評価を切り離す以外にはない。つまりまず，「理論の哲人」の心理を見抜くために洞察力を総動員して，その意に適うような理論を考え出す必要がある。そしてその理論を哲人の前に提出するのだ。

　実際の科学理論の場合はどうだろうか。最適な理論を構成する規則は存在するのだろうか。この問題は，伝統的に「発見の文脈」と「正当化の文脈」（Reichenbach, 1963）の区別をめぐって論じられてきた。理論を「発見する」ことはそれを構成することであり，理論がもつ「正当性」の程度を調べることはそれを評価することである。理論評価の原理は「正当化の論理」とよばれる。すると次の問題は，「発見の論理」といったものが存在するのか（つまり新理論を構成する際に従うべき決まった手続きがあるのか，あるいは理論を構成するときには「何でもあり」なのか），ということである。前の3つの段落で述べたように，「発見の論理」の存否は「正当化の論理」の本質をどう考えるかで決まるのだ。

　発見の論理にかかわる有名な提案は，ベーコンの帰納主義（Baconian inductivism）である。これは今日では評判が芳しくないが，依然として一部の社会科学者の関心を引きつけている。この方法にその名を冠するフランシス・ベーコン（Francis Bacon）は，16世紀後半に活躍し，百年後の17世紀に哲学界を席けんした古典的経験主義の先覚者である。彼の思想は，1600年には先端を行く前衛的なものだったが，その後，万人が認めるように，帰納法はさらなる進歩を遂げることになる。ベーコンと彼の同時代の帰納主義者たちによれば，科学研究とはデータを収集し，そのデータを系統立てて整理する営みに尽きる。たとえば，宝石について知られているすべての情報は，「宝石科学」というラベルを貼られた大きな入れ物に入れられる。この箱の中は小さな仕切りに分けられ，種々の特殊な宝石（「ルビー」，「エメラルド」，等々）に関するデータを入れるようになっている。また，「エメラルド」の区画の中でも，個々のエメラルドの属性に応じて，さらにデータは分類されるのだ。そこで，ある下位カテゴリーには観察された種々のエメラルドの重さのデータが入れられている，と仮定しよう。今，E_1，E_2，E_3，…，E_nがn個のエメラルドを意味するとすれば，この下位カテゴリーには次のような項目が含まれる。

E_1の重さは7カラット
E_2の重さは15カラット
E_3の重さは11カラット
・
・
・

Enの重さは4カラット

　帰納主義の考えを説明するのは簡単だ。データのなかにくり返し現われるパターンを探しさえすればいいのだ。たとえば，もし下位カテゴリーの1つ，「エメラルドの番号および色」に着目すれば，次のことに気づくだろう。

E1はグリーンである
E2はグリーンである
E3はグリーンである
・
・
・
Enはグリーンである

　私たちが探しているのは，まさにこうしたパターンである。もしくり返し現われるパターンが発見されれば，将来のデータも同じパターンに従うだろうという仮説が立てられる。つまり，「すべてのエメラルドはグリーンである」という理論が定式化されることになる。この理論は将来なされる経験的研究によって確認されるかもしれないし，されないかもしれないが，現在，手もとにあるデータで構成できる最良の理論なのだ。

　この帰納主義の考えが正しいとすれば，理論を構成する営みとは，要するに，データ集合をあれこれと組み換えてパターンを探すといったことに過ぎない。パターンをすばやく発見できる人とそうでない人がいるだろうが，辛抱強くがんばれば誰でもいずれ，データのなかから一定したパターンを発見できるだろう。重要な点は，最良の理論がまったく機械的な手続きをくり返し適用するだけで，必然的に生まれることだ。科学の活動のすべては，データを収集する段階に含まれていることになる。帰納主義を信奉している（また，理論構成だけが理論的活動の課題だと考えている）科学者たちが，「実験室を離れたわずかな暇」(Longuet-Higgins, 1981, p.200) に実験家は科学の理論的な仕事を片手間にさばくことができる，といいたがる理由は容易に理解できる。けれども，この帰納主義による理論構成の説明は，厳しい批判を免れない。

　第一に，帰納主義が説明できるのはせいぜい，「すべてのエメラルドはグリーンである」というような**経験的法則**の発見までである。帰納主義の方法で，F＝maやソーンダイクの「効果の法則」のような**理論的法則**の構成まで，科学者が到達できる見込みはない。その理由は簡単だ。理論的法則は理論的実体に言及するが，データはそれに言及しないからである。ソーンダイクの「S-R結合」は理論的用語である。S-R結合に言及する行動的データを得ることはけっしてできないだろう。したがって，行動的データをどのように一般化するとしても，効果の法則が生み出されることはない。

そればかりか，帰納主義は経験的法則の構成を説明することさえできない。この問題点はさまざまな仕方で指摘できるが，ここではグッドマン（Nelson Goodman, 1954）による有名な議論を用いよう。すなわち，帰納主義が失敗した理由は，データがどのようなものであれ，帰納主義の要件を満たす経験法則が常に無数に存在するからである。エメラルドE1, E2, …, Enはすべてグリーンである，というデータを考えよう。帰納主義によれば，これらのデータは「すべてのエメラルドはグリーンである」という理論の定式化へと，私たちを導くはずだ。しかし，その同じデータが，まったく違った経験法則を生み出す，別の真なる観察言明の集合にもなり得るのだ。「グルー」という用語を次のように定義しよう。

ある対象が次の条件のいずれかを満たすならば，グルーである。すなわち，(i) それは，西暦2100年以前に初めて観察され，グリーンだった。(ii) それは，西暦2100年以前には観察されたことがなく，ブルーである。

さて，エメラルドE1, …, Enはすべてこの定義を満たしている。だからそれらはすべてグルーである。このように，データを記述する方法を変えれば，帰納主義の方法は，「すべてのエメラルドはグルーである」という，もう1つの経験法則をもたらすのだ。これら2つの法則は等価ではない。すなわち，もしすべてのエメラルドが実際にグルーなら，2099年12月31日の次の日以後に最初に観察されるエメラルドの色は，ブルーだろう。そればかりか，さまざまな色を用い，エメラルドの色が変わる「大転換」の日付を操作すれば，こうした「グルー的」理論をもっとたくさん構成できるのだ。たとえば，エメラルドE1, E2, …, Enはグレッドにもなる。この場合，「グレッド」の定義は，「2163年2月23日以前に観察され，グリーンだったが，その日以後に初めて観察され赤い（レッド）と判明したもの」である。また，このような理論の構成が，データの集合をどのようにパターン化するかに依存しないことは明らかだ。また，エメラルドの重さに関する先のデータと完全に適合する法則も，無数にある。その1つは，すべてのエメラルドは，すでに重さを測定されたあるエメラルドとちょうど同じ重さである，という選言的主張である（すなわち，「すべてのエメラルドは，7カラットか，15カラットか，11カラットか……，4カラットかのいずれかである」というものだ）。もう1つ例をあげれば，「すべてのエメラルドは，もし2100年以前に測定されれば，すべての観測された重さの1つをもち，それ以後に測定されれば，みな一様に3キログラムの重さになる」，という法則もある。帰納主義による理論構成の処方箋が，いかなる有限のデータ集合の場合だろうと，そこから無限に多くの理論が生まれる結果を来たすことは，明らかだ（任意のデータの集合について，それを説明する無数の理論が存在する，という原理を証明する際に，よくこの

論法が用いられる。帰納主義ではこの無数性を少しも低減できない，と批判される）。無数に多くの理論をすべて，経験的にテストすることはできない。だから，他の評価手段を考え出して，候補の理論を少数に絞る必要がある。しかし，最適理論を構成するための処方箋を帰納主義は用意していないのだ。帰納主義は，もっと複雑な発見の論理のなかに自分がはたすべき役割がある，と考えているのかもしれないが，独力で優れた理論を生み出す点では，当てにできない。これに対して帰納主義者は，「すべてのエメラルドはグルーである」という奇妙な理論を，「すべてのエメラルドはグリーンである」と同様な立場で考えることなど，初めから意図していなかった，と抗弁するかもしれない。しかしこれは，帰納主義は不完全だとただ認めているだけのことだ。つまり帰納主義者は，帰納主義的手続き以外にも，自分が意図しなかった奇妙な理論を排除する何らかの先験的な原理に依拠せざるを得ないのだ。

このように帰納主義が不首尾に終わったからといって，一般にすべての経験主義が厳しい批判にさらされるわけではない。データの集合を操作して理論を構成する系統だった方法はない，と判明したとしても，自ら経験主義者と名乗ることは，依然，道理に叶っている。仮に，データのことはすべて忘れて酩酊しているときに，最良の理論が頭に浮かんでくると仮定しよう。この想定が経験論者をさほど当惑させるはずはない，と私は思う。ここでは，ある理論を真だと認めて受け入れる決断が問題なのではない。どうすれば有望な候補理論を見つけられるか，が唯一の問題だ。経験主義の根本的な原則は，どの理論を採択し受け入れるかを決める際に，データが最優先されるというものだ。しかし，やむを得なければ，経験論者といえども，最初にどの理論を検討すべきかまで，データの指示に従って決めるべきだと考える必要はないのだ。

帰納主義が失敗した問題を解決できるような，発見の論理はあるのだろうか。この問いに対する答えは，正当化の論理とかかわりがある。上述のように，発見のためのアルゴリズムの構成を可能にする正当化の原理（たとえば簡潔さの規則）もあれば，「理論の哲人」の原理のように，それには役立たないものもある。私たちが実際に用いている正当化の手続きは，どっちだろうか。現在，正当化の論理の候補としてあげられる方法はたくさんある。しかし，そのいずれも発見の論理をもたらしてはない。けれども，理論の哲人の場合ほど絶望的なわけではない。この場合は，理論の哲人という考えから発見の論理が生まれないことは，明らかだろう。現行のいくつかの正当化の論理について言えば，それらと対応する発見の論理が可能かどうか，いまだ議論の段階にある。たぶん，いつの日にか，理論を産出する機械的手続きが発見されることだろう。この目標に向かって活動している研究グループはたくさんある（Holland et al., 1986; Langley et al.,1987）。けれども当分の間は，各人の頭を使って理論を紡ぎ出す以外にない。パース（C. S. Peirce, 1901）は，この「仮説を切り出し（start），それを心に抱く（entertain）」過程を，アブダクション（abduction: 仮説形成）とい

う名でよんだ．今のところ，科学理論におけるアブダクションは，科学研究の本質的な，しかももっぱら直観によって決められる過程である．ここで「直観的」とは，ある判断に到達する際にどんな手続きに従っているのか，あるいは，そもそも何らかの系統だった手続きに従っているかどうかさえ，仮説を形成する本人にはわかっていない，という意味である．

　アブダクションという現象は奇妙な問題をもたらす．アブダクションによって形成される理論は，文字通り無限の射程をもつ．この点は，帰納主義を検討した際に，すでに指摘した．しかし，いま私が述べているのは，帰納主義の手続きが可能にするより，もっと広い範囲にわたる理論集合のことだ．ここで問題になっているのは，私たちの言語によって定式化できるすべての理論の集合のことである．この理論の集合のなかには，「すべてのエメラルドはグルーである」という言明がまったく理にかなったものと思わせるような理論も，いくつか含まれている．たとえば，「準星（クエーサー）はすべてピーナツバターでできている」とか，「誰かが『マニトバ』と言うたびに，どこかで小妖精（エルフ）がきれいに2つに分かれる」という理論である．また論理的に互いに矛盾する理論もある．たとえば，「準星はすべてピーナツバターでできていて，しかもピーナツバターでできていない」というようなものだ．どのような理論評価の原理が採用されるとしても，これらの理論のうち，ごくわずかなものを除いたすべての理論は，何の価値もないと見なされるだろう．しかしもしそうなら，優れた理論を偶然，行き当たりばったりに考え出す見込みは，実質的にゼロに等しい．理論を見るとすぐに，優れた理論かどうかを見抜く能力を私たちがもっている，と仮定しても役に立たない．もし現実の時間のうちに無数のガラクタ理論を棄却しなければならないならば，たとえ10億分の1秒で評価できるとしても，優れた理論に出会うことは，けっしてできないだろう．人工知能の研究文献をご存知の読者は，ここでフレーム問題（次章5.6節参照）という難問に出くわしたことに気づくだろう．過去にもパース（Peirce, 1901, pp.237-238）は，すでにこの問題を自覚していた．

　　どのような思考の過程が（優れた理論を）思いつかせたのだろうか？　ある化学者がある驚くべき現象に気づき注目した……彼はその時，なぜ，この現象がその週のまさにその日に，つまり，諸惑星がある特定の配列をなしており，彼の娘がブルーのドレスを着ていて，彼は前夜に白馬の夢を見た後で，その朝は牛乳配達が遅かった，等々という曜日に生じたことには注目しないのか……そもそも人間が正しい理論（唯一のものかどうかはさておき）を心に抱くにいたったのはどうしてなのか．偶然に起こった，とは言えない．なぜなら，考えられる可能な理論は，厳密には無数ではないにしても，とにかく一兆は超える……したがって，かつて誰かの頭に正しい理論が思い浮かんだという可能性は，圧倒的に小さいのだ．

　しかし上の記述のなかで，パースは難問を過小評価している．実際には，考えられ

る可能な理論は，文字通り無数なのである。私たちがいくつかの優れた理論を初めから心に抱くことができるという事実を，どのように説明すればいいのか。

　パースによれば，この難問を説明する唯一の方途は，仮説を形成するメカニズムが真理に「照準を合わせる」生得的な能力を備えている，と仮定することだ。私たちの頭に浮かんだ仮説は，評価の手続きに付される以前にすでに，その内容の有益さの点で選択されたものに違いない。自然は，真理へ向かう「本能」を備えるよう，人間を設計したに違いない。現在，こうした考えが再びよみがえり，進化論的な原理で説明されている。「進化論的認識論（evolutionary epistemology）」の基本的主張によれば，成功をもたらす思考方略をもつ生活体ほど，自然選択の恩恵を受けるのだ。第9章でみるが，この立場は多くの困難な問題に見舞われている。それでも著者には，これに代わる解決策が見当たらないのが，正直なところである。

4.3　真実性

　本章ではこれまで何度も「優れた」理論や「劣った」理論について述べてきたが，ようやくこの節で，優れた理論の基準とは何かを論じることができる。

　科学的実在論者にとっては，理論がもつ最も重要な性質はその真理値（truth value）である。これは明白なことであり，わざわざ言及する必要もないと思われるかもしれない。一方，真か偽かという問題は，道具論者による理論的法則の評価では，何らの役割ももたない。道具論者は，いかなる理論的法則だろうと，文字通りそのまま真だということはない，と考えている。彼らが理論に求める長所はその真偽とは別のもので，計算の容易さや，観察レベルの予測を正確に行なう能力などである。実在論者も，理論のこうした長所の一部に関心をもってはいる。しかし彼らは，真理値以外の長所のもつ重要性は派生的なものである（その長所は真理値の指標になる）か，または二次的である（他の長所も結構なものだが，真理値を犠牲にしてまで求めるわけにはいかない）かのいずれか，としか考えていない。以下の考察では，実在論の視点に立って論じることにする。

　実在論者は自らの理論が真であることを望んでいるが，彼らとて実際には，完全には真でない理論に甘んじざるを得ない。長期的には，これまでに提案された科学理論のほとんどが，結局は偽だとわかっている。だからたいていの科学者は，現在自分が抱いている理論も，いずれ同じ運命をたどるだろうと予想している。だが，すべての理論がみな同じように見当違いなわけではない。それらの理論は，私たちにとって大切な他のさまざまな評価の基準に照らして見た説得性の程度で，異なっている。だから，理論評価のための有効な規準は，真であること自体ではなくて，**真である確率**だ，ということになる。他の観点で同じように優れた2つの理論T1とT2があるとすれば，（真である）確率がより高いほうの理論が選択されることになる。

では，どうすれば理論の真である確率がわかるのだろうか。以後の各章で，経験的な，また理論的な新しい発見が得られたときに，それに応じて確率を修正する合理的な原理を考察するつもりだ。しかし，これから論じる修正のための原理はみな，各理論が事前確率を割り当てられている，との前提に立っている。この**事前確率**は，どのようにして決められるのか。たったいま考え出された（abduced）ばかりの新しい理論の場合，その真である初期確率をどのようにして査定するのか。現代の確率論研究者の間で最も一般的な見解は，**ベイズ主義**，言い換えれば**個人主義**（personalism）である。それによれば，確率的推論は，最初に事前確率を純粋に主観的な仕方で割り当てることから始まるべきだとされる。初めて理論を考え出した場合，いかなる明示的な原理の助けも借りずに，それがどの程度に確からしいかを決めなければならない。個々人がいだく意見は，自分と意見を異にする者に正面から異議をとなえ得る者などいないという意味で，互いに同じ資格をもっているからである。

なぜ，私たちはベイズ主義を採用すべきなのだろうか。そうすべき理由はまったくない。もし，事前確率の値を決める合理的な根拠が得られれば，ぜひそれを用いるべきである。しかし今までのところ，そうした根拠を見いだすことはできなかった。ベイズ主義は，相手の欠場による不戦勝者のようなものだ。事前確率を決める方法がわからない以上は，ベイズ主義者になるしかないのである。同じデータを扱う科学者の間に，意見を異にし競合する理論的な学派が存在するのも，このためだ。こうした意見の違いが存在するからといって，必ずしも誰かが非合理的な行ないをしているとはいえない。互いに競合するグループが，異なった事前確率から出発しただけなのかもしれない。さいわいにして，合理的確率修正の原理を用いれば，互いに異なる事前確率も，新たに得られた証拠に応じて修正されるにつれて，同一の値に収束するのだ（もっとも，その確率が最初から 0 または 1 でなければ，の話だが）。

しかし，事前確率は，いくつか合理的制約が科されている。その制約のおもなものは，確率の割り当ては全体として，下記の確率計算の公理に従わねばならない，ということである。

(P1)　　$0 = p(A\ \&\ \sim A) \leqq p(A) \leqq p(A \lor \sim A) = 1$
(P2)　　$p(A\ \&\ B) + p(A \lor B) = p(A) + p(B)$

P1とP2で，AとBは任意の命題を表わす。P1が述べているのは，矛盾する命題の確率はすべて 0 であること（$0 = p(A\ \&\ \sim A)$），$A \lor \sim A$ として表わされる論理上必然的なトートロジー（恒真命題）の確率は 1 であること（$p(A \lor \sim A) = 1$），および，すべての命題の確率が，0 と 1 の間の値をとること（$p(A\ \&\ \sim A) \leqq p(A) \leqq p(A \lor \sim A)$）である。これらの公理から，どのような形のものであれ必然的に偽で

ある命題の確率は0であること，および，どのような形であれ必然的に真である命題の確率は1であること，が証明できる。また次のことも証明できる。

(P3)　　p(A) + p(~A) = 1

P3の証明は容易である。P2のBに~Aを代入すると，次の式が得られる。

p(A) + p(~A) = p(A & ~A) + p(A ∨ ~A)

しかし，P1によって，p(A & ~A) = 0，p(A ∨ ~A) = 1であるから，

p(A) + p(~A) = 0 + 1 = 1

　P1とP2を満たすような確率の割り当てを，**整合的**（coherent）であるといい，これらの公理に反する割り当ては**不整合**（incoherent）であるという。不整合な確率の割り当てがいかに非合理的かは，ダッチブック定理（Dutch Book Theorem）が端的に示している。この定理は，もし問題の確率関数が不整合ならば，実際に起きる事象のいかんにかかわらず，負けるに決まっている賭けを受け入れることになると立証している。公に知られた証明のうち最も短く簡便なのは「2分間ダッチブック定理（Two Mimute Dutch Book Theorem）」である（van Fraassen, 1989, pp.159-160）。整合性が事前確率への制約となるので，もし理論Tに0.8の確率を割り当てれば，Tが偽であるという仮説には，0.2の確率を割り当てなければならない。もしTが真である可能性が非常に高いと考えるならば，同時に~Tは偽である可能性も非常に高いと考えていることになる。しかし，これでもまだ途上である。整合性の要請が，確率関数を1つに定めるわけではない。

　ほかにも事前確率に対する制約が提唱されているが，整合性の要件ほど巧妙かつ決定的に正当化できるものはない。主要な候補としては**厳密な整合性**（strict coherence）の原理があげられるが，その原理によれば，偶然的言明には確率0や1をけっして割り当ててはならない，という。いかなるものであれ，偶然的な事柄については，少なくともいくらかまちがいの可能性を考えるのが合理的だ，という立場だ。上述のように，厳密な整合性が要求されるのは，互いに異なった事前確率を想定している研究者が，同じ証拠に応じて確率を修正し，一致にいたる見込みがある場合である。また，厳密な整合性に適用できる，修正版ダッチブック定理もある。もし私たちが仮定する確率が厳密な整合性に反するなら，負けるに決まっている賭けをすることになる（Salmon, 1988）。

何ごとであれ謙虚にまちがえる可能性を心にとどめよ，という助言は，どうも無害で効力のないもののように聞こえる。不幸なことに，このアドバイスも，問題として取りあげられる事柄は無数に多い，という事実に出くわすはめになる。たとえば，エメラルドに関するデータと両立可能な，例の「グルー」の法則は無数にある。次のような互いに排反な法則からなる無限に多くの集合を考えよう。

(T1) エメラルドは，2100年1月1日まではグリーンであり，それ以降はブルーである。
(T2) エメラルドは，2100年1月2日まではグリーンであり，それ以降はブルーである。
  ・
  ・
  ・

T1，T2，…，はすべて互いに排反であるから，整合性（厳密な整合性ではない）の要請により，それらが真である確率の総和は，1よりも小さくならなければならない（証明に際して，無限選言を扱えるようにするため，公理体系を少し拡張しなければならない）。しかし，それぞれの理論が真である確率が0より大きくなければならないとすれば，確率の総和を有限な範囲内（1以下）に止めるにはどうすればいいのか。おそらく，諸理論に次々と小さい確率を割り当てることになろう。そうすれば，それら無限数の理論の確率の総和は1以下の値に収束するだろう。たとえば，$p(T1) = \frac{1}{2}$，$p(T2) = \frac{1}{4}$，$p(T3) = \frac{1}{8}$ 等々としよう。すると，

$p(T1) + p(T2) + p(T3) + \cdots = \frac{1}{2} + \frac{1}{4} + \frac{1}{8} + \cdots$

となり，この総和が1をこえることはけっしてない。しかし，もちろん，こうした方略は恣意的なものに過ぎない。なぜ，2319年12月11日のほうが，7007年5月1日よりも，多少なりともエメラルドがブルーに変わる可能性が高い，と考えなければならないのか。実際，そのような確率の割り当ては，確率論のもう1つの合理的な原理である**無差別性の原理**（principle of indifference: 異なる確率を割り当てる正当な理由がないなら，どの仮説にも同じ確率を割り当てなければならない）に反するのだ。

現実の科学実践では，厳密な整合性の要請に反する行ないが日常的に起きている。科学者は論理的には可能な理論に，0という確率を現に割り当てている。科学者の心は，ある種の理論に対しては閉ざされているのだ。そうするからこそ，科学研究という事業を進めることができるのだろう。だが，厳密な整合性をないがしろにすると，

途方もない事態を招くことにもなる。つまり、次のような事態だ。自らの理論とは異なる理論が真である可能性に心を閉ざす2つの科学者集団は、たとえ同じデータから出発し、同じ理論評価の規則を用いても、けっして合意に到達することはできないだろう、ということだ。トーマス・クーン（Thomas S. Kuhn, 1962）による「パラダイム」の歴史的研究や、ラカトシュ（Imre Lakatos, 1978）による、科学的研究プログラムが含む「ハード・コア」の歴史的研究が示しているように、こうした事態が科学では現実に起きているのだ（科学以外の人間のあらゆる生活領域も同様だが）。この重要な問題は、第10章で詳細に考察する。

経験論者たちは、整合性や厳密な整合性のような形式的な要件は、事前確率の決定においては付随的な要因に過ぎない、と抗弁するかもしれない。理論が真である確率を査定する上で最も重要な事柄は、当該理論と立証されたデータの関係のなかに見いだされるはずである。ここで、「立証されたデータ」（つまり事前の観察の報告）に確率1を割り当てるべきかどうかが、まず問われる。そうすることは厳密な整合性に反するのだ。すでに述べたように、ある言明が修正不可能と見なされるなら、それは「与件」に等しい言明になる。しかし、すぐ前の文で述べたように、日常的に科学者たちは、厳密な整合性に違反しているのだ。事実、科学的推論は、（常に、でないにしても）観察による言明が確実に真だとわかっている、という仮定の上でなされるのだ。この「理想化」という仮定を採用するなら、確かにデータは事前確率に影響を与える。つまり、もしDという1つのデータが存在し、かつ、理論Tが論理的に～Dを含意するなら、Tが真である確率は0になる。この結論は確率論の一般的原理から導かれる。この原理は、本書でしばしば用いる公理P1およびP2から証明される。

(P4) 任意の命題AおよびBについて、もしAがBを含意するならば、p(A)≦p(B)である。

さて、データDに確率p(D)=1を割り当てるならば、P3よりp(～D)=0が導かれる。しかし、もしTが～Dを含意するならば、P4によりp(T)≦p(～D)=0となる。こうして、データと両立しないすべての理論を検討の対象から除くために、データを使えるのだ。もしp(D)が単に1に近い値をとる、という現実的な立場をとるなら、p(～D)も0に近い値になる。するとP4によって、p(T)もまた0に近い値になる、という結果が導かれる。

ある特定の理論が、世界に関する利用可能なすべてのデータと両立するかどうか、を確かめることは実際にはできない。検討すべきデータがあまりにもたくさんある、という単純な理由のためである。実際には、新しい理論は、データ全体のなかの一部の下位集合と両立するかどうか吟味される。この検討に付すべき下位集合を選択する、

理にかなった基準はない。というのは原理的には，立証されたデータとのいかなる矛盾も，重大さに違いはないからだ。実際には，以前同じ領域でライバル関係にあった競合する理論の評価に用いられたデータが，その新しい理論の検証に用いられることが多い（Laudan, 1977）。ある理論の一貫性を評価する基準になる，このデータの集合を当該理論の**初期領域**（initial domain）とよぶことにしよう。もしその理論が初期領域と矛盾せず一貫していることがわかれば，この理論は**事前妥当性**（prior adequacy）をもつ，といい表わすことにする。初期領域は，立証されたすべてのデータからなる集合より，はるかに小さい。したがって，事前妥当性のテストに合格した理論と，当初から知られていたが初期領域には含まれていなかったデータとの間の不一致が発見される可能性が，常にあるのだ（この可能性は，ある種の先験的な理論的活動を行なう機会をもたらす。第6章を参照）。

次のことを理解してほしい。事前妥当性を決めるためにデータを用いたとしても，私たちが思い通りに事前確率を割り当てる自由に，何らかの制約が課されるわけではないのだ。その手続き全体も，整合性の要件の特殊な一例に過ぎない。データは観察言明だという事実が，その原理に含まれているわけではない。理論的言明も同じ役割をはたせるだろう。もし，理論T2がきわめて高い確率をもつと仮定すれば，〜T2を含意する任意の理論T1には近似的に0に等しい確率を割り当てなければならない。事前妥当性という考えは，本質的に**経験的**な規準ではないのだ。新しい理論がすでに確立された知識と矛盾しないよう要請されているだけなのだ。私たちが確信する理論は，確信された観察報告と同様に，「確立された知識」の役割を演じ得るのである。

初期領域Dが，エメラルドE1, E2, …, Enはすべてグリーンであるというデータを含むものとしよう。すると，次の諸理論はすべて事前妥当性の規準を満たしている。

(T1) すべてのエメラルドはグリーンである。
(T2) すべてのエメラルドはグルーである。
(T3) 誰かが『マニトバ』と言うたびに，どこかで小妖精がきれいに2つに分かれる。

ここで，初期領域Dに含まれる上記のデータが与えられたときに，T3は問題外だといいたくなるかもしれない。確かに，T3はDの中のどれとも矛盾しはしないが，Dのなかのどれとも関連していないからだ。この関連性についての直観を説明するのはきわめてむずかしい。T1やT2をDと関連させているものは，何なのだろうか。そう，T1とT2はいずれもDを論理的に含意しているが，T3はしていない。では，理論が初期領域を含意しない場合は，その理論を検討の対象から除くべきだとしようか。明らかに，この規準は厳しすぎる。なぜなら，一般に理論は，そこからは演繹されないデータと突き合わせたときに，きわめて確からしく見えることもあるからだ。たとえば，

領域D1について考えてみよう。領域D1は，信用のきわめて厚い見識ある人物が，「すべてのエメラルドはグリーンである」と言ったという，ただ1つの事実を含むだけだとしよう。「すべてのエメラルドはグリーンである」という，理論T1はD1を含意しない。それでも，D1を根拠として，T1にかなり大きな事前確率を割り当てることは，まったく道理にかなっているように見える。だから，T3がDを含意しないとしても，T3を完全に棄却する十分な根拠になるわけではないのだ。

では，T3が勝つほうに賭けても勝算はない，という直観をせめて正当化できるのだろうか。次のような原理を採用すればどうだろうか。もし，T1がDを含意し，T3がDを含意しないならば，Dに含まれる情報を重んじて，T3よりもT1に対して高い確率を割り当てるべきである。ところが，この原理を採用すると，ただちに不整合が生じる。T1とT3が上記の属性をもち，T4をT3とDとの連言と定義しよう。つまり，次のようなものである。

(T4) 誰かが「マニトバ」と言うたびに，どこかで小妖精がきれいに2つに割れる。かつ，エメラルドE1, E2, …, Enはすべてグリーンである。

この理論が「エメラルドE1, E2, …, Enは，すべてグリーンである」ことを含意するのは明らかである。ここまで私たちが採用してきた原理によれば，p(T4)はDを含意しないどのような理論の確率よりも，大きくなるはずだ。ところが，T3はDを含有しない理論である。だから，p(T4) > p(T3) となる。T4とはT3＆Dであり，したがって，p(T3＆D) > p(T3) が得られる。一方，T3＆DはT3を含意する。したがってP4により，p(T3＆D) ≦ p(T3) となるが，これは先の結論と矛盾する。つまり，この新しい規則を用いると，不整合が生じるのである。初期領域を含意する理論のほうが含意しない理論より高い事前確率をもつかどうかは，決められないのである。事前確率の割り当てに関する合理的制約が新たに提唱されるのを，ベイズ主義者は，辛抱強く待っている。さしあたりは，私たちの直観能力をできる限り発揮するほかに，方法はない。「直観」というのは，推理作用とは異なる，判断に到達するための何か特別な能力を指すのではないことを，確認しておきたい。あるいは，直観はそうした特別な能力かもしれないが，無意識的な推理かもしれない。それがどのようなものかを教えてくれるのは，今後のさらなる研究だけである。

4.4 普遍性

もしも理論の認識的な価値が，真である確率の高さ以外にないのだとすれば，与えられたデータを超え出ようと理論を構成することなど，誰も考えないだろう。データから構成された理論はすべて，本質的に認識上のリスクを負っている。その理由は，

初歩の確率論の帰結から明らかである。T＆DはDを含意するから，p（T＆D）≦ p（D）である。したがって，真である確率が問題になる限りでは，データから理論を構成することによって得られる利益は何もない。だが，理論を作ることによって，認識上の安全性はある程度減少しはするが，その代わりに知識の範囲は増大するのだ。なぜなら，Dだけの場合よりも，連言T＆D（理論とデータの結合）のほうがより多くの情報をもたらすからである。この情報性という概念を，もう少し詳しく検討しよう。

　いま仮に，Bまたは～Bのいずれかが真の場合に，命題Bが命題Aから演繹され得るかどうかが，命題Aによってわかる，としよう。たとえば，「すべてのエメラルドはグリーンである」という命題は，エメラルドE26がグリーンかどうか，という問いに答えることができる。同様に「グリーンのエメラルドはない」という命題もこうした問いに答えることができるとする。理論T1がT2より多くの問いに答えるならば，T1はT2よりも情報性が高い。同じ意味で，T1はT2よりも**一般性がある**（general），あるいはT1はT2よりも**適用範囲**（scope）が広い，ということもある。理論を作ることによって，私たちがもっている信念体系の適用範囲が拡大するのは明らかだ。なぜなら，T＆Dは，Dが答えるすべての問いに加えて，Dが答えないもっと多くの問いに答えを与えることができるからだ。一般に，T1がT2を含意する場合は，T1の適用範囲は少なくともT2と同じ広さになるだろう。たとえば，T1を「すべてのエメラルドはグリーンである」とし，T2を「すべてのアフリカ産エメラルドはグリーンである」としよう。すると，T1はT2を含意するから，明らかにT1のほうが適用範囲が広い。つまり，「すべてのエメラルドはグリーンである」は，「すべてのアフリカ産エメラルドはグリーンである」が答えるあらゆる問いに加えて，それ以外の問いにも答えることができる。たとえば，T1は「アジア産エメラルドは何色か？」という問いに答えるが，T2は答えない。

　一方の理論が他方の理論を含意する場合は，理論の適用範囲の広さは容易にわかる。しかし，いくつかの理論が互いに論理的に独立している場合には，それらの適応範囲の比較はきわめてむずかしい。いずれの命題からも無数の帰結が生じるため，それを残らず調べあげることはできない。たとえば，「すべてのエメラルドはグリーンである」から，2100年1月1日に発見されたエメラルドはいずれもグリーンだろう，2100年1月2日に発見されたエメラルドはいずれもグリーンだろう，等々の無数の帰結が生じる。現在のところ，任意に選ばれた2つの理論のうち，どちらのほうが適用範囲が広いかを決定する規則はわかっていない。しかし，科学者はそうした判断を始終行なっている。多くの欠点があるにせよ，精神分析学が巨大な適用範囲をもつことは，一般に認められている。精神分析学は，ほとんどすべての心理学的な問いに答えることができるのだ。それに比べると，体型とパーソナリティの関係についての，

ウィリアム・シェルドン（William H. Sheldon, 1942）の理論は，適用範囲が比較的狭い理論と考えられている。しかし，精神分析学もシェルドンの理論も，それぞれ無数に多くの帰結をもっている。ただ，シェルドンの理論から引き出される帰結がさほど多くはないのに比べて，精神分析学から推論される帰結の**多様さ**は適用範囲の指標になる，という指摘が多い。しかし，この多様性の考えは，それ自体，直観的なものだ。

　科学という営みにたずさわる科学者が，明示的な規則に導かれることなく，直観に頼らざるを得ない場面を，本章ですでに3つ取りあげた。つまり，(1)データの集合から理論を導出する規則がない場面，(2)新しい仮説の事前確率を決める規則がない場面，(3)諸理論の適用範囲を測る規則がない場面，である。この状況をよく考えるならば，「科学的方法」とは，あらゆる場合に，なすべきことをはっきり指示する料理本のようなマニュアルだという，世間一般の見方は修正せざるを得ない。

　私たちは理想的には，適用範囲と真である確率がともに究極的に大きい理論（あらゆる問いに答え，絶対確実に真なる理論）を構成したいと考えている。もちろん，これは手の届かないユートピアだ。実際には，両方の特性をできるだけ大きくすることで，我慢せざるを得ない。知識の適用範囲を拡張するために，どれほどの確実性を自らあきらめるべきなのか。この問いの立て方はうまくない。理論評価において真なる確率と適用範囲の相対的な重要さを決める規則は存在しないし，そのような規則を求めること自体も適切ではないのだ。私たちが知らなければならないのは，知識の適用範囲をいくらか増大するという望みと引き換えに，どれだけの確実性を実際に捨てなければならないか，である。そしてその結果が，私たちがもっている知識の状態なのである。科学研究は，ほかの理論をすべて忘却へといたらしめるような1つの「最良の」理論を必ずもたらすというものではない。科学研究の成果は，もっと一般的には，いくつかの理論からなる1つの集合であって，おのおのの理論に確実性や適用範囲が1つずつ結びつけられている。総じて科学研究とは，ある理論の確実性と適用範囲のいずれかを増大させる，経験的および理論的な操作を遂行することにほかならないのである。科学者のコミュニティが，一度に複数の競合理論の地位を改善しようとするのは，道理にかなっているし，一般にそれがあたり前になっている。もしある観察可能な現象に関して最良の予測を求められた場合，最も確からしい理論に基づいて予測を行なう必要があることは確かだ。今，$T1$は$T2$よりも確からしいが，情報性は$T2$より小さいと仮定しよう。また，$T1$は予測Pは真か否かの問いに肯定的に答え，一方，$T2$が同じ問いに否定的に答えるとしよう。この場合，予測Pが真か否を問われれば，私たちはより確からしい理論$T1$に基づいて答え，正解の可能性を最大にする。しかしだからといって，科学は$T1$を採用し，確からしさの点で劣る$T2$はすべて忘れるべきだ，ということではない。両方の理論はともに，さらなる研究に値するのだ。

　確率と情報性（適用範囲）という理論の長所のうち，一方が増大しもう一方が減少

しないなら，科学は前進したといえる。他方の長所がどうなろうと気に留めなければ，一方の長所を増大させるのは，たやすいことだ。任意の理論Tについて，ある任意の仮説Hをそれと結びつけることによって，当該理論の適用範囲を拡張できる。その仮説は，Tの論理的帰結になってさえいなければ，どのようなものでもよい。しかし，T＆Hは，Tよりも多くの問いに答えることができるが，真である確率はやはりTより小さくなる。同様に，理論に含まれるいくつかの原理の１つを削除すれば，その理論が真である確率を増すことができる。しかし，その理論が答える問いの数は減少する。理論の一方の長所が他方の長所の犠牲において増大する場合，結局のところ科学が進歩した，といえるかどうかは，判断のむずかしいところである。しかし，一方の長所の上昇が他方に影響を及ぼさないなら，それは科学の進歩といえる。

　理論の適用範囲に関する議論では，たいていの場合，その理論が**観察言明**（observation statements）の真偽を立証する能力をもっているかどうかが問題になる。いま仮に，T1とT2はまさに同じ観察レベルの問いに答えるが，T1のほうがより多くの理論的問いに答えるとしよう。この場合，T1は，より大きな情報性をもつという理由で，T2よりも優れた理論と見なされるべきだろうか。もしT2がすでに採用されているとして，新たにT1を導入すれば，何かが得られるのだろうか。つまり，理論の情報性を査定するときには，理論的な問いに答える能力を評価すべきなのだろうか。もちろん，道具論者は，そうではないと答えるだろう。ところが，もし２つの理論が同一の観察上の帰結をもたらすなら，理論的実体の領域に関する主張が少ないほうの理論が優れている，と多くの実在論者も考えている。この意見は確率論的に正当化されている。つまり，より豊かな理論（より多く世界について主張する理論）ほど，確からしさが小さくなるだろう，という考えだ。もちろんこの考えは正しいだろう。しかしそれは，私たちがまさに解決しようと努力している情報性の問題をすでに先取りしている。適用範囲の査定では観察上の問いに対する答えだけが価値をもつ（つまり，理論的実体に関して情報性が増加しても，真である確率の減少はけっして補われない），という暗黙の仮定があるのだ。科学的実在論者にはこの原理を当然視して受け入れる余裕はないようだ。しかし，現行の科学実践では，理論がもたらす帰結のうち，観察可能なものだけが当該理論の適用範囲と考えられている事実は，否定できない。ある理論が新しい理論的帰結は生み出しても，新しい観察上の帰結をもたらさない場合は，理論が改善されたとは見なされない。こうした科学実践の現状に対して，合理論者が懸念を抱いていることを心に留めておこう。その上で，ここで著者は，正統派経験論を認めて，理論の適用範囲を「その理論によって特定される観察レベルの情報の量」と再定義することにする。この問題は後で再び取りあげられる。

4.5 理論に関するその他の評価基準

確率と適用範囲のほかに，理論的な長所（評価基準）には何があるのだろうか。ところが，確率と適用範囲以外に理論を評価する基準はないとするか，それとも無数にあるとするかは，私たちの選択しだいなのである。一例として，しばしば理論の長所の3番目の候補にあげられる単純性を取りあげることにする。2つの理論が，他のすべての点で等しいなら，より単純なほうを選ぶべきである，とよくいわれる。理論の単純性という概念については，第9章で詳しく吟味する。ここでは，ある理論が単純であるとはどういう意味か，わかっているものとしよう。さて，単純性を要請するのは，何のためか。理論の選好性（好ましさ: preference）は派生的（derivative）選好性と**本質的**（intrinsic）選好性に分けられよう。ある理論の選好性が派生的であるとは，それが何か他の根拠によって正当化できる，もしくは正当化されるべきだ，ということである。ある理論から生じる帰結の多様性の量は，明らかに派生的長所である。先に述べたように，多様性は適用範囲の指標として用いられることが多い。ある理論の検証された帰結の多様性が大きいほど，その理論が真である確率が高くなる，という主張もなされている（Horwich, 1982）。同様に，単純性が派生的長所だというのは，単純な理論を選好することが，他の何らかの（たとえば，より単純な理論ほど真である確率が高いという）根拠によって正当化され得る，またはされるべきである，ということなのだ。もちろんこの場合は，第三の長所についてはまったく論じていない。つまり，そこで問題になっているのは，おなじみの古い長所の有無を決めるための新しい規準である。一方，単純性を理論の本質的な長所として扱うとは，単純な理論をただその単純さゆえに選好すべきだ，ということである。この問題は，単純さに対する本質的選好性が占める地位にかかわっている。そのような好みには，合理的根拠があるのだろうか。

さて，好ましさが合理的かどうかは，目的とつきあわせて査定するしかない。単純な理論を本質的に好ましいとする傾向は是非を超えた問題だ，という人がいる。すなわち，もし私が，特定の専門領域についてできる限り単純な理論を見つけることが自分の目的だ，と宣言するなら，私のその後の理論活動は，この目的を達成する程度に応じて合理的なものとなる。私以外の人々は理論を単純化する努力を払うべきではない，と誰を相手にして言えるのか。だが同様に，誰かが複雑な，あるいはおもしろい理論を構成しようとするのを止めさせる理由もまったくない。個々人の好みにとやかく言っても仕方がないのだ。同様のことは，第三の本質的長所をめぐる別の候補についてもいえる。どのような目的のためにも，理論構成はできるのだ（美的センスを満足させる，自然に対する支配を拡大する，ブルジョワ階級を中傷する，派手な壁紙の模様を作る，など）。この大幅な自由度は，理論だけに限ったことではない。テーブルや椅子にしても，扉止めとして，また美術品としてなど，どのような使い方でも

きるのだ。それでも，椅子の本質的な長所は座る場所を用意することである。ちょうどこれと同じように，理論の本質的な長所は多くの疑問に正しく答えることなのだ。

第5章　経験的仮説の導出と検証

5.1　経験的プロジェクトのいろいろ

　任意の理論Tについて，Tから導かれる観察上の全帰結の集合をT*としよう。もしTが「すべてのエメラルドはグリーンである」とすると，T*の1つの要素は「次に発見されるエメラルドはグリーンだろう」である。T*の要素がすべて真であるとき，Tは**経験的に妥当**（empirically adequate）であるという。ある理論が経験的に妥当であっても，その真実性はいまだ確立されたわけではない。なぜなら，偽の前提から真の結論が導出されることもあるからである。事実，Tが経験的に妥当であると仮定した場合，経験的に妥当であってしかも偽であるようなもう1つの理論を構成することは常に可能なのである。その理由は次の通りである。いま，Tは経験的に妥当であるとし，Pは，それ自身もその否定~Pも，Tと結合した場合はいかなる新しい観察上の帰結にも導かないような，任意の命題とする。そうすると，T & PもT & ~Pも経験的に妥当である。ところが，少なくともそのうちの一方は偽でなければならない。このように，経験的妥当性は，Tが真であるための十分条件ではないが必要条件ではある。なぜなら偽の帰結を生む理論は，それ自身偽であるに違いないからである。

　今，少なくとも1つの法則を含む理論Tがあるとしよう。Tは観察上の帰結を無数に生じるから，経験的研究によってTの経験的妥当性を完全に確定することはけっしてできない。経験的妥当性の規準には，1つの理想としての機能しかない。代わりに下記の規準を考えよう。Tの**確認水準**（confirmational status）は$p(T^*)$，すなわち，Tの観察上の帰結がすべて真である確率と定義される。互いに矛盾する2つの理論がいずれも経験的に適切である場合もあるので，$p(T^*)$は必ずしも$p(T)$と同値ではない。確認水準以外の要因が理論の確率決定に影響するということである。けれども，TはT*を含意するので，P4によって$p(T) \leq p(T^*)$となる。このように，理論Tの確認水準によって，合理的にTがとり得る確率$p(T)$の上限が与えられる。

　科学の活動の多くは，諸理論が真である確率を変化させるような経験的および理論的操作にほかならない。これらの操作のなかには$p(T^*)$に及ぼす効果を通して$p(T)$に影響を及ぼすものがある。すなわち，Tの確認水準が変化することにより，それに

新たな確率が与えられることがある。p (T*) を上昇させる操作をTの**確認** (confirmation) とよび，p (T*) を低下させる操作をTの**否認** (disconfirmation) とよぶ。徹底した経験論者は，ともすると，理論の確率に影響を及ぼすには，経験的研究による以外にないと考える。これは弁護できない見解だ。理論の確認水準に影響を及ぼすには，経験的方法もあるが，理論的方法もあるからだ。事実，その確認水準には触れずに理論が真である可能性を改める理論的方法もあるのだ。これらの方法は第6章で論じる予定だ。本章では**経験的**な確認および否認を考察しよう。もちろん，こうした活動はおおかた実験家の領分に入るのだが，理論家にもはたすべき重要な役割がある。

すでに述べたように，経験論に傾いた道具論者のなかには，理論の唯一の目的はデータの生成だと考える者がいる。合理主義的実在論者には，反対の悩みを経験する者がいる。すなわち，彼らは，経験的研究を行なう理由は，理論の確認あるいは否認以外にない，と考えがちだ。この考え方は，前者の考えと同様にかたよっている。確かに，理論を確認または否認することは，重要な経験的研究だ。事実，それはおそらく最も重要なタイプの研究だろう。けれども，博物学者の活動の例からわかるように，あまり理論的とはいえないタイプの経験的研究も存在することを認めなければならない。この種の研究では，理論的問題にはまったく語りかけないようなデータでも，それ自体おもしろそうなものなら，収集が行なわれる。おそらくこれらのデータは将来の研究者の関心を引くだろうことは考えられる。もちろん博物学といえども，何らかの概念構造の展開なくしては成り立たないだろう。少なくともデータをどうコード化するかを指示してくれるカテゴリー体系は必要だ。しかし，何ら実質的な理論上の問題に言及することなく，データが記録され公表されてきたことは否定できない。

また，理論の確認水準には何ら効果をもたなくても，その**適用範囲**を変更する効果を発揮するようなタイプの経験的研究もある。この種の研究には，理論的に重要だが未決定の，ある定数の値を決定する，といった経験的課題がある。たとえば，ある理論が，電子の存在とそれが質量をもつことを唱えたが，質量の数値までは特定していない，ということはあり得る。その数値を決めるには経験的研究によらねばならない。そのための研究は，理論が正しいという仮定のもとに着手されたのだから，理論に有利な確認を追加するわけではない。しかし，数値の決定によって，以前は理論の適用範囲を越えていた予測まで可能になるのだ。実験的に電子の質量を確定した後は，2つの電子間の引力を計算できるわけである。心理学では，同様な研究例として，古典的条件づけを成功させるような条件刺激と無条件刺激の間の時間間隔を見つける試みがある (Spooner and Kellog, 1947)。一方では，理論の適用範囲を狭めるような経験的な発見もある。たとえば，理論的定数の古い測定値が，不完全な装置を使って得られていたために，捨てられねばならない，というような発見である。

これまで経験的プロジェクトのことに触れたのは，経験的研究がすべて理論的仮説の確認ないし否認を意図したものだ，という誤った印象を払拭するためだった。しかし，本書の残りの部分では，新しいデータがもつ確認または否認の効果の検討に専心する。

5.2 経験的確認（仮説・演繹的説明）

経験的確認の方法については，互いに相反するいくつかの説明がある。それらの大部分は，古典的な**仮説・演繹的説明**（hypothetico-deductive account），すなわち主としてヘンペル（Hempel, 1965）による説明の変形またはその精密化と見ることができる。仮説・演繹的説明とは次のようなものである。ある理論Tから，その初期領域には存在しなかったしその真理値も未知であるような，観察上の帰結Pが**演繹**される。Pは理論Tの**予測**である。Pが得られると，Pが真か偽かを観察する手はずが決められる。この手はずは，（実験の場合のように）Pあるいはその否定事象を生じさせるよう積極的にお膳立てをするか，（自然的観察の場合のように）その状況が自然に生じるのを消極的に待つか，というようなことである。実験をするのも自然的観察をするのも，もちろん経験的活動である。Pが真であることが観察されれば，Tは確認された（$p(T^*)$と$p(T)$はどちらも上昇するに違いない）と結論される。この主張は，**帰納法**（induction）の原理の基本ともいうべきもので，次のようにも述べられる。「全称命題の確率は，それに含まれる事例の1つが真であることがわかるたびごとに上昇する」。帰納法，演繹法，およびアブダクションは，科学研究においてそれぞれ役割を発揮する推論法の3つのカテゴリーをなしている。

この確認の手続きと（前章で論じた）理論に事前確率を割り当てる手続きとを区別することが重要である。今，T1は初期領域における99個の観察言明を含意し，また，正しい予測を1個導き出したと仮定しよう。さらに，もう1つの理論T2はその初期領域における1個の言明を含意し，正しい予測を99個導き出したと仮定しよう。おのおのの理論はそれぞれ100個の事実を説明するけれども，その仕方はかなり異なっている。T1の初期領域がより広いことを根拠にすれば，T2よりもT1のほうにより高い**事前確率**を（論理的必然によるのではないが）与えざるを得ないだろう。けれども，これら初期の事前確率の割り当て値がどうだろうと，T2のほうがはるかによく**確認**されると見なされねばならない。初期領域におけるデータの導出は，確認としての価値はない。なぜなら，理論は自らの初期領域を目の前にしながら**設計される**（designed）ことがあるからだ。理論というものは，それの初期領域を含意するようになるまで，手を加えることが可能なのである。

帰納法に対する私たちの信頼は，どうすれば正当化されるのだろうか。Tの帰結どおりの観察が得られれば，Tが真である確信が強まることになるのはなぜか。その

ような推論は演繹的には妥当でない。実際，演繹的な立場からは，それは，よく知られた後件肯定の虚偽の例になる。Tからどのような観察上の帰結がなされるにしても，それは真であるがT自体は偽であるような可能世界が存在する。ここから，論理学の2つの役目をめぐる古いジョークが生まれる。すなわち，「演繹の役目は虚偽を釈明することであり，帰納の役目は虚偽を犯すことである」というものだ。経験的法則という比較的単純なケースについて，帰納の問題を吟味しよう（以下に述べることはすべて，理論的法則にも等しく当てはまる）。法則「すべてのエメラルドはグリーンである」を例にあげてもいいが，今は理論心理学の本を書いているのだから，ラットが何らかの条件Sのもとでは何らかの反応Rをすることを唱えるような理論を考えよう。1,000匹のラットが条件Sのもとでテストされ，それらがすべて反応Rをすることが観察されるとしよう。1,000個のデータのおのおのは，その理論の観察上の帰結だから，仮説・演繹法では，データのおのおのが理論の真である確率を一定量だけ増大させる，と説明される。1,000個目のデータの観察後は，理論の真実性に対して非常に高い信頼性が保証されるはずで，その結果，条件Sのもとでテストされる1,001匹目のラットもやはりRを行なうだろうという仮説に，誰もが絶対の自信をもつはずだ。そこで問題は，それはなぜか，ということになる。つまり，1,000匹のラットがRを行なったという観察によって，1,001匹目のラットも同じことをする可能性が高くなるのは，なぜだろうか。

　ヒューム（Hume, 1739）の帰納法の分析は哲学の歴史において非常に影響力があったが，そこでの彼の問いは，帰納的推論の妥当性を立証するために私たちが知らねばならないのは何だろうか，というものだった。換言すれば，どのような仮説を立てれば次の論証が完結するのか，ということになる。

1．過去において，ラットは条件Sのもとでは常に反応Rを行なってきた。
2．？
3．したがって，ラットはSのもとでは常にRを行なう。

　ここで欠けている原理（ヒュームはそれを「自然の斉一性の原理（the Principle of the Uniformity of Nature）」とよぶ）は，「過去に観察された規則的な出来事は将来も引き続き起こるだろう」といったものであることは明らかだ。さて，この原理はいろいろな形に修正，洗練できよう。たとえば，仮説・演繹的説明は，この原理が，帰納的結論（3）と同様，絶対的というよりはむしろ確率論的であることを要求する。数多くのこうした洗練を経ると，斉一性の原理は，結局，現代の統計学理論のどれかと類似するようになるだろう。というのは，統計学は，世界の観測される部分（標本）に基づいて，観測されない部分（母集団）に関する推論を引き出すための，精緻な体

系だからだ。しかし，これらの統計理論への信頼をどのように正当化するかという問題は，本質的には，素朴な形での斉一性の原理をどう正当化するかという問題とまったく同じである。そこで以下では，簡単のために確率論ぬきで話を進めよう。

　ヒュームによれば，帰納的推論の正当化問題は斉一性受容の正当化問題と同値である。ヒュームは，そのような正当化は不可能だという証明を用意したのではなくて，その正当化の試みはどれも論理的に欠陥がある，と述べているのだ。たとえば，帰納的推論の妥当性を支持する証拠は，それ自身の過去の大成功にあると考えてもおかしくない。規則的な事象の観察に基づいて科学理論を定式化する試みは，将来の事象を予測する人間の能力を非常に増大させる結果になったのである。しかし，帰納的推論が過去に成功したとしても，（その真実性を私たちが立証しようとしているまさにその原理を仮定しない限りは）さらに一瞬たりともそれが成功し続けると信じる根拠はない。この欠陥論法は次のように表わせる。

1．過去において，前に観察された規則的事象がその後も引き続き生じる，ということがあった。
2．？
3．ゆえに，過去に観察された規則的事象は将来も引き続き生じるだろう。

　すぐわかるように，この論証を完全なものにするはずだが実際には欠けている前提(2)は，結論と同一のものだ。ところで，結論が前提の1つと同一であるような論証を提示することを，**論点先取り**（begging the question）とよんでいる。仮に論点先取りの論証を許すとすれば，あらゆる種類の不思議な事柄が証明可能となる。たとえばここに，キャベツは王様であることを証明する論証がある。

1．キャベツは王様である。
2．ゆえに，キャベツは王様である。

　ヒュームの時代以来，論点先取りなしで帰納主義的な実践を正当化する試みは，しだいに巧妙さを増してきた。しかし，結局，それらはすべて，何らかの理由で欠陥のあることが明らかになった（Salmon, 1966）。実際，事態は悪化するばかりだ。というのは，たとえヒュームの問題が解決されたとしても，帰納主義的な実践が正当化される前に，グッドマン（Goodman, 1954）の「グルー」問題をなんとかしなければならないことがわかったからだ（4.2節参照）。このジレンマについては第10章で再度取りあげることにして，当面は，すべての領域，すべての時代における，すべての科学者の例にならって，この問題はお預けにしよう。

仮説・演繹的説明に関するより小さな問題には，生産的な取り扱いが可能なものもある。仮説・演繹的説明の問題の1つに，ある確認が得られた結果として，p(T)をどの程度変化させるべきかを，この種の説明は教えてくれないということがある。ところが，確認がどれも同じ程度に優れているとは限らないことは明らかである。いま仮に，ある理論からの予測が，理論の真偽とは無関係に，非常に可能性が高いと判断されるとしよう。そのような予測が確認されても，新奇性が高く直観に反する予測が確認された場合ほどには，理論の信頼度は上昇しない。そのことは，たとえば，ある心理学理論が，大部分の人は拷問にかけられて死ぬよりも賞金をもらう方を選ぶだろうと予測し，それが正しかったところで，それまでにも増して信を置かれるわけではないのと，同じである。確認は直観に反する度合が大きいほどその理論の確認水準を上昇させる。太陽の周辺では光が曲がるというアインシュタインの予測は，今日にいたるまで，一般相対性理論について経験的確認の可能な唯一の現象である。しかし，その予測はあまりに意外だったため，それによって理論が授かった確認水準は，途方もなく高いものだった。心理学で，フェスティンガー（Leon Festinger, 1957）の認知的不協和理論（theory of cognitive dissonance）が影響力を発揮した理由も，大部分は，実験参加者たちは態度変容をする誘因があまり多くない場合にかえって態度を変えるだろう，という直観に反する予測をしたところにあった（不協和理論については，6.7節でもっと述べることがある）。仮説・演繹的説明では，新奇性の高い予測ほど高い確認効果があることの理由について，何も明らかにされていない。

　また，1つの確認事象からすべての理論が等しく利益を受けられるわけでもない。どんな観察上の予測Dについても，Dを同じく予測してしかも互いに排反する理論は無数にある。この主張を立証する論証は，任意のデータ集合を説明する理論は無数に存在することを立証する（前章で説明した）論証と同じである。事象の順序が違うだけだ。今の場合は，経験的にDが真であることがわかると，これと同じ予測をする無数の理論全部が同時に確認される。といっても，これらの理論がすべて同一の確率を割り当てられることはあり得ない。なぜならば，それらの確率の合計は1を越えてはならないからだ。仮説・演繹的説明は確認効果の配分方法も教えてくれない。

　仮説・演繹的説明がもつさらにもう1つの短所は，理論から論理的に帰結されたものではない観察データによって，その理論がたまたま確認される場合があるという点である。これと似たような問題は，前章で，事前確率に関して指摘しておいた。そこでも述べたように，ある理論に，そこからは演繹され得なかったデータに照らして，高い事前確率を割り当てても，筋は通るだろう。ここでいおうとしていることも，それに似ている。すなわち，この場合も，事象の時間的順序が変わっているだけである。今，「すべてのエメラルドはグリーンである」という理論があると仮定して，それにすでにある事前確率が与えられているとしよう。その後で，新しいエメラルドを数個

観察したところ，それらはすべてグリーンと判明する．仮説・演繹的説明によれば，これらの観察結果のそれぞれが，この理論を確認する．しかしこの理論はまた，色視力が正常で信用のおける人々が，エメラルドはグリーンに見えたと報告している，という別の所見によっても確認される．ところが，後者のデータは他者の言語行動についてのものだから，エメラルドがグリーンであるという理論の論理的帰結ではない．5.4節で見るように，観察データが理論からの厳密な論理的帰結であることは，あったとしても，まれである（このようなことになる理由の説明は，これまで，教育的目的のため差し控えてきた）．このことは，仮説・演繹的アプローチがもつこの欠点が特に重大なことを，物語っている．

仮説・演繹的説明にとっての有名なジレンマは，「カラスのパラドックス」(Hempel, 1965) の名で知られている．次のような理論があるとしよう．

(1) すべてのカラスは黒い．

仮説・演繹的説明は，「カラス X は黒い」という形のあらゆる文がこの理論の論理的帰結なので，黒いカラスが観察されるたびに (1) が確認される，と規定する．しかし，「すべてのカラスは黒い」は論理的に次の (2) と等価である．

(2) すべての黒くない物はカラスではない．

仮説・演繹的説明によると，(2) は，それに含まれる事例が 1 つでも見つかれば，すなわち，黒くなくカラスでないものが 1 回でも観察されれば，確認される．具体的には，白いハンカチが観察されると (2) は確認される．しかし，(2) は (1) と同一の理論であって，ただ別の論理形式で表現したものである．したがって，白いハンカチが観察されると「すべてのカラスは黒い」という理論が確認される．ところが，この結論は，控えめにいっても，かなり受け入れ難いものだ．もちろんそれは，一般に認められた科学実践にもそぐわない．

仮説・演繹的説明にはあれこれ難点があるため，いろいろ修正が加えられる結果となった．最もポピュラーなものの 1 つは，ベイズ派の確認理論 (Bayesian confirmation theory) である．

5.3 経験的確認（ベイズ派の説明）

ベイズ派の確認理論は，その名が示す通り，第 4 章で論じたベイズ派のアプローチの副産物である．このアプローチの主たる特徴は，各仮説の合理的評価を始めるのが，それぞれに事前確率を割り当てた後でなくてはならない，という前提だ．事前確率自

体はまったく主観的なものである。ベイズ派確認理論は，世界について得られる情報の変化に伴って各事前確率がどう修正されるべきか，を明示する試みだ。

この理論を提示する前に，**条件つき確率**（conditional probability）の概念を定義しておく必要がある。任意の命題AとBについて，Bが与えられた場合のAの条件つき確率は，下記の (3) によって与えられる。

(3) $p(A|B) = \dfrac{p(A\&B)}{p(B)}$

直観的には，$p(A|B)$ は，Bが真であることを前提とした場合のAの確率である。(3) がその正式な定義だが，それからわかるように，Bを前提としたときのAの条件つき確率は，$p(A\&B)$（AとBがともに真である確率）が $p(B)$（Bだけが真である確率）にほとんど等しい場合に，非常に大きく（1に近く）なる。極端な例として，連言A＆Bの確率とBだけの確率とがちょうど同じ場合は，$p(A|B) = 1$ となる。このことは，Bが論理的にAを含意する（imply）場合，必然的に実際起こる。反対に，Bを前提としたときのAの条件つき確率は，AとBがともに真である確率がBだけの真である確率よりもはるかに小さいい場合，非常に小さくなる。極端な例で，AとBの連言があり得ない場合は，$p(A|B) = 0$ となる。Bが〜Aを含意するかその逆の場合，必然的にこのようなことになる。

条件つき確率の定義におけるAとBの役割を逆転させると，次式が得られる。

(4) $p(B|A) = \dfrac{p(B\&A)}{p(A)}$

両辺に $p(A)$ を掛けて，左辺と右辺を入れ替えると，

(5) $p(B\&A) = p(A)\,p(B|A)$

B＆AはA＆Bと同じ命題であるから，(5) は次のように書き直すことができる。

(6) $p(A\&B) = p(A)\,p(B|A)$

ここで両辺を $p(B)$ で割ると，

(7) $\dfrac{p(A \& B)}{p(B)} = \dfrac{p(A)\ p(B|A)}{p(B)}$

ところで，定義式 (3) によって，(7) の左辺は $p(A|B)$ に等しい。すなわち，

(8) $p(A|B) = \dfrac{p(A)\ p(B|A)}{p(B)}$

この結果は重要で，**ベイズの定理**として知られている。「ベイズ派確認理論」として知られている理論は，トーマス・ベイズの時代より相当後に考案された。けれどもこの理論では彼の定理が重要な役割をはたしているので，その名前がついているのである。

さて，理論Tに事前確率 $p_1(T)$ が割り当てられているとしよう。この確率は新しいデータDの発見によってどんな影響を受けるのだろうか。ベイズ派確認理論の基本原理は，Tの新しい（すなわち**事後**）確率 $p_2(T)$ は，(9) に示すように，Dを前提としたときのTの以前の条件つき確率に等しくなるべきである，というものである。

(9) $p_2(T) = p_1(T|D)$

これは，ベイズの定理から次のようになる。

(10) $p_2(T) = \dfrac{p_1(T)\ p_1(D|T)}{p_1(D)}$

この式は，新しい理論の確率の値を3つの事前確率によって表わしている。すなわち，理論が真である確率の事前評価 ($p_1(T)$)，Dが真である確率の事前評価 ($p_1(D)$)，それに，Tを前提とした場合にDが真である条件つき確率の事前評価 ($p_1(D|T)$) の3つである。(10) によって表わされる確率修正の規則を，**条件（つき確率）化** (conditionalization) とよぶことが多い。

条件つき確率化の規則は確率論の新しい原理だと解釈することが重要である (Hacking, 1967)。それは確率論の基本公理から導かれたわけではないので，それに違反しても不整合とされるいわれはない。ところが，それは不整合だとする強硬論がある。不整合性のためにダッチブック（4.3参照）を免れなくなるのと同様に，条件つき確率化の規則に違反すると，ほぼ同じく悪質な「ダイナミック・ダッチブック」を免れなくなる (Skyrms, 1987)。ダイナミック・ダッチブック定理の趣旨は，もし

確率修正のために条件つき確率化以外の方略に従うならば，賭け屋は，こちらが最後は必ず損をするような一連の条件つき賭けを考案することがあり得る，ということだ（「条件つき賭け」の形式は，「Pが真とわかれば賭けAを引き受け，それ以外の場合はBを引き受けよ」というものである）。

条件つき確率化と仮説・演繹的説明の関係はどんなものだろうか。後者は要するに，TがDを含意する場合は，$p_2(T) > p_1(T)$ となると主張する。この限定的な原理は，ベイズ派理論の特殊例として生じる。というのは，TがDを含意するならば $p(D|T) = 1$ となり，その結果，(10)は，

(11) $$p_2(T) = \frac{p_1(T)}{p_1(D)}$$

となるからだ。しかし，$p_1(D) < 1$ である。なぜなら，この確率はDが真であることが発見される以前のDの確率を評価したものだからだ。したがって，$p_2(T) > p_1(T)$ となる。けれどもベイズ派の分析は，この簡単な結論よりはるかに強力だ。それは，仮説・演繹的説明とは異なり，$p(T)$ をどれだけ変化すべきかまで教えてくれる。とりわけ，わかりきった予測よりも新奇性の高い予測のほうが，確認を得たときの効果が大きい理由を説明し得るのである。「わかりきった」予測Dとは，理論が真であることが判明するかどうかにかかわらず，真である可能性がかなり高い，と思われた予測のことである（すなわち，$p_1(D)$ は1に近い）。しかし，もし $p_1(D)$ がほぼ1であれば，(11)によって，$p_2(T)$ は $p_1(T)$ よりそれほど大きくはならないだろう。このようなわけで，ある理論が，人は死よりむしろ現金を選ぶだろう，と予測してそれが正しかったとしても，その理論はほとんど確実さを増さないはずだ。他方，新奇な予測とは，$p_1(D)$ が非常に小さい予測のことをいう。その場合は，$p_2(T)$ は $p_1(T)$ よりはるかに大きくなるだろう。

この条件つき確率化の規則は，特定の確認事象から必ずしもすべての理論が等しく利益を得るわけではないことを，あわせて説明する。T1とT2がともにDを含意するとし，また，ある実験によって予測Dが確認されるとしよう。公式(11)からわかるように，T1とT2の事後確率は，両者の事前確率によるだけでなく，Dの事前確率によっても決定されるはずである。特に，T1がT2よりはるかに真実性が高いと，両者の確認前に見なされていた場合は，その後も引き続き，そちらのほうがより真らしいとされるだろう。こうした分析によって次の事実が説明される。すなわち，とうてい信じられない仮説は，たとえ経験的研究によって理論からの予測が確認されたとしても，容易には信じられるようにはならない，という事実である。古典的な例としては超感覚的知覚（extrasensory perception: ESP）の仮説があって，これには大方

の科学者たちはほんのわずかな事前確率しかあてがっていない。したがって、ベイズ派の確認理論からもわかるように、ESPの存在の主張には、いかに確認性の高い証拠を突きつけられても応じないのが合理的だろう。仮にESP仮説が、百万分の一の事前確率をもっていた実験結果を予測してそれが的中したとし、しかしその仮説自体の事前確率は一兆分の一だったとした場合、私たちは依然として、その仮説が真である見込みは百万分の一しかない、と考えるだろう。もちろんこの例えはESP反対論ではなく、ESP仮説の受け入れを拒む者の合理性を擁護する論であるに過ぎない。逆に、ESP仮説の事前確率が十分に高い場合は、きわめて弱い証拠しかなくても仮説を支持するのが合理的である。ベイズ主義はきわめて民主的な理論だ。最も極端な場合、0という確率しか割り当てられない理論は、どのような確認事項が出てきても、その確率への好影響は得られない。そのような理論から導かれる観察上の帰結のうち真だと判明したものがどんなに多くても、また、それらがいかに直観に反するものであっても、その理論の事後確率はいつまでも0のままである。したがって、起こりそうもない事柄について異なる着想から出発した研究者たちは、証拠が何を物語るにしても（どのみち、ベイズ派の条件つき確率化の手続きによってはいないが）、意見の一致を見ることはけっしてないだろう。この状況がどんな帰結を生むかについては、第10章で検討しよう。

　上述の分析は、帰無仮説の検定という方法論を痛烈に批判する根拠となっている（Bakan, 1966; Meehl, 1967）。社会心理学では、理論を確認する際に、たいてい、何らかの従属変数に関して一方の実験群が他方の実験群とは異なるだろうという予測を、当該理論から導き出す、という手続に頼っている。もし2つの群が異ならないという「帰無仮説」が偽であることが判明すれば、その理論は確認されたと見なされる。この手続きの場合1つ問題となるのは、あらゆる帰無仮説が、テストすべき理論の真偽とは関係なく、ほとんど確実に偽である点だ。というのは、何を（IQ、不安、年収、あるいは身長など）測度にする場合でも、任意の2群がちょうど等しくなる可能性はごく小さいからである。それは単に、統計的検定をして有意差が報告されるまでの、どちらかというと応急的話題に属する問題に過ぎない。すなわち、もしTが、Dすなわち帰無仮説が偽であるという命題を含意するならば、$p_1(D)$ はほぼ1に等しくなる。しかしそうなると、(11) によってその理論の事後確率$p_2(T)$ はその事前確率$p_1(T)$ とほぼ等しいということになる。帰無仮説が棄却される確率があまりにも高すぎるので、棄却という結果が出たところで、それは何らの確認効果ももち得ない。

　この批判に対する部分的回答は、社会心理学の理論は通常、2群の間の差の方向まで予測するので、帰無仮説の確率は1ではなく、およそ1/2となる、というものである。これでも依然非常に弱い検定であるが、少なくとも何らかの役には立つ。しかし、この弱い確認効果でさえ、機械的に、私たちが関心をもっている理論によるのだ、と

してしまうわけにはいかない。その確認効果は，同じ予測をするすべての理論の間で，それぞれの事前確率に応じて共有されなければならない。けれども，社会心理学においては，検定しようとしている予測と同じ予測をし，ある程度もっともらしい代替理論を多数考案するのは，たいていの場合，雑作もないことだ。このようなわけで，理論的仮説を確認するという目的のためには，帰無仮説の検定はほとんど役に立たない。ところが，公平なところ，こうした手続きが社会心理学における理論的進歩のほとんど全重責を担ってきたといってよい。ここ数十年間，このような批判が流布してきたのだが，この分野の理論確認の実践に何ら顕著な効果を及ぼしてこなかった。ミール(Meehl, 1990, p.230)によれば，社会心理学者は全般的に，「科学的良心をもって対処した過去の通りに続けられるよう，いくつかの防衛機制の混ぜ合わせ（なかんずく，否認（denial））」をもって対処してきた，ということになる。ミールは続けて述べている。

> 知的見地からはそれが不正直だとは思いつつも，私は，45歳の教授がこの種の防衛を使うことを強く非難はできない。というのは，私の考え方を全面的に受け入れることは，社会心理学のほとんどの教授にとって，自分たちは何がしかの評判，終身在職権，経済上の保証などは得たが，やってきた仕事といえば，率直にいって，つまらないことばかりだったことを痛感する破目になる，と考えるからだ。

さて，ベイズ派と仮説・演繹的アプローチの比較に戻ろう。前者では，厳密には理論からの論理的帰結ではないデータの確認効果も考慮される。TがデータDによって確認されるということは，いったんDが知られると，Tは以前よりも可能性が高くなる。すなわち，$p_2(T) > p_1(T)$ であると言うに等しい。(10)によって，この条件は，次の式が成り立つ場合は，常に満たされる。

$$(12) \quad \frac{p_1(D|T)}{p_1(D)} > 1$$

同じように，もし $p_1(D|T) > p_1(D)$ であれば，DはTを確認する。TがDを含意する場合が考え得る最善の場合である。というのは，その場合，$p_1(D|T)$ は1という最大値をとるからである。しかし，たとえ $p_1(D|T) < 1$ であっても確認効果があり得ることは明らかである。

ベイズ主義が仮説・演繹的説明より一歩前進したものに該当することは疑いない。それが収めたもろもろの成果によって，統計学者や科学哲学者たちの間で受けのよい確認理論となっている。けれども，それによっても簡単には解けないような問題もある。カラスのパラドックスはその１つである。もう１つは，比較的同質な証拠とは対

比的に，多様な証拠がもつ確認効果である。第4章で触れたように，理論は，多様な現象を予測する場合に適用範囲が広いと見なされるし，多様な予測が確認された場合に真実性を増すと主張されることも多い。ニュートン物理学がきわめて真実性が高くなったのは，それが，惑星運動，潮汐，放射物の軌道，振り子の周期，バネや天秤の動きといった，いちじるしく異なる現象を正確に予測できるためである。ベイズ派の分析が多様性の効果やカラスのパラドックスを説明できるかどうかは，明らかでない。確認理論におけるいろいろな難問に対してベイズ派の解決法を考案する試みが行なわれてきた (Horwich, 1982)。同時に，確認理論に対するまったく違った取り組みを追求している研究者もいる（たとえば，Glymour, 1980）。しかし，ここでの目的のためには，ベイズ派の理論は十分優れたものであり，本書の残りの議論に対しても，適切な枠組みを提供してくれるだろう。

5.4 経験的否認

新しい経験上の知識が得られることによって，ある理論の確からしさが以前よりも減少する場合，この新しいデータDは当該理論を**否認する**（disconfirm）という。ベイズ理論によれば，これは$p_1(T|D) < p_1(T)$の場合にのみ起こる。確認の場合と同様，理論とデータの間に演繹的な関係が存在する必要はない。Tは~Dを含意しているのに実際にはDの生起が観察されるといった特殊事例では，ベイズ理論も仮説・演繹理論もともに$p_2(T) = 0$と規定する。実際，この結果は命題推論規則の否定式の初歩的な帰結である。すなわち，Tが~Dを含意し，かつDが真であれば，Tは偽でなければならない。このように，確認と否認の手続きの間には重大な非対称性が存在するように見える。例として，一連の観察は，もしそれが$p_2(T) = 1$を立証すれば理論Tを**検証する**（verify）ものとし，もし$p_2(T) = 0$を立証すれば，Tを**反証**（falsify）するものとしてみよう。すでに見たように，有限回の観察では普遍的法則の真実性を証明することはできない。一方，法則を反証するには，一回観察して予測を否認するだけで可能なことは明らかである。このことは，ポパー (Karl Popper, 1934-35) が強調した点であり，彼は，理論の反証こそ科学が進歩するための唯一の仕掛けだ，と主張した。

ところが，上述の分析に関しては思いもよらない問題がある。科学史家が教えているように，かつて提案されたすべての科学理論は，その観察上の帰結が一部偽であることを示すような「変則」データに初めから直面してきた (Kuhn, 1962)。物理学の最も精密な理論でさえ，一部の実験については，実験誤差に帰され得る以上に観測値から大きく逸脱した数値を予測する。逸脱の大きさは重要ではない。もし，ある物体が一定時間に7.0854メートル移動するはずだとある理論が予測したのに，実際に測定すると，移動距離は7.0855であることが立証されたとすると，7.0854という予測を生

み出した前提が偽であることは確実だ。実生活でこれに相当する例は、これまでずっと最も成功を収めていきた科学理論、すなわちニュートンの重力（引力）説とかかわりがあった。すなわち、この説から予測された水星の軌道が、予測からわずかに外れていたのだ。この変則は、結局は、一般相対性理論によって説明されたのだが、水星の変則的軌道という知識は、なんと85年もの間、ニュートン説と共存し続けたのである。

　心理学の歴史も、これほど重要ではないが、形としては同じような逸話に事欠かない。適切な例としては、潜在学習と効果の法則に関するものがある。1930年代までには、効果の法則は心理学における最もよく確立された理論として、重視されていた。ところが、トールマン（Edward Tolman）とその同僚たちは、効果の法則に対して、このうえなく明白な否認を用意していた。トールマンは、何ら報酬や罰を与えなくても、反応頻度を変え得ることを証明したのだ。この「潜在学習効果」に関する多数の証明実験の1つでは、2群のラットが（個別に）多重単位の複雑な迷路の中を走らされた。一方の群は毎日の試行のたびに目標箱で餌にありついた。もう一方の群は最初の10日間は、何にもありつけなかった。この2番目の群にとって、「目標箱」と迷路中の他の場所とを区別するものは、実験者のその後の意向だけだった。初めの10日間が終わるころには、報酬群は無報酬群よりも、目標箱にたどり着くまでの誤りが、はるかに少なくなった。これは効果の法則が予測したことである。11日目以降は、以前無報酬だった群も目標箱で餌にありつくのだった。効果の法則に従えば、この群は11日目以降、常時報酬の群がたどったのと同じ経過をたどり始めたはずである（すなわち、この群の動物の誤り数も、報酬群が実験の初めの10日間に示した誤り数と同じ割合で、漸進的に下降し始めたはずだ）。ところが実際には、以前は無報酬だった群の誤りは、常時報酬の群が10日間の試行錯誤の末かろうじて到達した水準まで、急速に下降したのである（図5-1）。

　認知論（トールマンはその初期の闘士だった）の立場から見れば、これらの結果は全然意外なものではなかった。明らかに、無報酬群のラットたちは最初の10日間の無報酬での探索中に、迷路の配置について何らかのことを（いや、じつは多くのことを）学習していたのだ。だから、このラットたちは、11日目に、実験者が目標箱としていた場所で思いがけなく餌にありついたとき、同じ地点への戻り方をただちに理解したのである。しかし、こうしたことは、もし仮

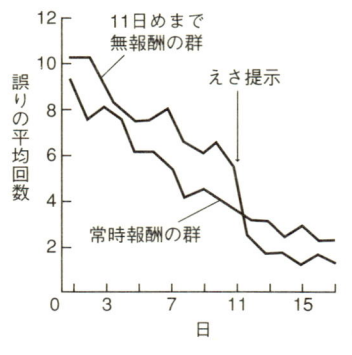

図5-1　潜在学習現象（Tolman & Honzik, 1930）

に反応頻度が反応が報酬を受けた回数の関数だったとしたら，起こらなかったはずである。このみごとな否認も，心理学の歴史に対して目立った効果を及ぼさなかった。1930年代までには，潜在学習の現象は，さまざまな実験事態で何度も追試されていた。にもかかわらず，効果の法則は1940年代を通して，さらには，なんと1950年代に及んでも，最も有力な学習理論のいわばセンターピースの位置を保ち続けた。1940年代と1950年代の北米の実験心理学者の間で最も影響力のあった唯一の理論といえば，疑いもなくハル（Clark L. Hull, 1943, 1952）の**動因理論**（drive theory）だった。この理論も，そのライバル理論の大部分と同様，基本仮定として効果の法則（これについては，2，30年前に実験的論破があったにもかかわらず）を採用した。1950年代後半になって動因理論の人気が衰え始めたときでも，衰退の原因は潜在学習現象ではなかった。動因理論が滅ぼされたのは，報酬の性質に関するまったく異なる仮説の否認によってであった（White, 1959）。いずれにせよ，心理学において最も有力な理論がその明白な実験的論破と，およそ20年間も共存したのである。

　変則データに直面しつつも，どうして理論はもちこたえられるのか。1つ考えられる答えは，科学者たちが体質的に非合理的だということである。もっとも，その他にも2，3考えられることがある。いちばん単純な弁明の方針は，データ自体が絶対確実に真だとわかっている場合に限って，そのデータは理論を反証する，と指摘することである。もしある物体が一定時間に移動する距離が7.0855メートルである確率が1より小さいとすれば，その物体が7.0854メートル移動すると予測する理論にいく分かの望みをかけることは，非合理的とはいえないのだ。本書における考察では，これまで，起こっているのが観察された事柄は，絶対確実に真であると理解されるという，理想化の仮定を前提にしてきた。しかし，第3章で指摘したように，修正不可能な観察上の言明というものはない。観察上の過ちが犯されることは常にあり得る。この点は強調する価値がある。しかし，だからといって，科学者たちが変則データを容認することが完全に正当化されるわけではない。ところが，科学者たちは変則的な所見の真実性について何ら重大な疑念がない場合でも，それらを無視することがしばしばあるのだ。たとえば，水星の軌道の測定値を疑うものは1人もいなかった。

　科学界に定着した慣習にくみするもう1つの弁明方針は，次のような事実，つまり，一般的法則そのものは，厳密にいえば，特定の**初期条件**が充たされているという趣旨の言明と結びつかない限り，何らの観察上の帰結も生まない，という事実を指している。水は100℃で沸騰するという法則は，それだけでは，特定の液体標本の沸点についてどんな予測をも含意するものではない。この法則と，検査される液体が水であるという初期条件とが結びついて初めて，そのような予測を生み出せるのだ。しかし，その場合でも，予測の反証が必ずしも理論を反証するとは限らない。理論Tと初期条件Iとの連言の否定は，否定式が与えてくれる。

(13) [T&I] → P
(14) ~P.
(15) したがって，~[T&I]

ド・モルガンの法則によって，(15)は，

(16) ~T∨~I

に等しい。

　理論的予測の失敗によって，理論が偽であること，あるいは初期条件が充たされていないこと，のいずれか一方が立証される。たとえば，もし実験標本が100℃で沸騰しない場合，水が常に100℃で沸騰するとは限らないこと，または物質が水以外のものであること，のいずれかがわかる。このように，理論Tの予測の1つが外れた後も，Tにゼロ以外の確率を割り当て続けることは可能である。ここでもまた，この分析は進行する限りはまちがいではない。しかし，十分に先までは進行しない。実際，それは，上述の主張点，すなわち，観察上の言明は絶対確実には認識され得ないという主張に，付け加えることはほとんどない。ある予測Pを，理論Tと初期条件との連言から導かれているとみなすか，それとも，理論が独力で，Pが起こるかIが偽であるかのいずれかだと予測する，と考えるかは，自由裁量に任された好みの問題である。すなわち，(13)は論理的には，

(17) T → [P∨ ~I]

と同値である。この表示様式では，Tから予測されることは，選言的言明P∨~Iである。つまり，水が100℃で沸騰するという理論は，私の目の前のこの物質（それにまた他の任意の物質）が100℃で沸騰するか，それとも水でないか，のいずれかである，という予測に導く。この場面をこのように描写するとすれば，初期条件を欠くことが，当該理論の予測が正しいと判断されかねない結果を招くともいえるのだ。しかし問題はまだ残っている。つまり，理論的予測が誤りであれば，どうするのか。何をもって予測とみなすかという点に，修正を施すほかはない。今の例では，予測が偽であることを立証すれば，それがすなわち，Pは偽であることおよびIは真であることを立証することになる。私たちは，そのような主張は確実には立証できないと言いさえすれば，必ず理論を救済することはできる。これは，初期条件の考えを導入する前に強調した論点と同じだ。しかし，この論点もやはり，理論から導かれた予測の一部が偽であることを十分認めている場合でさえ，科学者たちは自動的に理論を捨てることはな

い，という事実を説明してはいない。

　理論の反証不能性をうまく説明する要因が2つある。

　第一に，理論は，ケテリス・パリブス節（「他の事情が同じであるならば」という条件節）の名で知られる特別の限定表現を，明示的にしろ暗黙的にしろ，理論自らのなかに組み込まない限りは，観察上の正しい予測はできない。たとえば，地表から5フィートの高さで放たれた物体Xは地面に落下するだろう，という重力の法則から導かれた予測があるとしよう。実験が行なわれる（Xを5フィートの高さから落とすのである）。ところが，いたずら好きな実験室助手が手を伸ばして，物体が地面にぶつかる前に，それを受け止める。さっきの予測ははずれてしまった。しかし，私たちは，もちろん，そのような結果に基づいて，重力の法則を放棄しようとは思わないだろう。おそらく，こう言いたいはずだ。予測に際して要求される初期条件の1つは，Xが外のどんな物体によっても遮られないものとする，というものである，と。そこで，今度は外の物体がXを遮らないよう注意しながら，再度実験が行なわれる。しかし，Xは，たまたま金属製であるため，今度は，重力よりも強い磁力を上方から受けて，浮かび上がる。いうまでもなく，私たちは，物体は磁場の中にはないものとする，という初期条件をさらにもう1つ追加する必要がある。もちろん，磁力以外にも，重力に対抗する力が存在するかもしれない。初期条件においては，それらの力がいずれも存在しないことを明示する必要があるだろう。しかし，たとえ，列挙された力のどれも存在しない状況で実験が失敗したとしても，なお，重力の法則はあくまでも普遍的に真なのだが，さらに別の力（その存在については事前の知識がなかったために列挙から漏れていた）によってそれが相殺されたのだ，という可能性がまだ残されている。実際，20世紀になって新しい力が発見されたのも，こうした予測の失敗を原因とするものだった。自分たちをかばう手段としては，物体は，**その運動に影響する可能性のある外の要因がそのとき作用していなければ**，地表から5フィートで放たれると地面に落下するだろう，と述べる以外にはない。この文の太字部分が，ケテリス・パリブス節である。

　潜在学習現象から予想された反駁に対する効果の法則の防衛も，ちょうど，先の重力をめぐる作為的な例と同じパターンをたどった。効果の法則は，**目標箱に入ることで得られる報酬源が外にない場合に限り**，餌なしでは反応頻度は変わらない，と予測する。目に見える報酬源（餌，水，電気ショックの回避，異性のラット，等々）はどれ1つとして，ラットが目標箱に入ることに伴って与えられないことは，誰しも確信できる。しかしこれは，予測された重力の影響を打ち消す可能性のある既知の力を除外することに，ちょうど類似している。未知の力が同じ効果をもっている可能性が常にあるのだ。同様にして，心理学者がトールマンの所見に直面しても効果の法則を捨てることを論理的に強いられなかったのは，目標箱と結びついた未知の報酬源がまっ

たくないことが，演繹的確かさ（deductive certainty）では証明され得なかったからである（Hilgard and Marquis, 1940）。

　何か予測をしたいときは必ず理論に初期条件をつけなければならないのだが，ケテリス・パリブス節をそのような初期条件の特別な部類とみなすことも，その気になればできる。けれども，それを発動することは，あらゆる場合において義務であることを理解しなければならない。それを伴わない観察上の予測はあり得ない。そのような場合は，「すべてのエメラルドはグリーンである」という理論さえも，もののみごとに反証できる。そればかりか，この必ずつけられる初期条件は，以前考察したものとは根本的に異なる特徴をもっている。検証される法則自体と同じく，ケテリス・パリブス節は，無数の観察上の帰結をもつ全称命題である。再度，効果の法則を考えよう。潜在学習の現象は，報酬なしの場合，反応頻度は変化しないだろう，という（効果の法則からの）予測を反証すると思われた。しかし，この現象にとっては，反応に対して報酬ありの場合に反応頻度が変化するはずだという予測を反証するとみられるほうが，よほど容易だ。この予測は，次のように，外れかねない場合がある。すなわち，報酬をもらっても，動物は，最初の反応後，疲れ切っているため次の反応を行なうことができない，といった場合である。発作をわずらうかもしれない。クラーレの注射を打たれるかもしれない。縄で縛りあげられるかもしれない。隕石に当たるかもしれない。潜在的な緩和要因をすべて，あらかじめ列挙するのは不可能事である。そこで，私たちにいえることは，仮に反応頻度に影響する外の要因が現在まったく作用していないならば，強化の後は反応頻度は増大する，という以外にない。ラットが縄で縛りあげられるとか隕石に当たるなどの経験のないことは，明らかであるかもしれない。しかし，今後の研究なしでは排除することのできない，他の潜在的緩和要因は常に存在する（たとえば，この特定の生活体は，ある事態での学習を不能にする未解明の脳損傷をもっている，といった要因である）。私たちは，これらの可能性のうち比較的真実らしいものをいくつか調べて，それらを排除するだろう。しかし，ケテリス・パリブス節が満たされたという主張も，ある特定の観察データが立証されたという主張の地位まではけっして得ることはできない。これこそは，諸理論が，その予測が当たらないことが観察された後も，なお存続する理由の1つである。ある理論的予測が実証されない場合，私たちは，実質的法則を捨てるか，ケテリス・パリブス節が満たされていなかったと考えるか，のいずれを選択するかという微妙な課題に直面する。そのような場合にどうすべきかを指示してくれる原理はあるかもしれないが，そうした原理も，蓋然的なものでしかあり得ないだろう。このようなわけで，観察だけでは理論を反証することはけっしてできないのである。

　第二に，デュエム（Pierre Duhem, 1906）は，半世紀も時代に先んじた分析的検討のなかで，反証を証明と同じくらい困難にするもう1つの要因に言及した。デュエム

によると，ある1つの理論から導かれる観察上の予測はいずれも，他の諸理論，すなわち今の文脈では**補助仮説**とよばれる理論，が真であることを前提としている。望遠鏡観測結果による天文学的仮説を検証する際には，望遠鏡の像の解釈法を指示する光学理論や，同時にまた，望遠鏡像が視覚的観測に変換される過程を教示してくれる感覚生理学の理論の正しさを認めている。同様に，タキストスコープ，自動速度計，およびコンピュータで制御された刺激を用いる標準的な心理学実験は，膨大な量の物理的現象を前提としている。もしこれらの実験装置の働きを説明する物理学理論がまちがっていたら，実験結果の解釈は，実験者の意のままにはならないだろう。予測がまちがっていても，表立って検証を受けていた理論が非難されるべきであるのか，補助仮説の1つが修正される必要があるのかは，決めることができない。これはガリレオによる木星の月の発見の際に起こったことである。彼の報告は一般の世界観とあまりにも大きく対立していたので，この観測結果を望遠鏡の異常のせいにする者もあった。望遠鏡は当時開発されて間がなく，一般にはなじみのない研究道具だったから，この現象はそれほど馬鹿げた反応ではなかった。

　要するに，予測が失敗しても，必ずしも当該理論を捨てる必要はない。なぜならば，ケテリス・パリブス節が満たされていないとか，補助仮説の1つが偽であるという可能性が必ずあるからだ。ある理論的予測が支持されない場合，私たちは，その理論の確認水準が低下した，といえばすむのである。

5.5　経験的検証と理論調整のサイクル

　理論がくり返し否認されると，科学者たちが代案を探しはじめる時がやってくる。そこには，理論の構成と修正，予測の産出，およびそれらの予測の経験的検証からなる周期的な手続きがある。

　第一段階では，一組のデータD1を説明するために，理論T1が構成される。D1をT1の**初期領域**とよぼう。これは先に行なった定義の拡張であることに注意してほしい。先の定義では，初期領域とは，ある理論の一貫性を初めに点検する際の規準となるデータの組のことだった。今後は，次のように述べることにしよう。初期領域とは，理論とデータの間に保たれるべきものと科学哲学によって規定されているあらゆる関係について理論が最初に点検される際に，その基準となるような一組のデータのことである。もし私たちが仮説・演繹主義者であるならば，自分たちの理論がその初期領域を含意することを望むだろう。一方，もし私たちがベイズ主義者であるならば，自分たちの理論がその初期領域に関して高い事前確率をもつことを望むだろう。事前妥当性の定義も，これに伴った変更を被る。すなわち今度は，理論は，もしその初期領域内のデータと正当な関係（含意的，その他どんな関係にせよ）を首尾よく保つなら，事前妥当性をもつ，ということになる。

第二段階では，いろいろな予測（たとえばP1，P2，およびP3）がT1から導かれ，検証される。これらの検証のうちいくつか（たとえばP1とP2の検証）はその理論を確認するかもしれないが，一方，外の検証（たとえばP3の検証）は理論を否認するかもしれない。その際，T1の確認水準は，T1とその拡張領域D1*との関係に依存する。ここで，拡張領域とは，T1の初期領域とT1の予測の検証結果との両者を含むものである。すなわち，この事例では，D1* = D1∪（P1, P2,~P3）である。次の課題は，新しい理論T2を構成することであるが，この理論の初期領域D2は，D1*すなわちT1の拡張領域である。その後は，この周期がくり返される。当然のことながら，T2によるP1，P2および~P3の説明はいまだ確認のうちに入らない。また，T2は，たとえ何らかの「問題減損」があっても（すなわち，たとえ親理論の初期領域のなかに，もはや説明できない事項がいくつかあっても），~P3およびそれ以外の，親理論と矛盾する結果までカバーする説明力の獲得でもって，この減損を十分に埋め合わせ得る限りは，T1に比べて改善と見なされよう。

　T2はT1から根本的に逸脱したものであるかもしれないし，比較的小さな修正であるかもしれない。他の条件が等しい場合，科学者は，一般に，両立しないデータを調停できる最小限の理論的修正のほうを選ぶ。この認知的保守主義の原理は，根本的に新しい理論を構成する前に，必ず，古い理論の補修を試みるべきであることを，命じるのである。この原理の位置づけはどんなものだろうか。確かにそれは，科学の歴史において実際に起こったことの叙述としては，正しい。しかし，それは合理的に保証された指令なのだろうか。それは，ベイズの確認理論からの帰結でないことは，確かである。おそらくそれは，功利的方略として理解されるべきだろう。いま仮に，最小限の理論修正に止めるか，それとも，変則データを説明するためにまったく新しい理論体系を構成するか，迷っているとしよう。もし一方の方針に比べて他方の方針を選ぶことを示唆する事柄が外になければ，第一の方針を採用するのが，単にそのほうが比較的やさしいという理由から，より賢明だろう。まったくの無から出発するのではなく，最小限の調整を施すことで，他の作業のため余分の時間を確保すれば，最終的には，結局，前進することになる。しかし，もし誰かが，保守的であるようにとの助言を無視して，是が非でも根本的に新しい理論を考案するとなると，その理論を私たちが評価する際には，蓋然性と適用範囲という古典的な長所に基づいて行なう必要があろう。もし根本的に新しい理論が両方の点で優れていることが判明すれば，その理論を，保守主義に違反したという理由で，否認するのは不合理だろう。もちろん，保守的な修正のほうが根本的なそれよりも蓋然性が高く適用範囲も広い理論を生む傾向がある（簡潔にいえば，保守主義は，理論についての本質的というよりむしろ派生的な長所（4.5節参照）である）と主張したい人もいるかもしれない。けれども，私はそのような主張に出会ったことはない。

経験的検証と理論の調整の周期において，理論とデータのどちらが最初にくるのだろうか。一方では，最初の理論はその初期領域とみなせるデータをもたない（つまり，どんなデータでも構わない）。他方，最初のデータは理論的予測を検証した結果として得られる必要はない。規範的にいうならば，どちらか一方の出発の仕方が他方と比較してはるかに有利である，とはっきり決められない。記述的には，私たちはこのことで選り好みはいえない，というのが事実であろう。私たちは，自分たちの認識上の慣習を反省するに十分なほど洗練されないうちに，理論とデータの海に巻き込まれている。実際，私たち人間が，認知装置のなかに何らかの理論やデータが配備された状態で生まれてくるのは，あり得ることである。

5.6 理論的活動としての予測

新しい予測を確認するか否認するかは，経験的研究にとって一大事である。しかし，検証されるべき予測を立てることは理論的課題である。心理学ではこの区別が通常なされていない。その理由は，心理学理論から予測を演繹するのは一般的にあまりにも容易なため，演繹が別個の行為として印象づけられないからである。これは，心理学の理論が，かなり最近まで，きわめて単純な論理構造しかもっていなかったせいである。心理学理論はまた，観察レベルからそれほど懸け離れた概念を採用してこなかった。そのために，理論から予測までの推論は自明なものになりがちであった。同じ理由で，心理学の理論は，隠れた帰結（すなわち，理論の構成者が予知しなかった予測）を生むことがほとんどなかった。物理学では状況はまったく異なっている。既存の理論から新しい帰結を導出することは，相当数の理論物理学者にとって，主要な専門的活動である。確かに，この理論的活動それ自体は，理論の確認水準に影響するものではない。にもかかわらず，それは，理論の確認に向けた経験的企図にとっては，必須の要件である。

新しい帰結の導出の重要性は，その後の経験的検証に全面的に依存するわけではない。物理学では，理論的導出は科学上の主要な前進と見なされるのが，ごくあたり前である。たとえ，それらを経験的に検証するのが可能でなくてもである。最近の例としては，一般相対性理論からブラックホールの存在を導出した件がある。そのような導出は，それだけで本質的に科学上の進歩となる。なぜなら，それは，理論の隠れた細部をあらわにすることによって，私たちにその理論を深く理解させてくれるからである。予期しない帰結の発見は，また，その理論が以前に考えられていたよりも大きな適用範囲をもつことを，すなわち，その理論が，世界について当初予想した以上に多くの疑問に答えることを，証明するという効果も発揮する。したがって，そのような先験的発見は，理論の全体的優位度の評価を，それまでとは違ったものに改める効果があるのだ。

もちろん，心理学という学問そのものが，自明でない理論化には消極的だ，というのが真相かもしれない。しかし次節で考察するように，最近の発展によって，今ではこの芳しくない傾向は少なくなっている。

5.7 理論心理学の一形式としての弱い人工知能

「人工知能 (artificial inteligence: AI)」という名称で知られる，多種多様な営みがある。それらはすべて，コンピュータに認知課題を実行させるためのプログラムを作成する企てを伴っている。課題の例としては，一覧表をアルファベット順にする作業（これはプログラムが容易なことがわかっている）や相当な長文の要約を書く作業（これは非常にむずかしいことがわかっている）などがある。ある課題を実行させるためのプログラムを書くことは，課題のやり方を指図するための，絶対的に明示的な一連の命令（アルゴリズム）を下すことに他ならない。当然のことだが，どのような形式の命令でも，命令される側が，仕方を教えられなくても一定の**基本操作**の実行が可能であることを，前提としなければならない。目下，広く信じられていることは，どのように設計されたコンピュータであっても，またそれが理解できるものならどのような命令集合であっても，要するに，次のような基本操作に分析できる，ということだ。つまり，(1) 2つの記号（たとえば0と1）の間の違いを識別する，(2) 命令に従って，特定記号をそのままにしておくか，それとも別の記号に変えるかの，いずれかを行なう，(3) 命令に従って，次の記号まで右または左へ進むか，それとも停止するかする。これはチャーチ=チューリングの定立の1つの（最も弱い）様式である。チューリング・マシンは上記の基本操作を実行できる仕掛けに他ならない。チャーチ=チューリングの定立は，チューリング・マシンが，計算機のできることは，時間は余分にかかるものの，何でもできる，と主張しているのである。

私たちはなぜ，コンピュータに認知課題を実行可能にさせるプログラムを書く気になるのか，その理由は，いろいろある。1つの理由は，人間がしなくてすむように，ただ仕事をさせることである。これは，**非心理学的AI**である (Flanagan, 1984)。ここでの目標は実際的なものだ。また，それは心理学の問題とは無関係である。心理学的AIには（少なくとも）2つのタイプ，すなわちサール (J. R. Searle, 1980) がそれぞれ**弱いAI**と**強いAI**とよんだものがある。本章では，弱いAIだけを論ずる（強いAIは第8章で出てくる）。

今ここに，人間が一覧表をアルファベット順にしたり長文を要約する方法について，1つの理論があるとする。すなわち，人間はある順序でいくつかの段階を通過するはずだという仮説を立てる。もしこの理論をプログラムとして書くことができるならば，それをすることによる利益は明白だ。理論をプログラムの形にきちんと書くことによって，理論の事前妥当性を点検する上で便利な方法が得られる。すなわち，プログラ

ムを実行して,コンピュータが実際に課題を遂行できるかを確認しさえすればよい。もし機械がうまく動くならば,その理論は妥当なのであり,したがって,本気で考える価値がある。もしうまく動かなければ,理論は妥当とはいえず,捨てるか修正するかしなければならない。

弱いAIにおいては,コンピュータはポケット計算機のように使われる(その結果,理論から初期領域を推論する時間を節約できる)。しかし,コンピュータによって節約できる時間は非常に大きいので,この違いは程度の差というより本質的な差となる。理論が複雑すぎて「手作業」では評価が不可能な場合でも,コンピュータを使えば,その事前妥当性を点検できる。このため,ほどよく考慮できる理論の範囲は増大する。原則として,プログラムつきの理論は新しい予測を導出するために使うこともできる。もしプログラムを走らせた結果,コンピュータ側が予想外のふるまいをしてきた場合,それは,人間も同様のふるまいをするだろうという予測を,対応する理論が生み出したことになる(ピリシン(Z. Pylyshyn, 1984)が述べているように,プログラムのすべての特徴が,心理学的現実を有するよう意図されているわけではない)。私たちは原則として,推論があまりにも複雑なため手作業では誰にも到達できないような予測でも,手に入れることができるだろう。実際には,AIプログラムは,いまだ,このような使われ方をする段階には達していない。努力目標は依然として事前妥当性を得ることである。そういうわけで,AI研究者は新しい実験結果にはあまり興味がないのである。哲学者であり心理学者でもあるボーデン(Margaret Boden, 1977, p.37)は次のように書いている。

　多くの者(AI研究者たち)にとっては……視覚,推理,言語理解に関するプログラムが,……人間にできる多くのことを実行できない,ということはまったく明らかである。それを証明するのにこれ以上実験をする必要はない。そのような実験は,当該プログラムが,人間行動の優れた近似,すなわち,識別力のある実験的検証に耐え得るほどに優れた近似,を与えるに十分な威力を発揮するときに限って,必要となるのだ。

しかしAIにおいては,事前妥当性達成の規準が,他に例を見ないほど厳しい。つまり計算上で実行できなくてはならないのだ。それとは対照的に,心理学の伝統的な理論家は,理論の初期領域のデータ推論において,もっぱら印象に頼るルーズなやり方で事足れりとすることが多かった。AIの規準の厳しさは,理論の事前妥当性が直観的には自明と思われた場合でも,じつは隠れた問題点がそこにあることを明らかにする点で,すでに成果をあげている。すなわち,理論をプログラム形式に翻訳したのに,計算上で実行できなかったのだ。もっとも有名な例は,フレーム問題である。これは,デネット(Dennett, 1987, p.42)によれば,「(原理的には理解できるが何世代もの哲学者たちが気づかなかった)認識論上の新しい深刻な問題で,AIというまっ

たく新しい方法によって明るみに出されたが，いまだに解決にはほど遠い」とされている。

　フレーム問題は，人が新情報入手時に，信念のもち合わせ（stock of beliefs: 知識ベース」という紛らわしい呼び名をもらっている）を更新するための，プログラムを考案中に起こった。たとえば，流暢な英語を話す南極ペンギンが1匹見つかったという情報を受け取り，それを認めるとしよう。その結果，以前は承認していたが今は否認せざるを得ない命題がたくさん生じる。それには，たとえば，自然言語をマスターできるのは人間だけであるとか，南極生まれの生き物で英語を話すものはいないとか，夕食後にまずまずのテーブルスピーチをする能力があるのは羽毛のない二足動物だけである，といった命題が含まれよう。他方，私たちの信念の多くは，その新しい発見による影響をまったく受けないだろう。それには，ペンギンたちは南極生まれであるとか，パリはフランスの首都であるとか，$2 + 2 \neq 5$ などの信念が含まれる。そのような更新を行なう際の手続きはどのようなものなのだろうか。

　AIが生まれる以前は，何かしら次のような説明が多少とも妥当である，と暗黙裡に仮定されていた。すなわち，新しい情報項目Pが，私たちの古い信念Q1，Q2，…，…Qnと照合され，両者の一貫性が点検されるという仮定である。Pとの一貫性がないQiが発見されると，それはその否定である〜Qiに修正される。AI研究者がこの構想を実際に実行しようとしたとき，たちまち困難に陥った。つまり，人間の知識ベースに比肩できる知識ベースはどれもあまりに大きくて，必要な照合を網羅的に行なうことは，事実上，不可能なのである。私たちが考えている説明によれば，「ペンギンが英語を話す」という発見の後には，この新しい情報が，私たちの算数上の信念や，ヨーロッパの王室の家系についてもっている信念や，あるいは，下ごしらえの仕方がわかっているあらゆる食物のレシピ，等々の一貫性がないことを，確認する手続きがくるのである。

　明らかなことだが，私たちは，知識ベースの一貫性照合が，行き当たりばったりに，あるいはアルファベット順に，あるいはまた，否定されなければならない項目がランダムに分布するような，何らかの順序で，進行すると想定することはできない。私たちは，新しい事項とは筋違いであることが明白な知識の大半が完全に回避されるようなアルゴリズムを，開発する必要がある。しかし，「ペンギンが英語を話す」というニュースによってどんな種類の信念が影響を受けるのかを，どのようにして先験的に特定すればいいのか。私たちの知識ベースのなかの，ペンギンに，あるいは英語に，あるいはその他何であれ新しい事項に現われている非論理的語句に，言及する事項を注視するべきだという提言を考えてみよ。一方では，この忠告によって，私たちは無数の必要な修正を見過ごすことになるだろう。なぜならば，「ペンギンが英語を話す」という事実には，そこに「ペンギン」も「英語」も現われない無数の帰結が含まれて

いるからである。たとえば、それは、「ゲルマン語を話す鳥類はいない」という命題とは両立しない。他方では、ペンギンに関係する事項の探査範囲は見かけ上は狭いが、それでも無関連事項があまりにも多くて、切り抜けられそうにない（新しい事項は、ペンギンが哺乳類ではないという信念には影響しないとか、ペンギンはクレジットカードを持っていないとか、かつて米国上院に選出されたペンギンはいない、等々を確認する必要がある）。

　なお、今、仮に私たちが、知識ベースのなかの特定事項が一貫性の照合を受けるに値するほど十分に新しい情報と関連するかどうかを、識別できるとしよう。正確にどのように、この識別能力を展開するのか。確かに、ここでは私たちは、英語を話すペンギンの存在はパリがフランスの首都であるという信念とは無関係である、という情報を入手する手段はもっている。しかし、この入手手段がどう役立つのかは全然明らかではない。一見したところ、知識ベースのなかの各事項を次々に残らず考慮する必要が依然としてありそうだ。違うのは、以前は各事項を順番に新しい事項との一貫性を査定したのに対して、今は、各事項を新しい事項との関連性について査定している、という点だけである。関連があるとわかった事項だけが、新しい事項との一貫性の評価へと回される。しかし、この段階に先立って関連事項と無関連事項とを徹底的に仕分けする必要があるから、そこには理論上の収穫はない。

　このように、私たちには、関連性の査定のためのアルゴリズム以上のものが必要なのである。無関連事項はまったく注目されないような（あるいは少なくとも注目される必要のある無関連事項の数が大幅に減るような）手続きを提案する必要がある。しかし、無関連事項を避けようと思えば、まずそれらが無関連事項だということを確認する必要がある。誰にもいい考えはない。当初は、記憶装置を探査するという一般的考えが説明の用をはたすだろうし、またその説明については、細部の仕上げが問題なだけと考えられていた。しかしAI研究者たちがいざその細部を手掛ける段になると、先へ進むすべがわからないことに気づいた。心理学者にとってこの不成功は重要性をもつ。というのは、人間には、その具体的なやり方は記述できないとしても、知識ベースを更新する能力があるという、争えない事実があるからだ。このように、AIプログラムは、それが人間の認知作用のモデルと見なされる程度に応じて、事前妥当性の達成に失敗しているといえる。しかし、この点に関するAIの失敗は、むしろその最も重要な業績である。というのは、この失敗により、心理学者たちは、以前は誰もが見逃していた重要な理論的問題の存在に、気づかされたからである。

　弱いAIが、理論構成の、また少なくとも潜在的には、理論的予測を推論する、1つのスタイルであることは明らかである。弱いAIと理論心理学の伝統的な作業との違いは、前者の妥当性規準がより厳密なことと、その結果の一部に不明瞭さがみられる点だけである。けれども、AI研究者自身は、あたかも自分たちは経験的研究をし

ているかのように語ることが多い。現に，ニューウェルとサイモン（Newell and Simon, 1981）は，AI研究は経験的研究であると明言している。私には，この自己提示が，その背景に，一部の研究集団でみられる経験事象と結びついた威光からくる動機づけがあるのか，それとも，理論的研究よりも経験的研究のほうが補助金を得やすいという理由によるのか，確信はない。いずれにしても，ニューウェルとサイモンの主張が，なぜ，よくみても誤解を招くものであるのか，を理解することが大切である。彼らは自分たちの意見を擁護する議論を2つ提出している。そのうちの1つは強いAIだけに当てはまる。それは第8章で取りあげよう。2つ目の議論は，弱いAIと強いAIの両方に当てはまる。2つ目の議論によれば，AIは，プログラムがこちらの予定した仕事をしてくれるかどうか，それを動かしてようすを見るまでは，通常，私たちにはわからないのであるから，経験的である。原則としては，プログラムの妥当性は純粋に理論的研究によって決定され得る。しかし実際にはプログラムは長すぎるうえ複雑すぎるので，そうした方法では評価できない。したがって私たちは，コンピュータが行なうことの観察結果に頼らざるを得ない。そういうわけでAIは経験科学なのである。この2つ目の議論は，ティモツコ（Tymoczko, 1979）の主張と同じ構造をもっている。それは，最近行なわれているコンピュータによる数学の定理（たとえば，四色定理（Four-color map theorem）のような）の証明が数学を経験科学に変えた，という主張である。しかし，テラー（Teller, 1980）がティモツコの主張に関連して指摘したように，コンピュータに頼ろうが紙と鉛筆（これらがなくては，IBM以前の私たちの理論的および数学的解答の多くは得ることはできなかっただろう）に頼ろうが，原理的には違いはない。すべての理論的研究に経験的な要素があることはまちがいない。紙と鉛筆がない場合でも，証明において直前の行を記憶していなくては，演繹的論証を創案することはできない。このことは強調しておく価値がある。しかし，AIは，経験的研究との関連において，伝統的な理論的研究と何ら違わないという事実は残る。要するに，弱いAIは心理学における理論的研究遂行の1つのスタイルである。ロンゲ＝ヒギンス（Longuet-Higgins, 1981, p.200）は次のように述べている。

いまやおそらく，「人工知能」という題名が「理論心理学」にとって替わられる時代である。理論構成の課題はまったく複雑すぎて，実験室の外での余暇にまかせるわけにいかない時代が来ている。それは優れた実験研究と少なくとも同等の研究分野である。

AIは，一流科学に求められる象徴的な資格要件，つまり高価な装置を手に入れることによって，再び尊敬されるようになった，ひじ掛け椅子の心理学である。しかし，コンピュータは弱いAIの仕事にとって本質的なものではない。原理的には，私たち

は，その気になれば，頭の中でプログラムを書き，また，簡単に実行することができる。原理的には，人間は石器時代にあってもプログラムを書き，評価することができただろう。コンピュータは，ポケット計算機同様，重宝な道具に過ぎない。その唯一の機能は推論を高速化することである。

第6章　理論の拡充

　理論的研究をめぐる非常に根強い誤解の1つは，それが新理論を構成することとまったく同じ営みである，というものである。この見方に従えば，科学の仕事における理論家の役目は，新しい理論を創案して，それを検証のために実験家に渡すと，再び手仕事のなかへと姿を消すだけである。前の章で述べた通り，これは理論的活動の範囲に関するきわめて狭い見方である。物理学やAIにおけるように理論が高度に形式化されてくると，経験によって検証されるべき帰結を導くこと自体が，さまざまな概念上の専門性を必要とする，魅力ある理論的仕事となる。本書の残りのページ数によっても想像がつくように，話はここで終わらないのである。

　理論的研究を理論構成と誤って同一視すると，理論的研究は，過去や未来の経験的研究と調和する場合にだけ，成果を上げ得るのだ，という幻想が助長される。「理論化」すなわち「理論構成」であるというのであれば，データがどのようなものであるかを知らずに理論化するという考えは，明らかに成功の見込みがない。すなわち，データを知らなければ，的確な理論的説明を提案できないのは当然だ，ということになる。しかし，理論構成以外の理論的研究プロジェクトは存在するし，それらの大半は経験的研究の浮き沈みから十分に独立したものとなっている。（専任の理論家たちが費やす時間に関して）最も一般的な理論的活動の一部は，そのようなプロジェクトである。理論がすでに高度に発達している科学分野では，理論的な研究者は勤務時間の大半を新理論の構成に費やしたりはしない。新しい理論の提出は，理論家の職業生活でも特別な出来事である。理論家のふだんの仕事は，既存の理論的構造物をあれこれ分析したり修正したりすることから成り立っている。そればかりか，それらの分析は理論に関係するデータについての知識を必要とはしないし，分析に成功するか失敗するかが，将来の経験的研究の成果に依存するわけでもない。理論自体の理解で十分なのである。以下の引用は，科学の活動におけるこの領域について，天文学者が描写したものである（Barrow, 1991, p.114）。

　科学者の仕事は発見（宇宙に関する新しい考えの創造と新しい事実の発見）であるというのが

一般の通念ではあるが，科学者たちが公刊する著書や論文の多くは，第三の仕事，すなわち既存の考えをいっそう単純で直観的に受け入れられやすい形に洗練したり，複雑なものを削除して自明なものにしたりすることに当てられているのである。

新しくて深遠な着想が初めて発見された場合，それを公表するときに，今までとは違う考えを表現しようとして煩雑な文体を使いがちであるが，それは無理もないことである。しかししだいに，他の研究者たちがその発見を吟味し，既存の考えと無理なく関連づけるような，より簡潔な表現を見つけていく。この新しい関連づけは，既知の考え方を単に論理的に進めたものであったり，競合する考え方について根本的な選択を強いられるような衝突を特色とするものであったりする。既存の知識をいわば蒸留すること，すなわちそれをより単純で明快なものとし，深遠な真理という本物の金属を表面的な（知識という）周辺の不純物から分離・精錬すること，これが科学の企てにおける肝要な部分である。一部の科学者は特にその点で有能であり，発見という遠くの新開地を前面に出すことよりもむしろ，このような目的を推進することに活動のすべてを傾けるのである。

特に数学色の濃い理論の場合には，理論的な科学者は，定理を証明したり方程式を解いたりというように，その数学面の労力が科学上の目的に資するという点を除くと，まるで数学者のようにふるまうことがある。数学色のない理論に関してもこれとまったく類似した研究が行なわれることがある。そしてこの種の研究は，通常，包括的に「概念的分析（conceptual analysis）」とよばれている。本書の残りの各章は，さまざまな概念的分析に当てられる。

6.1 拡充とは何か

科学の仕事は，経験的研究か理論的研究かを問わず，大部分（すべてとはいわないが），現存する諸理論のもっともらしさを増大させたり減少させたりする操作の問題とみなすことができる。理論から導かれる経験的仮説の検証についてもう一度考えてみよう。新しい経験的帰結が検証されて真だとわかったとき，私たちはその理論は確認されたといい，その理論が真である確率が高まったことを認める。経験的仮説が偽だとわかった場合，その理論は否認され，その理論の確率は低下する。第5章で見たように，この過程をめぐる詳細については，科学者と哲学者は意見を異にする。しかしここでは，そういった論争にはかかわらないことにする。経験的仮説の検証は，大方の科学者や哲学者にとって理論の確率を部分的に変更する**経験的手段**である。ここでの文脈で重要な点は，理論の確率を変更することは純粋に先験的な理論的分析によっても可能だということである。これが理論的**拡充**（amplification）の意味である。すなわち，拡充とは，ある理論Tについての（経験的ではなく）論理的発見をいうのであって，結果として，p(T)（そうした発見前にTに割り当てられていた確率）は修正されねばならない。

理論を拡充する方法は無数にあるわけで，なかには将来の賢明な理論家たちの考案

を待つものも多い.以下の数節では,理論の確率に変化をもたらす論証パターンのうち,基本的かつ頻出するものを選んで,順次説明しよう.

6.2 理論の内的一貫性の欠如

最も極端な拡充の形は,ある理論Tが内的一貫性に欠ける(internally inconsistent)という発見である.この論理上の発見以前に,Tはゼロでない確率p(T)を割り当てられていると仮定しよう.もしTが経験的検証で何度も合格していれば,p(T)は非常に高いだろう.しかし,Tがある命題Pおよびその否定~Pを含意することが今明らかになったとしよう.確率計算の公理P1によって,Pと~Pとの連言の確率は0に等しい.同じくP4により,いかなる命題の確率も,それが含意する別の命題の確率より大きいことはあり得ない.したがって,もしTがP&~Pを含意するならば,p(T)もまた0でなければならない.これに反する最初の仮定はまったくの誤りだったことになる.確率論的整合性の要件から,私たちは考えを変えざるを得ないのである.

ある理論が一貫性に欠ける(矛盾をはらんでいる)ことが発見されると,その理論の確率が致命的に低下するという結果になる.ところが,これには経験的研究は何ら関係していないのである.つまり,Tが矛盾を含意する(entail)という証明に必要なのは,演繹的論証である.しかもそのような論証は,Tに関連して以前行なわれた経験的研究をまったく知らない者によって見いだされることも大いにあり得る.経験的にPが,それとも~Pがテストされているか,あるいはそのようなテストの結果がどうであったか,は問題にならない.また,将来の研究結果がどうなろうと,一向にかまわない.それどころか,Pも~Pも経験的にテスト可能な命題である必要さえない.つまりそれら自体は観察的水準からかけ離れた理論的言明であってもよいのだ.任意の命題Pについて,もしTがPとその否定をともに含意するならば,p(T)は,Tの以前の経験上の実績とは無関係に,0にリセットされなければならないのである.

けれども,Tが矛盾をはらむことが証明されたからといって,必ずしもこの理論を完全に放棄すべきだというわけではない.矛盾の原因は理論の公準をうっかり誤記したためであって,手直しできる程度のものなのかもしれないからだ.また,もしTが経験上の成功を収めたというよい実績をもつ場合は,矛盾を避けるため修正を要するところだけを改変し,理論の構造の大半はそのままに保つといったこともやってみる価値があろう.しかし,そのまま放っておくと,理論は確実にまちがいだということになってしまう.

この理論的操作を完璧に説明する少々手の込んだたとえ話として,いわゆる**理髪師のパラドックス**(Quine, 1966)がある.今,ある村に専属の男性理髪師がいて,彼は,その村の,自分で顔を剃らない男性に限って,全員の顔を剃る,という仮説Hを考えよう.その村の男性住民の相当数に質問をして,まったく確証的な結果を得た

らば，私たちはこの経験的データに基づいて，Hに高い確率で正しいという評定を与えるかもしれない。にもかかわらず，Hが真であることはあり得ないことを証明する，純粋に先験的論証がある。その論証とは，Hが，矛盾した結論，すなわち，当の理髪師は自分で顔を剃り，かつ自分では顔を剃らないという結論，を含意するというものだ。理髪師が自分で顔を剃らないと仮定すれば，（Hは理髪師が自分で顔を剃らないすべての男性の顔を剃ると明記しているのだから）必然的に理髪師は自分の顔を剃るといえる。したがって，理髪師が自分で顔を剃らないという仮定は（間接証明（2.8節）によって）偽である。結論は，理髪師は自分で顔を剃るということになる。しかし逆に，理髪師が自分で顔を剃ると仮定すれば，Hから必然的に彼は自分の顔は剃らないことになる。これは，Hが述べるように，理髪師は自分で顔を剃らない男性だけその顔を剃ってやるのであるからだ。したがって彼は自分の顔を剃らない。ところで，理髪師は自分の顔を剃ることと剃らないことの両方はできない。結論としてHは偽である。つまりそのような理髪師はあり得ない。データが仮説をどんなによく支持したとしても，仮説Hの誤りは論理的根拠だけによって保証されている。けれども，仮に誰かがHは真であると実際に主張するとしたならば，この矛盾は仮説の意図がうっかり誤記されていたためである可能性が高い。つまり，疑いもなく仮説の真意は，村の理髪師は**彼自身を除き**自分で顔を剃らない村の男性に限り全員の顔を剃るということだろう。そこを修正しさえすれば，矛盾をはらんだ帰着はうまい具合に避けられる。

　心理学における有名な矛盾の例は，自我の発達に関するフロイト理論に対するハルトマン（Heinz Hartmann, 1958）の有力な批判にみられる。フロイトはこう主張する。新生児たちはもっぱら**快楽原理**（活動は常に生物学的欲求の満足を目指しているという原理）に基づいて活動する。この段階では，子どもたちは世の中についての知識を習得しようとはしない。なぜなら，知識は生物学的欲求を**直接**満足させない（情報は食べられないし，擦りつくこともできない）からである。けれども，このように経験から学べないとなると，人々はまちがいなく困難に陥る。欲望の対象を直接しかも後先を考えずに獲得しようとすると危険を伴うことが多い。それは長い目で見ればきっと命にもかかわる。たとえば，快楽原理だけに従って行動する生活体は，気の荒いハイイログマの手もとからためらうことなく食べ物を取ろうとするだろう。フロイトが言うには，人々の即時的で直接的な生物学的満足を求める要求と現実的な制約条件との間には，避けることのできない対立がある。もし仮にそのままの状態が維持されるとすれば，この対立は早死という結末を迎えることになろう。しかし，実際にはそうはならず，自我の発達によってこの対立は「解決される」。フロイトにとって自我は一種の合理的計算器官であり，その機能は，命取りに出会うことなく生物学的欲求を満足させるのに必要な，知識を習得することである。ひとたび自我が機能すると，人々は快楽原理よりむしろ**現実原理**に従って活動するといわれている。現実原理によ

れば，人々の活動はすべて，依然，生物学的欲求の満足を目的とするが，食物や性をたえず求めながらも現実の制約を考慮に入れることができるようになる。精神分析的でない用語で述べると，問題は，なぜ人々は世の中について知識を習得しようと努力するのか，ということになる。フロイトの答えはこうである。それは人々が，知識は生物学的欲求の満足に役立つことを学ぶからであり，それ以外の理由はないと。

　フロイトの発達理論に対するハルトマンの批判は，この理論を次のように表現すれば，わかりやすい。

(F1)　人々の活動はすべて，常に，生物学的欲求を目的としている。
(F2)　生まれたときには，人々は知識が生物学的欲求を満足させるのに役立つことを知らない。
(F3)　したがって，F1とF2によって，人々は生まれたときには知識を習得しない。
(F4)　けれども，やがて人々は，知識が生物学的欲求を満足させるのにじつは役立つのだ，ということを発見する。
(F5)　したがって，人々は知識を習得し始める。すなわち自我を発達させる。

　論証をこのように書くと，その矛盾性が明白になる。すなわち，F3はF4の否定を含意しているので，F4と～F4がいずれもこの理論の帰結となる。もし人間が世の中についての知識を習得しない（F3）ならば，知識が生物学的欲求を満足させるのに役に立つことを発見できない（～F4）。ハルトマンの主張は，人間が生まれたときにもっぱら快楽原理に従って動くのであれば，現実原理が発達することはあり得ないというのである。現実との避けがたい対立は死を招くだけとなりかねない。

　ハルトマンによるフロイトの解釈が正しいとすれば，自我の発達に関する精神分析の理論を経験的手段で研究することはむだである。この理論は論理的理由だけで偽であることが証明できる。しかしこの場合も，矛盾をはらんでいることが証明されたからといって，必ずしもその理論全体を棄却すべきだということにはならない。おそらくその矛盾性は，理論の構造の大部分をそのまま保ち続けるような調整によって，補修できるだろう。ハルトマン自身が提案しているが，精神分析学的理論の大半は，自我が出生後の発達の所産というよりむしろ生得的な才能である，という仮説を採択しさえすれば，そのまま保持され得るだろう。他のもっと保守的な精神分析学者たちは，ハルトマンはフロイトの理論を誤解していたとか，彼の議論はいわばわら人形を壊しただけ（仮想の敵をやっつけただけ）であった，という見方を選んだ（White, 1959）。ここで問題になるのは，精神分析学の諸原理は，その論理的帰結が完全に一義的に決まるほどには形式化されてはいないということである。この点では，精神分析学はAIの出現前のおおかたの心理学理論を代表している。この種の伝統的理論の論理的

属性をめぐる主張はいつも，ほかの者なら異議を唱えるような特殊な理論解釈に基づいている。しかし，だからといって，そのような論理上の議論の重要性を過小評価していいということにはならない。矛盾論争に直面している伝統的理論の擁護者たちは，少なくとも代わりの解釈を用意する責任がある。いずれにしても，同じ曖昧さは，一義性のない理論から推論される経験上の含意に関しても存在することになる。理論の提唱者たちは，理論の依拠している原理を，その曖昧さの程度に応じて解釈し直すことで，否認の評判の矛先をかわすことが常に可能なのである。人は，できることをする，というわけだ。

　以下，もう1つの矛盾論議に関してごく簡潔な説明をしよう。古典的な英国経験論者も現代の認知科学者も，人間は多様な考えを抱く能力がある，とする。たとえば私はチョウチョウのことを考える。するとチョウチョウの観念が私の心に現われる。それを木の観念ではなくてチョウチョウの観念にしているものは，この観念（この特定の心的対象）がもつ何なのだろうか。古典的な英国経験論の答えは，観念は心的イメージであり，そのようなイメージが現に表わしていものを表わすのは，イメージがその指示対象に類似していることによっている，というものである。私の観念をほかならぬチョウチョウの観念にしているものは，それがチョウチョウに似たイメージであるということである。この見解は，数世紀もの間，痛烈な批判を浴びてきた。それらの批判の1つは，類似説（resemblance theory）は矛盾しているというものである。その主張によると，私がチョウチョウのことを考えるときは，事実上，チョウチョウの映像であるイメージを抱いているのだという。ところで，チョウチョウの映像は，同時に昆虫，生物，空飛ぶ生き物，美しいもの，およびその他無数のものの映像でもある。したがって，もし類似説が正しいならば，私のチョウチョウの観念は，同時に，昆虫，生き物，空飛ぶ生き物，等々の観念である。しかし，このことは，特定の時点に特定の人物の心にある観念はいずれも唯一の指示対象をもたねばならない，という根本原理に矛盾する。

　念のため記しておくと，理論の内的な矛盾は心理学よりはるかに進歩している諸科学において発見されてきた。20世紀における最も有名な例は，1940年代末期のファインマン（Richard Feynman）の研究以前の量子電磁力学の理論である（Brown, 1991, p.162）。また，ダルトン（John Dalton）の原子理論に対する初期の抵抗の一部は，その最初期の定式化に内的矛盾があったためといわれてきた（White, 1990）。けれども一般的には，矛盾論議は理論的学問の歴史において大事にはいたらない，というのが私の印象である。とはいっても，矛盾論証の特質を詳細に見つめることは有益である。なぜならば，そうした論証は，理論拡充の本質を，とりわけ明瞭で争う余地のない形で示してくれるからである。

6.3 理論間の含意関係

　もっと一般的にみられるタイプの拡充は，2つの理論の間に，当初予期しなかった論理的関係が発見されることによって引き起こされるものである。その場合の筋書きは次の通りである。理論T1とT2は論理的に独立であると考えられており，また経験上の実績に基づいて，それぞれ確率p(T1)とp(T2)が割り当てられている。その後，両者の間に論理的関係が発見される。確率計算の原理（もっと一般的には，合理性の要件）によって，論理的に関係のある命題に割り当てられる確率には一定の制約が課される。もしp(T1)とp(T2)がこれらの制約条件を満たさない場合，整合性の要請によりこれらの確率は修正されねばならない。その結果，それらの理論が真である可能性について新たな見解をとらざるを得ない。内的矛盾の証明の場合と同様，この確率修正は新たな経験的研究なしで実行される。しかもその実行者は関係データについての知識を何らもっている必要はない。以下の4つの節では，上記に当てはまる状況を何組か考察する。それらの状況を区分するのは，2つの理論の間に見いだされる論理的関係の性質による。

　理論間の含意関係（intertheoretical entailment）の場合，T1がT2を論理的に含意することが発見される。知られているように，確率計算の定理によると，命題Xが命題Yを含意するならば，確率p(X)は確率p(Y)より小さいか等しくなければならない。つまり，一般に仮説は，それ自体より確率の小さい事柄を含意することはできない。たとえば，T1を「すべてのエメラルドはグリーンである」という仮説とし，T2を「すべてのアフリカのエメラルドはグリーンである」という，T1によって含意される仮説としよう。明らかに，T1がT2よりも大きな可能性をもっているとするのは不合理である。けれども時として，1つの命題が別の命題によって含意されていることがすぐにはわからないこともあり，その発見は意外なこととしてとらえられる。そのような場合，経験上の実績に基づいて，T2よりもT1のほうに高い確率が割り当てられていたのかもしれない。確かにT2にとっての経験上の成功はすべて，T1にとっての経験上の成功でもあるが，そのことがわからないということもある。T1がT2を含意するという発見以前にp(T1)＞p(T2)という見解をもっていたとすれば，それはまったくの誤解だったのである。合理性からの要請によってそれまでの確率配分を修正せざるを得ない。すなわち，p(T1)が低減されるか，p(T2)が上昇されるか，あるいはその両方がなされなければならない。確率論の公理からは，これらの選択肢のどちらに従うべきかは特定されない。そのような場合に修正の性質を指図する一般的な論理的原理があるかどうかは，興味はあるが未解決の疑問だ（Kukla, 1995b）。私としては，前件の確率を下げるべきか後件の確率を上げるべきかの決断は，2つの理論についての見解がどれだけ確立しているかによっておおかた決まるのではないかと考えている。もし比較的未検証の新しい理論が，十分検証され，確率の高い古い理

論によって含意されることが証明された場合は，後者の確率を低くするよりはむしろ前者の確率を高くするほうを選ぶ可能性が高いだろう。いずれにせよ，そのままでは見解の間に整合性がないので，いずれかの見解を修正する必要がある。

理論間の含意関係に関する論証の優れた例として，チョムスキー（Noam Chomsky）とパットナム（Hilary Putnam）の間で交わされた，文法知識の生得性に関する有名な論争をあげることができる（この例はちょっとした準備を必要とするが，それは後でもう1つの理論上の方略の事例を提供してくれることになる）。

チョムスキーによる生得論支持の基本的論証はよく知られている。チョムスキー（Chomsky, 1980b）はこう書いている。すなわち，母国語の学習者にとって利用可能な言語データの量は，文法の合理的再構成に必要な情報の量にはるかに及ばない。それでも，神経学的な障害のない子どもたちはすべて，母国語をなんとかして学ぶ。この驚くべき事実に対するチョムスキーの説明は，私たちすべてに生まれながらにして補助的な言語情報が備わっている，というものである。私たちが不十分な言語データに基づいて文法を学ぶことができるのは，不足分のデータが内部から供給されているからである。これを生得性仮説（Innateness Hypothesis: IH）とよぼう。チョムスキーは次のように書いている。IHはまた，「言語の普遍的特性」（すべての自然言語がもつ文法的特徴）の存在に対する説明をも与える。というのは，生得的文法知識が実際に正しいのであれば，すべての人間言語は，人々が生得的に想定するような諸規則に従っていなければならないからである。

言語の普遍特性についての対立する説明の1つは共通起源仮説（Common-origin hypothesis: CO）であり，それによると，「言語はただ1度のみ発明された」というのだ。この説明によると，すべての人間言語が共通の特徴をもっているのは，単にそれらの系統が共通しているからに過ぎない。チョムスキー（Chomsky, 1980b, p.235）は共通起源仮説を，次のように，はっきりと否認している。

> 深層構造は異なる言語間で非常によく似ているように見えるし，それらを操り，解釈する規則も，考えられる形式的操作のきわめて狭い集合から引き出されているように見えるのだ……。このような構造が「共通の系統」からきた偶然の結果に過ぎない，と単純化してしまうことは，とうてい無理だろう。

けれども，パットナム（Putnam, 1980a, p.246）は巧妙な論証を行ない，IHは共通起源仮説を含意すると指摘している。

言語を使用する人類が2箇所以上の地域で互いに独立に発展してきたと想定しよう。この場合，もしチョムスキーが正しかったとすれば，複数の原集団の子孫である複数の型の人類が存在し，各型の通常の子どもたちは，他の型の子どもたちが話す言葉をうまく学べないはずである。実際

にはこのようなことは見られないので…（IHが真であるとすれば）言語使用はただの一度だけ起こった進化論的「飛躍」である，と結論されねばならない。しかし，その場合，すべての人間言語は単一の原言語から継承された可能性が非常に高い。

　パットナムが読み取った通り，チョムスキーは，IHには高い確率を，そして共通起源仮説には低い確率を，それぞれ与えたいと考えていた。ところが，パットナムの論証は，そのような立場が整合性を欠くことを証明している。IHは共通起源仮説（CO）を含意するのであるから，私たちは，COをIHと少なくとも同じ程度に有望であると認めるか，IHがCOと少なくとも同じ程度に有望でないことを受け入れるか，いずれかとせざるを得ない。言語の起源に関する歴史的な仮定は，それを言語学習の理論に結びつけた先験的論証に基づいて立証できるように思われる。もちろんパットナムの論証は，何らかの経験的データ（たとえば，人間の子どもは誰でもどんな人間言語をも習得できるというような）をほのめかしている。厳密にいえば，COを含意するのはIHだけではなくて，IHと経験的事実との連言である。この連言はそれ自体，より詳細な理論IH'とみなすことができる。さらに本当のことをいえば，理論拡充の犯人（この場合はパットナム）は，理論的研究をする前に，IHの経験上の実績あるいはIH'のそれに習熟する必要はなかった。パットナムは，人間の子どもは誰でもどんな人間言語をも習得することができる，ということを考える必要さえなかった。彼の主張の要点はこうである。生得性仮説は，子どもは誰でもどんな言語をも習得できるという経験的主張（チョムスキーが認める主張）と連言を組んでも，共通起源仮説よりも真である可能性が高いとみなすことはできない。けれども，これでチョムスキー＝パットナム物語が終わるわけではない。第7章では，パットナムの理論拡充は，IHを完全に失墜させるべく目論まれた，より大きな理論的方略の始まりであることを，見ることになろう。

　もしT1がT2を含意することが立証される前にすでにp（T1）がp（T2）よりも小さい場合は，どのようなことになるのだろうか。確率論的整合性の要件からは，この場合，p（T1）あるいはp（T2）の何らの修正も指図されない。そればかりか，p（T1）あるいはp（T2）は修正されるべきではないという主張もあり得る。真である可能性の低いT1がその可能性の高いT2を含意するからといって，T2の確率はそれによって影響されるはずはない。その理由は，あらゆる理論は，真である可能性のより低い無数の理論によって含意されるからである。後者の主張の証明は次の通りである。任意の理論T2を考えよう。具体性をもたせるために，T2がアインシュタインの相対性理論であるとしよう。さて，T3は，T2とは独立の，とうてい本当とは思えない任意の仮説（たとえば，誰かがどこかで「マニトバ」と言うたびに小妖精がきれいに2つに分かれるという仮説）であるとしよう。そうすると，T2とT3の連言はT2よりももっともらしさが小さい（すなわち，相対性理論と小妖精仮説がともに真である確率は，

相対性理論だけが真である確率よりも低い)。しかし，T2とT3の連言はT2を含意する（したがって，相対性理論と小妖精仮説との連言が真であるならば，相対性理論だけが真である)。そんなわけで，ここに，T2を含意し，かつT2よりも真である確率が低い，T2かつT3という1つの理論が構成されたわけである。そればかりでなく，この理論構成法はごく一般的なものである。すなわち，その気になれば，小妖精仮説を任意の独立の理論にくっつけて，その理論を含意するが真実らしさのより低い，連言的仮説を構成することができるだろう。したがって，ある理論が真実らしさのより低い仮説によって含意されても，そのことが，その理論の確率の低下の根拠となるような特別な不利とみなすことはできないのである。

同様に，理論T1が，理論T2を含意するが，そのもっともらしさは大きくない理論である場合，T1は，T2を含意するという発見によって，影響されるべきではない。なぜならば，あらゆる理論はそれ自身よりももっともらしい理論を無数に含意するからである。いまT3を0より大きな確率をもちT1とは独立の任意の理論であるとしよう。この場合，選言T1∨T3はT1よりも真実性が高いが，T1はT1∨T3を含意する。たとえば「エメラルドはグリーンである」(T1) は，「エメラルドはグリーンである」または「雪は白い」(T1∨T3) という，より高い真実性をもつ理論を含意する。ここでもまた，理論構成はきわめて概括的なものである。つまり，あらゆる理論はそれ自身よりももっともらしさの大きな複数の仮説を含意するのである。したがって，もっともらしさのより大きな仮説を含意することは，理論の確率の上昇を保証する特別な利点とは見なし得ないのだ。

要するに，T1がT2を含意することが証明された場合，T1とT2の確率が変わるのは，含意関係が発見される前にp(T1)＞p(T2)の関係があるときに限られるのである。けれども，T1がT2を含意することが発見されれば，必ずp(T1&T2)（両理論の連言が真である確率）が高まるという結果になる。T1がT2を含意することが発見される前は，p(T1&T2) はp(T1) よりも小さい値を割り当てられていたはずである。なぜなら，T1と他の何らかの理論がともに真であることは，T1だけが真であることよりも可能性が小さいからである。しかし，いったんT1がT2を含意することがわかると，T1&T2はT1と同じ確率を割り当てられねばならない（「エメラルドはグリーンである」および「アフリカのエメラルドはグリーンである」は「エメラルドはグリーンである」と同じ確率である)。言い換えれば，p(T1&T2) はp(T1) よりも小さな値からp(T1) と同じ値へと変化する。こういうわけで，理論間の含意が新たに発見されることは，必ず理論上の何らかの主張を拡充することにつながるのである。

6.4　理論間の一貫性の欠如

6.2節では，1つの理論における内的矛盾を発見することからくる帰結について考

えた。ここで内的矛盾とは，その理論がP&〜Pという形の矛盾を含意するという意味である。これとは別に，2つの理論T1とT2が互いに一貫性を欠く（mutually inconsistent）（たとえば，それらの連言が矛盾を含意する）ことが発見されることもある。これら2つの場合は明確に区別する必要がある。理論Tの内的矛盾はTが偽であるに違いないことを示す。同様に，T1とT2が互いに一貫性を欠く（矛盾する）ことは，両理論の連言T1&T2が偽であるに違いないことを示す。するとド・モルガンの法則によって，当然，T1かT2の一方が偽（あるいは両方とも偽）だということになる。しかしこの相互矛盾の論証自体は，どちらの理論が矛盾の張本人であるかは教えてくれない。けれども，理論間の含意の場合にそうであったように，互いに矛盾する2つの理論に確率を割り当てる際には，一定の制約条件に従わねばならない。たとえば，理論が「もっともらしい（真実性がある: plausible）」とされるのは真である確率が0.5より高い（偽であるよりも真である可能性のほうが高い）場合である，としてみよう。すると，互いに矛盾する2つの理論がともにもっともらしいということはあり得ないことが，容易に証明できる。すなわち，一方の理論が真である可能性が非常に高いと考えられているとすれば，他方の理論は真である可能性が非常に低いと考えざるを得ない。より厳密に（またより一般的に）いえば，互いに矛盾する2つの確率の和は1を越えてはならない。これの証明は次の通りである。T1とT2は互いに矛盾する（たとえばT1かT2のいずれかが偽であるはずである）としよう。この事態を表現するには，T1が〜T2を含意する（あるいはT2が〜T1を含意する）と述べるとよい。しかし，T1が〜T2を含意するならば，普遍的な確率論の原理P4により，p(T1)≦p(〜T2)となる。さて，P5によりp(〜T2) = 1 − p(T2)である。したがって，p(T1)≦1−p(T2)となり，これはp(T1) + p(T2)≦1と同じである。

さて，T1とT2が互いに矛盾することが発見される前には，それらがいずれもきわめてもっともらしい，と考えられていたとしよう。もしp(T1)とp(T2)がいずれも0.5より大きな確率を割り当てられていたとすれば，p(T1)+p(T2)>1となり，確率関数に整合性がないことになる。互いに矛盾する2つの理論がともにもっともらしいと主張することは不合理である。少なくとも一方には0.5以下の確率を割り当て直す必要がある。ここでも，確率修正のこまかいところは，確率理論によって規定されない要因で決まってくるのだ。

ローダン（Laudan, 1977, p.56）の主張によると，2つの理論の間の矛盾は両方の理論の信頼度を常に低下させる。

> ある特定の理論が他の一般に認められている理論と両立しないことがわかると，両方の理論にとって概念上の問題が起こる……。科学内部の概念上の問題が，両立しない理論のいずれについても，推定上の疑惑を呼び起こすことは避けられない。

これをローダンの法則とよぼう。この法則が強すぎることは明らかである。まず注意してほしいのは、この法則は、理論間の含意関係が発見されると、前件の理論の確率は必ず低下し、後件の理論の確率は必ず上昇することを論理的に意味している、ということである。T1がT2を含意するとしよう。するとT1は~T2と矛盾する。したがってローダンの原理によって、T1および~T2の確率はいずれも低下しなければならない。すなわち、T1は低下しT2は上昇しなければならない。含意関係に関するこの規則が、したがってローダンの法則も、普遍的に妥当ではあり得ない、ということを証明する簡単な論証がある。今、論理的に独立だと考えられている3つの理論T1, T2, T3があるとしよう。そしてT1はT2を含意し、T2はT3を含意することがわかったとしよう。この場合、ローダンの法則が含意する原理によると、T2の確率は（T3を含意するために）低下しなければならないし、また（T1に含意されるために）上昇しなければならない。要するに、p(T2)を上昇させても下降させても、それが適用される少なくとも一例においては、ローダンの法則は反証されてしまうのである。

同じ結果は、さほど決定的にとはいえないが、別の手段でも得られる。前節で、T1がT2を含意することがわかってもp(T1)あるいはp(T2)には何ら影響するはずのないようなシナリオ（すなわち、まったく最初からp(T1)≦p(T2)であるようなシナリオ）が存在することが論証された。それとまったく同様の論証から、理論間の矛盾の発見によって、関係する理論の確率が影響を受けるはずのないようなシナリオ（つまり、まったく最初からp(T1)+p(T2)≦1であるようなシナリオ）があるという結論が導かれる。というのは、任意の理論T1が与えられたとき、次のような理論T2を無数に考案することは容易であるからだ。(1)T1とT2は互いに一貫性がない。(2)T2はきわめて真実性が低いためにp(T1)+p(T2)≦1である（真実性の乏しい理論を考え出すことはやさしいが、真実性の高い理論を考案するには能力に負担がかかる）。ローダンの法則を受け入れるとあらゆる理論の確率を際限なく下げ続ける必要があるが、そんなことは馬鹿げている。このように、相互の矛盾の発見が理論の個々の確率に何の影響も及ぼさないような状況は存在する。けれども、含意関係の証明の場合のように、理論間の矛盾の発見は、必ず何かの確率を変化させる。他にないとすれば、そのような発見は必ずT1&T2（2つの理論の連言）の確率を0にまで下げる。

いうまでもなく、理論間の矛盾の発見による理論拡充には、データに関しては何らの知識も必要でない。この種の矛盾はT1とT2の理論的原理の間にのみ存在し得るのであって、観察上の言明とはまったく関係がない。実際、互いに矛盾する2つの理論がまったく同一の観察上の帰結を生む場合、経験的研究は、両理論を区別するという点で無力である。たとえば、T1を化石の性質についての普通の進化論的説明であるとし、T2を、神がわずか2、3千年前に、私たちの信心を試すという意図から、そ

れ以前の化石を完備した地球を創造したという理論である，と想定してみればよい。

　理論間の矛盾に関する有名な事例の1つが，19世紀最後の2〜30年間に起きている。それにかかわる理論は進化論と熱力学第二法則で，いずれも科学界によって非常に真実性が高いと見なされていた。進化の過程が現存の種の多様性と複雑性を生みだすに十分な時間を得るためには地球は非常に古くなくてはならない。けれども，ケルヴィン卿の算定によって，仮に進化に必要なだけ地球が古かったとすれば，地球は内部の熱をとっくの昔に失っていただろうと想像された。こうして，いずれか一方の理論が消えざるを得ないように思われた。この出来事を詳しく論じているローダン（Laudan, 1977, p.57）によると，「深い困惑が広がっていた」という。「熱力学は物理学では優等生だが，優勢な……生物学諸理論も自らによる数多くの解決済みの問題を指摘できた。ジレンマは深刻だった。つまり，熱力学を捨てるべきか，……それとも進化論を否認すべきか」。その後明らかになったように，この矛盾の解決策は見いだされた。ケルヴィン卿の知らなかったエネルギー源，すなわち放射能が存在したのである。そして放射性物質の自然崩壊による別の熱源を地球の冷却期間の算定に加えると，熱力学の諸法則は，結局，進化過程がその行程をこなすに十分な時間があったことを認めることになった。もっとも，ここの文脈で大事な点は，ケルヴィン卿の理論的分析が科学界にその信念をいくぶん修正するよう求めたということだ。そこで科学者たちは，両理論を，そのままの形では，真実性が高いと引き続きみなすことはできなかったのだ。

　心理学の歴史にみられるこの種の古典的な論争の1つは，デカルトの心身相互作用説と物理学の各種保存則の不一致に関するものである。デカルトによれば，人間の心は，物質界との因果関係をもつような非物質的実体である。とりわけ，人間の心的行為はその身体をさまざまに運動させることができる。デカルトは，心の非物質性の学説によって二元論者とされるのだが，にもかかわらず心と身体が相互に因果関係を保つという見解により，彼の二元論はさらに相互作用説（interactionism）に分類される。デカルトは，非物質的な心が身体を運動させ得るという仮定がエネルギー保存の法則と相容れないことをわかっていた。後者の法則は，宇宙における運動の総量は一定であることを規定する。このことは，ある物体の運動の増大は常に他の物体の運動の減少によって起こることを意味する（1つのビリヤードのボールがその運動の一部をもう1つのボールに分け与える場合のように）。デカルトはこのことから，条件として，非物質的である心は静止状態からは運動を生じさせ得ない（あらかじめ存在する運動方向を変え得るだけである）ことを付け加えた。けれども，相互作用説をこのように定式化しても，やはり，あらゆる方向への運動の総量もまた一定であるとする，運動量保存の法則に抵触する。物理学での保存の諸法則は明らかに，非物質的な原因によって物質的な結果がもたらされることは考慮していない。このようなわけで，相

互作用説と保存の諸法則の両方に対して高い確率を与えることはできない。歴史による選択は前者の命題を捨てることだった。デカルト後の二元論者たちは，デカルトの弟子のゲーリンクスを初めとして，心身間の関係について別の仮説を案出することを余儀なくされたのである（Russell, 1945, p.561）。

6.5 理論間の相補性

2つの理論T1とT2がともに偽であることが論理的にあり得ないとき，T1とT2は**相補的**（complementary）であるという。理論間の相補性は（理論間の）矛盾（両理論がともに真であることが論理的にあり得ない場合に起こる）の鏡像である。すなわち，矛盾の場合は，T1がT2の否定を含意する（あるいはT2がT1の否定を含意する）が，相補性の場合は，T1の否定がT2を含意する（あるいはT2の否定がT1を含意する）。また，矛盾の場合は，確率論的整合性の要件から$p(T1)+p(T2) \leq 1$が要求されるが，相補性の場合は，整合性により$p(T1)+p(T2) \geq 1$が求められる（後者の要求の証明は前者の証明によく似ているので，読者の練習問題としておく）。この確率論の原理のおもな帰結は，相補関係にある2つの理論は両方とも真実性がない（すなわち，0.5より小さい確率しかもたない）とはみなせないということである。

今，T1とT2が相補的であるとわかったものの，両方とも以前は真実らしくないと考えられていたものとしよう。この場合は，それらに与えられた確率の合計は1よりも小さかったのであるが，それらの間の相補性が発見されることによって，その確率配分は不整合であったことが証明される。ここでもまた，見方を改める必要がある。すなわち，それらの理論のいずれか一方（または両方）が真実らしい（確率が少なくとも0.5である）と見直される必要がある。ここでもまた，確率計算の原理はこの調整が詳細にはどうなされるべきかを教えてくれない。ここでもまた，2つの理論の間の相補関係の発見およびその後の確率の調整には，理論に関係するデータについての知識は何ら必要としない。ここでもまた，もし$p(T1)$と$p(T2)$の合計が初めから1より大きかった場合，思いもよらない相補性の発見があったとしても，T1またはT2の確率が個々に影響を受ける必要はない。しかし，ここでもまた，理論システムの他のところになお拡充効果が及ぶことになる。つまり，2つの理論の**選言**の確率$p(T1 \lor T2)$が1まで引き上げられなければならない。

フォーダーは，相補性に基づいた方略を使って心の表象理論を擁護している。表象理論は，信念のような心的状態は意味的内容をもっている（世界における諸事象や諸過程を表象もしくは指示する）と主張する。たとえば，リマはペルーの首都であるという信念は，南米のある国でみられる1つの状況を指示する。これは常識の域を出ないように見える。確かに，常識心理学が心の表象理論に同意することは明らかである。しかし，心の内的状態と世界の外的状態の間の意味的関係の本質は，じつははなはだ

捉えどころのないものだ。外的事象に言及するという芸当を実際にどのようにやってのけるかを正確に述べようとすると，たちまち予期しない，しかも今のところ未解決の困難に陥ってしまう。リマはペルーの首都であるという信念と 2 + 2 = 4 という信念がともに頭の中の観念だと仮定して，これらの観念のうちの（他方でなく）一方がどんな特徴をもっていれば，南米に結びつけられるのだろうか。これら信念の一方が「ペルー」など南米のいろんな場所を指す言葉で表現されるとしても，そのことはまったく助けにはならない。第一，信念をもつにはそれらが言語的に表現される必要があるかどうかもはっきりしない。言語習得前の幼児はペルーについては何らの信念ももっていないだろうが，「ミルク」や「びん」という言葉を習得する以前に「ミルクはびんに入っている」という考えはもたないだろうか。もち得るとすれば，子どもの心的状態は何によってミルクやびんに関するものになるのだろうか。もっと重要なことに，言語の意味的特性に訴えることは，単に問題を他へ押しつけるだけである。すべての信念が英語の文として表現されるのだと仮定しよう。すると，リマはペルーの首都であるという私の信念は，「ペルー」という言葉は南米の1つの国を意味しているのだから，南米についての信念だといえよう。しかし，**言葉と世界の意味的関係は，考えと世界の関係と同様，不可解である**。「ペルー」という言葉の何が，ペルーを指示するようにする一方，ミルクを指示するようにしないのだろうか。「ペルー」という言葉にペルーを意味させるものは人間のもつ解釈機能と関係があるという見方に反対するのはむずかしい。そうすると私たちは出発点に戻ってしまうのだ。

こういった難問題はあるものの，フォーダーは「わずかでも真実性のある選択肢がほかにまったくない」(Fodor, 1981b, p.309) という理由から，表象説をとるよう勧める。彼の立場はこうである。もしある分野で成功している理論が1つしかないならば，たとえそれが概念的あるいは経験的困難に直面していても，街の中でできるゲームはそれしかないのだから，それを採用するべきである。もちろんゲームをまったくしないことも1つの選択肢である。しかし，確率計算から，たとえそのゲームがひどく不備であったとしても，傍観者でいるよりは街で1つしかないそのゲームをするほうが合理的だ，という結論が出ることもある。今T1はある領域における「わずかながら真実性のある唯一の理論」であるとしよう（たとえばそれは心の表象理論であるとしよう）。そしてT2はT1と対立するまったく真実性のない理論すべての選言であるとしよう。さて，T1とT2は定義によって相補的である。つまり，表象理論が偽であれば，その対立理論の1つが真でなければならない。フォーダーの主張はp (T2) が非常に低いということである。もしこの評価が正しいならば，相手（表象理論）が，たとえ欠点はあっても，高い確率をもつとされねばならないことになる。なぜならば，相補関係にある理論の確率は，合計して少なくとも1でなければならないからである。ただし，注意すべきことは，この論証を有効にするために，フォーダーは，将来誰か

がより優れた心の理論を考え出すことはほとんどありそうもない，と主張する必要があるということである。というのは，T2は，T2が心に関する論理的に可能なすべての理論の無限の選言を表わす場合に限り，T1に対して相補的であるからだ。もしT2が単に今日までに定式化された諸理論の選言であるならば，T1とT2の両方とも偽である可能性が出てくるので，この論証はだめになってしまう。

　ここで注意すべきことは，2つの仮説が相補的で，かつ互いに矛盾することはあり得るということである。これは，心の表象理論とその代替理論すべての選言とに関して，そしてもっと一般的には，任意の仮説Hとその否定～Hに関して，同じくあてはまることである。Hと～Hとは，少なくともどちらか一方が真でなければならないから相補的なのであり，また，少なくともどちらか一方が偽でなければならないから互いに矛盾するのである。P5が教えてくれるように，両者の確率の合計はちょうど1になるが，このことは，相補関係にある理論の確率和は少なくとも1となるべきだという要件と，互いに矛盾する理論の確率和はたかだか1となるべきだという要件の，両方を満たす。

6.6　理論間の独立性の論証

　2つの理論間に論理的関係が存在しないことを立証する理論的分析がある。そのような分析は，結果的に，理論の確率間の相互作用を断つ効果がある。たとえば，T1がT2を含意すると考えられるとしよう。この考えのもとでは，T2よりT1のほうが小さい確率をもつとするのは整合的でない。さて，理論T1には強く傾倒しているが，理由があってT2は否認したい，というようなことがあるかもしれない。けれども，T1がT2を含意すると信じている限り，これはかなわない（T2はT1に便乗する形で受け入れられる）。しかし，今度はT1からT2を導く論証がまちがっている（T1とT2は実際には互いに論理的関係をもたない）ことが発見されたとしよう。この場合，T2をT1と少なくとも同程度に真実らしいとみなすべきだという整合性要件はなくなる。こうなるとp(T2)を思い切り低いレベルまで下げてもかまわなくなるのである。

　このような確率演算に関する最も重要な心理学の例は，デヴィドソン（Davidson, 1970）のようなトークン同一説論者（token-identity theorists）の，唯物論と還元論とは論理的に独立した学説だという論証である。唯物論は二元論に対する主要な哲学上の対立説である（6.4節参照）。唯物論者によると，物質こそが存在する実体の唯一のタイプである。心的状態についての唯物論者の見解は，それらが物質的な状態，おそらくは神経系の状態と同一であるとするものだ。1970年代までは，唯物論的存在論に傾倒した人々は，心理学の諸法則は最終的に神経生理学的原理から導かれるだろうという強い意味において，心理学が究極的に神経生理学に還元され得るという見方にも縛られた（理論の還元の本質については第7章でもっと詳細に考察する）。これ

は，ほとんどの心理学者には嬉しい結論ではなかった。なぜなら，それは，自分たちの学問が，神経生理学の進歩によって廃業に追い込まれる運命にさらされた，当座しのぎの仕事に過ぎないことを意味したからである。この還元主義への抵抗は，スキナー（Skinner, 1974）のように率直な唯物論支持者においてさえみられる。しかし唯物論が還元主義を含意するならば，後者を否定するには前者を否認する必要がある。唯物論を捨てる気になれないほとんどの心理学者は，しぶしぶながら還元主義者となった。けれども，トークン同一性論者の論証によってこれら2つの学説の論理的独立性が立証されたのである。

簡潔にいえば，トークン同一性議論が指摘するのは，唯物論は，ただ，個々の，すなわち「トークン」としてのあらゆる心的事象が生理学的事象と同一であるべきだという要請をしているに過ぎないということである。たとえば，唯物論が真であれば，2 + 2 = 4 という私の現在の信念は，私の脳がある特定の物質的状態にあることと同じはずである。また，私が昨日抱いた 2 + 2 = 4 という信念と，読者が現在抱いている 2 + 2 = 4 という信念は，ともに脳の状態と同一のはずである。心理学が生理学に還元可能であるためには，一般的な心理学の法則も大脳状態を表わす言語に翻訳できねばならない。しかし，心理学の法則は，2 + 2 = 4 という私の現在の信念のような，トークンとしての心的事象に関係しているのではない。それは，それを抱いた人や時とは無関係の，「2 + 2 = 4 という信念」のような心的事象の一般的クラス，あるいは「タイプ」に関係している。そのような法則の例を作るとすれば，「2 + 2 = 4 という信念は 4 = 2 + 2 という信念を生む」とでもなろう。しかし，唯物論の仮定（トークンとしてのあらゆる心的事象は物質的事象と同一であるという仮定）は，心的事象のいずれのタイプにも，生理学の述語概念で表わし得るような生理学的事象の1つのクラスと同じ外延が対応している，という結果をもたらしてくれるほど十分なものではない。問題点をはっきりさせるには類比を使うのが助けになる。今，世界の歴史のある時点で，bという文字で始まる英単語でよばれる任意の物的対象をb事物と定義しよう。たとえば，バイソン（bison）はb事物である。自転車（bicycle），棒状のパン（bread sticks），そして風船（balloons）もそうである。あらゆるb事物は明らかに，物体である。実際，物体であることが「b事物」の定義の要素である。にもかかわらず「b事物」という概念を物理学用語に還元することは不可能だろう。すなわち，もろもろのb事物は共通の物理的性質をまったくもたないからである。

同じように，2 + 2 = 4 という信念のすべてのトークンは，各トークンが個々には生理学的事象であっても共通の生理学的属性をまったくもっていないということも，論理的にあり得る。私が 2 + 2 = 4 と考えるときに私の脳で起こっていることは，読者が 2 + 2 = 4 等々と考えるときに読者の脳で起こっていることとまったく同じではないかもしれない。仮にそれが本当であるとしたら，たとえ唯物論が真であったとし

ても，心理学を生理学に還元することはできないだろう。要するに唯物論は還元主義を論理的に含意するわけではない。このことの意味は，前者に高い確率を，後者に低い確率をそれぞれ割り当てることは何ら不整合とはいえないということである。この概念的な可能性が手に入ると，それはたちまち認知心理学者のお好みの理論となったのである。

6.7 理論的確認（追言）

　ある理論と古いデータの間の論理的関係が発見されることによって，重要なタイプの拡充がいくつか得られる。この種の拡充の可能性は，最初に理論が構成されるときの仕方に由来する。理論家は一組のデータを初期領域Dとして選び，Dと特有な説明関係のある理論Tを構成する。この関係の本質については，第5章でみたように，さまざまな見方がある。少なくとも理論の命題はDに含まれるデータと論理的に矛盾しないことが要求される。さらに，仮説・演繹法は，Dの要素が理論から**演繹可能**であることを要求する。Tとの関係がどんなものと想定されようと，手もとにあるすべてのデータを点検して，それらとTとの関係を確認するのは不可能だ。したがって，理論が構成され，さまざまな実験的検証にかけられた後になって，初期領域には入っていなかったが理論の確認水準の評価に強く影響するような，古いデータが他にもあることが発見される可能性は常にある。

　たとえば，ある理論Tとある経験的事実Eがいずれも長い間知られていたが，それらの間に何らかの関係があることには誰も気づかなかったとしよう。さて，その理論がその経験的事実をうまく説明できる（事実が理論によって「追言される（postdicted）」）ことがわかったとする。追言が当該理論を支持する追加的確認となるのなら，それは拡充のうちに入る。このシナリオでは，理論家は確かにデータがどのようなものかを知る必要がある。それでも確率の上昇は新しい経験的研究によってもたらされるのではない。それは純粋に論理的発見によって（この場合はTとEの間の論理的関係の発見によって）もたらされるのである。

　一見したところ追言は，古いデータが含意関係における第二の（含意された理論の）役割を演じる点は別にして，理論間の含意関係の証明によく似ている。しかし，これら2つのタイプの拡充の間には大きな違いがある。まず，理論と古いデータの関係は**確認関係**であるのに対して，2つの理論間の関係は**論理的含意関係**である。古典的な仮説・演繹論者にとってならともかく，これら2つの関係は同一ではない。また，仮説・演繹論者の場合でさえ，理論間含意関係による拡充と古いデータの追言による拡充との間には大きな違いがある。前者の場合は，拡充効果は確率論的整合性の基本的要件に制約される。しかし理論が追言に成功したからといって，整合性の要件によって理論が真である確率を高くするよう強いられるということはない。古いデータが真

である確率は，それを追言する理論の確率よりもすでに高いのである。それゆえ，理論がデータを含意することがわかっても不整合な立場に置かれるわけではない。確率論の公理に関する限り，確率配分はそのままにしておいてよい。追言の成功の結果として理論の確率を高くすべきだと考えるならば，確率論ではなく，要求事項に関してより多くのことを主張する**確認理論**の原理に訴えるべきである。仮説・演繹主義が，ある理論の論理的帰結を正確に**予測**できればその理論の真である確率は高くなると主張するとき，それは確率論以上のことをいうことになる。問題は，仮説・演繹主義はさらに，論理的帰結を正確に**追言**した場合にも確認の効果を得たと考えるのか，という点である。

ベイズ派の確認理論では，新しい経験的発見によってある理論が確認されるためには，その発見がその理論の論理的帰結である必要はないと考える。では，追言についてはどうだろうか。しばしば指摘されてきたように，ベイズ派の確認理論は，追言は確認効果をもち得ない，という結論を強いるように思われる。ベイズの条件つき確率化の法則によれば，Tの新しい確率p'(T)はTとEの事前確率で表わすことができる。

$$p'(T) = \frac{p(T)\ p(E|T)}{p(E)}$$

さて，もしEが古い既知のデータだとすると，p(E) = 1 である。したがって，条件つき確率化の法則から，p'(T) = p(T) p(E|T) となる。しかし，定義により，p(T) p(E|T) = p(T&E) である。そこで次式が得られる。

$$p'(T) = p(T\&E)$$

さらに，p(E) = 1 であれば，p(T&E) = p(T) となる。というのは，任意の命題と確実なこととの連言は，その命題自身とちょうど同じ確率をもつからである。最後に掲げた式のp(T&E)をp(T)で置き換えると，

$$p'(T) = p(T)$$

が得られる。すなわち，Tの新しい確率は古い確率とちょうど同じである！　条件つき確率化の法則は，古いデータの追言が何らの価値もないことを教えてくれているようである。

くり返すと，追言の成功の確認効果は確率論を根拠にしては正当化できない。また実際，ベイズの条件つき確率化の法則によって否認されるように思われる。追言は無

価値と結論するべきだろうか。かなりの心理学者や社会科学者たちは，理由は互いにかなり異なるものの，この意見に達している。彼らの見解は，追言はあまりに容易すぎるので価値がないとするものである。彼らの疑念は，もし理論家たちが十分に賢明であれば，常に，およそ任意の理論から任意のデータを追言できるではないかという点にある。重要なことに，このような追言に対する否定的見解は，大部分の物理科学者，統計学者，科学哲学者たちが同意するところではない。ベイズ派の確認理論が追言の効力を否定するらしいという事実は，追言の論駁というよりは圧倒的にベイズ派の分析の欠点と見なされてきた。ある研究者たちは，追言の確認効果を考慮に入れるよう，ベイズ主義に対する比較的小規模な修正を試みているが（たとえば，Garber, 1983），別の研究者たちは，同じ結果をベイズ派のアプローチ全体への反対論として利用してきた（たとえば，Glymour, 1980）。しかし，正確な追言も理論にとって何ら役に立たないと結論づけた者は，（統計学者と科学哲学者の間には）ほとんどいない。物理科学の歴史的な記録はあまりにも明白で，否定のしようがないからである。追言の結果は，これまでも再三再四，科学理論の運命を決める上で決定的であったのである。したがって，もし追言のもつ有効性を否定するとすれば，科学史の大半を書き直して，歴史上最も優れた科学者たち何人かの理論的判断にも逆らわざるを得ないことになる。

　ある重要な追言を物語る有名な例として，熱の運動分子論がブラウン運動というよく知られた現象を説明するというアインシュタインの証明があげられる。1828年にロバート・ブラウン（Robert Brown）は，水中に浮遊する花粉の微粒子が，顕微鏡を通して見ると連続的で一見ランダムな運動を現わすことに気づいた。この現象を説明するさまざまな説が多年にわたって提出された。なかには，粒子は生き物であるとか，この運動は化学反応によるとか，この現象は顕微鏡を通した観察によって生じる錯覚である，などの説もあった。ブラウンの発見直後，そしてそれとはまったく独立に，熱の運動分子論が定式化された。それによると，熱や温度に関係する現象は分子の運動によって説明された。すなわち，ある物質の温度が高いほど，その物質を構成している分子の平均速度が速い。この理論の科学上の地位は着実に上昇していたが，万人に受け入れられるにいたったのは1905年のことであった。この年にアインシュタインが，この理論がブラウン運動についての知見の詳細な説明を提供することを証明したのである。アインシュタインの分析によると，ブラウン運動は浮遊粒子とまわりの液体の分子との間に衝突が多発することによって起きる。液体を過熱するとブラウン運動が増加することはよく知られているが，これは衝突する分子の速度が過熱によって増大した結果である，云々。この説明の成功を決定打として，運動分子論は万人の受け入れるところとなった（Laudan, 1977, pp.19-20）。ブラウン運動についてのデータは，その理論的説明に先立つこと約80年前にすでに出されていたわけである。

これと同様な年月が，水星軌道の変則的特徴を示す観測データからアインシュタインの一般相対性理論の発見による追言（その観測データは理論を支持する最良の証拠と見なされている）までの間でも経過している（Lakatos, 1987）。要するに，実際の科学の慣行では，古いデータをうまく追言することで理論が信頼度を増すことがあることは疑う余地がない。

ここで，古いデータを使った心理学の例を，2つ考察したい。初めの例は追言の事例としてはふさわしくない。しかし，ふさわしくないことがかえって教訓的である。

アロンソン（Elliot Aronson, 1958）が発見したところによると，達成欲求の高い人の落書きは低い人の書いた落書きとは特徴的に異なっていた。この現象は非常に信頼性が高く，そのため実験参加者の落書きのスタイルに基づいた達成欲求の測定方式を開発できるほどであった。その後，わずかの修正を加えた同じ測定方式を古代ギリシャの花瓶に描かれたデザインに適用できることに気づいた。研究用にギリシャ花瓶の標準的蒐集品を選んで調査し，経済成長期に作られた花瓶に高い達成欲求を示す徴候が最も多いことを発見した。達成欲求と経済的景気の関係はすでに周知の事実なので，この所見は，達成動機の測度としての落書きの妥当性を重ねて確認するものであると解釈された。ところでそこには，この確認が「古いデータ」から得られたものであるという意味もある。つまり，そのデータはアロンソンが研究を試みるはるか以前に起きた出来事に関係している。しかし，これは追言という現象に直接関係する「古いデータ」の意味とは異なる。データの追言の追言たるゆえんは，そのデータが当面の仮説の定式化以前に起こった出来事に関するものであるということではなくて，その仮説の定式化以前に知られていた出来事に関するものであるということである。アロンソンの研究の場合，ギリシャ花瓶に描かれた落書きの違いが経済的景気と関係があることに気づいた者は誰1人いなかった。アロンソンの仮説は，適切な測定がなされれば，そのような関係が見つかるだろうということであった。これは追言ではなくて通常の予測である。そこでは，追言の場合のようなベイズの確認理論の問題は生じない。というのは，花瓶のデザインと経済的景気との間の関係の事前確率は確実に1より小さかったはずであるからである。過去の出来事の予測を云々するのは奇異に見えるかもしれないが，それは取るに足りない概念上の難点にすぎない。予測されるのは過去の出来事ではなくて，その史的痕跡に関して将来得られる観測なのである。

さて，真の意味での追言の例に移ろう。フェスティンガー（Festinger, 1957）の認知的不協和理論によると，人は自分の考えや感情や行動のなかに不調和を感知すると，必ず嫌悪的な心理状態（認知的不協和）に陥る一方，可能な限りそれを低減しようとする。たとえば，期待が実現しなかった場合，不協和を低減する1つの方法は，期待を生じさせた考えを捨て去ることだろう。ところが時として，このように直接不協和を低減するというやり方は，不協和を除去するよりもかえって不協和を募らせる結果

となることがある。世界終末説カルトたちを考えるとよい。この種の集団は（これまでのところ）常に世界の永続という現実によって自分たちの期待を否認されてきた。けれども不協和低減の観点からは、カルトのメンバーが自分たちの終末観論的な期待のもととなった信仰体系を捨て去るのはけっして簡単なことではないのである。忠実な信者たちは、元になっている信仰体系からの拘束力がなければきわめて浅はかに見えるはずの決断を、何度となくくり返したとしてもおかしくない。専門職業人たちは仕事を離れ、農民たちは翌年の作物の種を播くことを止め、大金が浪費されたりばら撒かれたりする、といったことをしただろう。しかし、自分の行為を馬鹿げていると認識することそれ自体が不協和を募らせる。不協和を低減するもっと有効な方略としては、元の信仰体系の核心にしがみついて、この世の終わりが実際に来ない理由を、初めの予言の日付の計算に技術的なミスがあったためなどの、その場限りの仮説によって説明するということが考えられる。そればかりか、フェスティンガーが主張するように、他者が自分の意見に同意しないことが強力な不協和源になることから、他者を味方につくよう説得に努めることも不協和低減の有効な手段となる。論理的帰結として、不協和が募ると他者に対する入会勧誘の衝動が強くなるだろう。特に不協和低減への別の道（たとえば信仰体系を放棄するなど）が閉ざされている場合はそうだろう。このような推理に基づき、フェスティンガーは、指定された日付に世界が終末を迎えなくても終末観カルトからの集団脱会という結果は生じないだろう、という予測を立てた。それどころか、かえって熱狂的な改宗活動を招くはずであるという予測である。

　フェスティンガーとその同僚は、現代の世界終末説カルト集団を研究し、世界が終末を迎えなかった場合、改宗活動は活発になるだろうとの予測を立てたが、その予測は的中した（Festinger, Riecken, and Schachter, 1956: この研究の公表の日付は1957年のフェスティンガーの理論言明の公表より1年早いが、後者の理論的構想は1956年の研究以前に広く配付され、1956年の研究にも引用されている）。しかし、現代のカルトの観察に加えて、フェスティンガーらは、もっと昔の終末観カルトたちが、自分たちの期待が外れたときに集団への入会勧誘をかえって増加させたという歴史的報告も引用している。そのうち最も証拠資料のそろったものの1つは19世紀のミラー派（キリスト再臨派）運動に関するものである。ニューイングランドの農民であったウィリアム・ミラーは、キリストの「再臨」が1843年に起きるという結論の支持者たちをかなり大勢集めた。この運動に関する歴史研究者が、その年が近づくにつれて起こった一部始終を記録している（Sears, 1924, pp.140-142）。

　やがて、不信と逡巡によるざわめきが、いくつかの共同体で目につき始めた。しかしそれは間もなく消散した。というのは、さかのぼって1839年に予言者ミラーが何かの機会に次のように言

ったのが思い出されたからである（それまでは，全般的に興奮していたので忘れられていたのだ）。すなわち，自分は，事変が起きるのはキリスト教暦年の1843年から1844年の間かどうか確かではない。それで完全ユダヤ教暦年を主張しようと思うが，すると予言は1844年の3月21日まで延期されることになる。

この定めの時の延期を受け入れると，警鐘を鳴らす責任を帯びていた兄弟団は元気を取り戻して仕事を始め，不信心者の群れを脅して待ち受ける恐怖を実感させようと，また，すでに入信した者たちの信仰を強化しようと，必死の努力をした。

1844年3月21日が過ぎると，シアーズ（Sears, 1924, p.147）が述べているように，社会の支持を得ようとする企てがまたもや増加した。

……予言の失敗にかかわらず，狂信の火は激しさを増した……。迫り来る審判の日の可能性に対する忠誠心の誇示行動は，失敗によって衰えるどころか，いっそう大きくかき立てられるようであった。

明らかに，不協和理論から導かれる仮説は，この理論が思いつかれる，まる1世代前に書かれたこの歴史的報告によって確認されている。けれども追言効果はむしろ小さいと見なければならない。1つには，引用された歴史的エピソードはアロンソンの落書き研究におけるようにランダムに選ばれたものではない。フェスティンガーらがいうこととは違って，期待を裏切られた終末観カルトたちのなかには勧誘活動が弱まった事例も同じくらいあったかもしれない。他方では，たとえ歴史的エピソードがランダムに選ばれていたとしても，確認データはアロンソンの研究の場合のようには追言されなかっただろう。これら期待を裏切られた特定のカルトたちが勧誘活動の水準を高めたということは古いデータかもしれないが，裏切られたカルトたちがランダムに選ばれていれば，勧誘を減らした事例よりも増やした事例のほうが多いだろう，ということは古いデータではない。

こうして，古いデータの一方の利用例は追言としての適切さを欠くし，他方は追言ではあるがきわめて弱い例だった。私がなぜもっといい例を取りあげなかったかというと，そのような例は思いつかなかったからだ。私は，この文章が世に出たとたんに，心理学における追言の重要例についての電子メールを山ほどもらうことを期待している。しかし，心理学のよい例があがらないのが（著者の想像力のなさよりむしろ）事例の少なさのせいであったとしても，理論的活動としての追言の重要性に疑問が投げかけられるわけでは断じてない。むしろこれは，心理学者が有力な理論的資源を十分に利用してこなかったことを物語るものだろう。

6.8 一貫性の論証

あるデータEがある理論Tと矛盾しない（一貫している：TがEの否定を含意しない）という論証に基づく型の理論拡充がある。EはTを否認すると当初誤って考えられており，その後TがEの否定を含意しないという結論に達する場合，Tの確認水準は上がる。無矛盾（一貫性）の論証と追言との違いは程度の差に過ぎない。どちらの場合も，理論がデータを含意する際の基準となる初期条件や補助仮説の集合を明示する必要がある。この追加的な明示条件が事実満たされていたという自信があるならば，その論証は追言と見なされる。追加的な明示条件が満たされていた可能性があるだけ（ただし確率はそれほど高くはない）ならば，その同じ論証は単に無矛盾性を立証しているに過ぎない。

心理学における一貫性の論証の有名な例の1つは，1930～40年代における，ハル流の動因理論家たち（Hull, 1943）とゲシュタルト心理学者たちの間に起きた歴史的に有名な理論闘争にみられる。データによると，被験動物は2つの刺激S1とS2のうち大きいほうに反応するよう訓練された後，S2とそれよりさらに大きいS3との間の選択課題を提示されるとS3を選択した。この「移調効果」は，動因理論を正面から否認する証拠と思われた。というのは，S2は以前強化されていたのに対してS3は強化されていなかったのであるから，選択されるのはS2のはずだからである（Wertheimer, 1959）。ところが，スペンス（Kenneth Spence, 1936, 1937）は，選択されるのがS2, S3のいずれであっても動因理論の原理を満たすというシナリオを考えることが可能なことを明らかにした。動因理論の前提とされたのは，強化が強化された反応Rの傾向を増大させるのと同様に，Rの非強化は，Rに逆らう抑制傾向を増大させるということである。この抑制傾向は，Rを実行しようとする積極的な「興奮性の」傾向から差し引かれるという形で現われる。すなわち，Rを実行しようとする正味の傾向はRに関する興奮傾向と抑制傾向の間の差に比例すると仮定される。たとえば，ある生活体OがR1を10回実行し，毎回強化されたとしよう。さらにまた，OがR2を12回実行してそれに対して10回強化されたとしよう。すると，R1とR2は等しい回数強化されていたとはいえ，Oが獲得する正味の実行傾向はR1のほうがより大きくなるだろう。というのは，R2が時おり非強化を受けたことが，この反応に対して一定量の抑制を与えるからである。また動因理論の仮定によると，興奮傾向も抑制傾向も類似する刺激場面に般化する。すなわち，刺激S'が，Rが以前に実行され強化された際に提示されていた刺激Sに似ているだけ，S'が提示されたときにRを実行する興奮傾向は強くなる。また，S'が，Rが実行されたが強化されなかったときの刺激Sに似ているだけ，S'があるときにRへの抑制傾向は強くなる。

スペンスは，これらの仮定が動因理論に対して移調効果を説明する1つの手段を提供することを明らかにした。今，OはS2への反応に対しては強化され，より小さい

S1への反応に対しては強化されないものとしよう。動因理論によると，その結果として得られる興奮傾向の勾配は，S2を中心としてS2よりも小さい刺激と大きい刺激のいずれに向かっても下降するような曲線となる。一方，抑制傾向の勾配もあり，これは，S1を中心としてS1よりも大きい刺激と小さい刺激のいずれに向かっても下降するような曲線になる。ある大きさの刺激に対する正味の反応傾向は，その大きさに対する興奮傾向と抑制傾向の間の差の関数となると考えられるが，この理論は興奮傾向と抑制傾向の下降勾配を正確には教えてくれない。しかし，図6-1に図解したような可能性も排除されない。実際にこの図のような勾配であったとすれば，OがS2（これについてはOは強化の経験がある）とS3（これについては強化の経験がない）の間の選択を求められた場合，OはS3を選択するだろう。なぜならば，興奮傾向と抑制傾向の勾配曲線の間の差は，たまたま，S2よりもS3に対するほうが大きいからである。すなわち，Oは移調効果を示すだろう。

スペンスの分析は移調効果の追言になっていない。というのは，移調実験で得られた般化勾配曲線が理論で要請された形をしていると想定すべき独自の理由があげられていないからである。しかし，スペンスの論証が，移調の起こることは動因理論の真実性を減じるものではないことを立証しているのは確かである。動因理論の諸原理に関する限り，移調効果は起きないはずだとする理由は見当たらない。

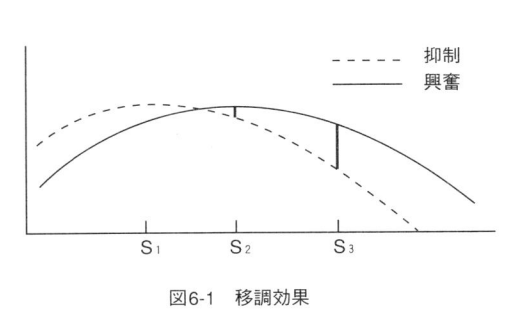

図6-1 移調効果

6.9 理論的否認

古いデータを使って理論を否認することもできる。再び，TとEがともにある期間知られていたとしよう。ただし今度はTからEの否定に導く論証が見つかったとする。この場合は，もし理論が十分に明瞭で，論証の際に訴えた初期条件と補助仮説が十分にもっともらしいならば，Tは否認されたと見なし，確率もそれに応じて調整すべきだろう。追言の場合と同様，古いデータの否認効果は確率論の原理やベイズの条件確率化規則からは出て来ない。それは単に後件否定（modus tollens）の論理規則の適用の問題に過ぎないように見える。すなわち，TがEを含意することがわかり，Eは偽であることが知られているならば，Tは偽である，という規則である。しかし，理論が観察上の帰結を含意するのは，理論が初期条件および補助仮説と結合される場合に限られる（第5章参照）。したがって，帰結の1つが偽だとわかっても，理論のせ

いだとする論理的必然性はない。理論の確率を少しでも低下させるような決断は，命題論理や確率論，あるいはベイズの条件確率化より強力な確認理論の原理を必要とする。にもかかわらず，追言の場合がそうであったように，これはかなり広範に行なわれている決断である。

　心理学における理論の否認の有名な例は，フォーダー（Fodor, 1981b）が開始したロックの心のタブラ・ラサ説への反対論のなかに見ることができる。タブラ・ラサ説は，本質的には，人間がもっている概念はすべて感覚経験から学習されるというものである。この説によると，新生児の心は何も書かれていない石板である。フォーダーの議論のもとになる原理は，第5章で取りあげた，どんな有限のデータ集合を説明する理論も必ず無数に存在する，というものである。この原理を概念学習に応用すれば，どんな有限の事例・非事例の集合に適合する概念も無数に存在する，ということを意味する。たとえば，「ネコ」という概念の事例として10匹のネコを指し示されても，習得される概念がネコたちと家具の両方のことを指している可能性が排除されるわけではない。ネコではない事例としてテーブルを2〜3脚指し示されれば，そのような特定の可能性だけが排除される。しかし，ここまでのデータは，習得されるべき概念が「ネコ，またはテーブル以外の家具」であるという仮説とは矛盾しないのである。事例と非事例からなる有限の集合は，いずれも，無数に多くの概念と容易に両立し得る，ということは明確にしておくべきである。当然のことながら，概念を学習する人が自分の概念選択の基礎とすべき事例・非事例を有限個以上もっていることはけっしてない。したがって，彼らが特定概念を優先的に選択するという生得的な素質傾向をもっていないとすると，データに適合する無数の概念集合からの選択は，ランダムにならざるを得ない。しかし，もし皆が概念をランダムに無限集合から選択するとすれば，そのうちの2人が最終的に同じ概念（非常によく似た概念でもいいが）を選択する見込みは実質的に0となる。すなわち，処理すべき概念の事例・非事例をいかにたくさんあてがわれたとしても，子どもは，大人の世代がもつ概念図式を学ぶことはとうていできない，ということになる。そういうわけで，タブラ・ラサ説は，子どもたちが大人たちから概念を学ぶという明白な事実によって，否認されるのである。

　前述の論証で使われた「古いデータ」は注目に値する。子どもたちが大人のもつ概念を学ぶことを証明するための実験は誰も行なったことはない。しかし，理論の確認や否認が実験データに限定されるべきだとする理由はない。「逸話的」証拠から広範囲に及ぶ理論的結論が導かれることもある。まったく偶発的で無統制の観察でさえ，ある種の**存在命題**を立証するには十分な場合がある。例をあげれば，鉛筆は存在する，自動車にはナンバープレートがつけてある，また，人々はコートを着るときがある，などを与件とすることが可能である。もっとも，実験科学の年報のどこを探しても，そのような結果は見つからないだろうが。この種の存在に関する主張はあまりにも明

白なので，それらをわざわざ書き留める者はいないし，ましてや体系的に立証する者などもいないだろう。しかし，だからといって科学的論証においてそれらがはたす効用が失われるわけではない。もしある理論が鉛筆のようなものは存在しない，あるいはコートは存在しない，ということを含意するとすれば，その理論の確認水準は大きく落ち込まざるを得ない。「心的生活についてのモデルを最初に制限するのは，きわめてありふれた事実であることが多い」(Fodor, 1975, p.28)。

　私たちは，体系的かつ明確な理論づけのないデータを数えきれないほどもっている。原理的には，ある理論が多種多様な「ありふれた事実」をただ追言するだけで非常に高い確認水準を得ることは可能である。原理的には，何ら経験的研究をしなくとも，生産性の高い科学の仕事をし続けることができる。第5章で引用したボーデンによる1節が明らかにしているように，AI研究者の多くは，自分たちが当分のあいだ暇にならないだけのデータをすでにもっていると考えている。この1節にある「プログラム」を「理論」に置き換え，「する」を「説明する」に置き換えてみると，経験的研究の中断を広く呼びかけるものになる。経験的研究を否定するこの議論は決定的なものではない。というのは，2つの理論の間の選択をするには，両理論が一致しないような事実上の問題について新たに白黒つける必要があるかもしれないからである。その際，すでに所有している大量のデータは意味をもたないかもしれない。そうでなかったとしたら，科学の歴史は不可解ということになろう。人類は体系的科学が説明できない経験的情報をいつの時代にも所有してきたからである。にもかかわらず，**実験びいきの偏見**（もっと一般的な**経験びいきの偏見**と区別して，あえてこうよんでおく）が，あたかも公認の実験室生れの事実でなければ汚れているとして，心理学がありふれた事実から理論的価値を十分に引き出すのを妨げてきたことは，紛れもない現実である。確かに，クリーニング代の請求書や食料品買物リストといったものまで**型どおりに**出版しようとすべきではないが，誰かの食料品買物リストが重大な理論闘争を解決する日が来るかもしれないのである。

第7章　理論の単純化

　単純さを尊重する精神は，科学の歴史において非常に重要な役割をはたしてきた。天文学における天動説から地動説への転換は，最初は完全に，後者の体系が観測データについてより単純な説明を与えてくれる，という議論に基づいていたといってよい。心理学では，S-R理論の魅力の原因はその単純さにあるとされている。というのは，すべての行動を2つの概念（刺激と反応）と2つの法則（古典的および道具的条件づけ）によって説明しようとするからである。単純性は二元論に反対する標準的な議論の根拠にもなっている。すなわち，唯物論は宇宙の本体は1種類で間に合うとするのに対して，二元論は2種類の本体の存在を仮定する。

　このあとすぐ見るように，「単純性（simplicity）」という語句はさまざまな意味で使用されてきた。けれども，いずれの意味の単純性にも共通して，次のような消極的な特色がある。それは，ある理論Tの単純性は，観察上の帰結の集合であるT*の特性によっては影響を受けない，というものである。理論の経験的意味と単純性とはまったく別物である。実際，単純性の複数のタイプを明らかにする際には，検討中のどの理論からの観察上の帰結も同一である，と仮定するのが一般的に好都合である。そこで，理論T1の単純化（simplification）とは，T1より単純であってしかも観察上の帰結はそれと同一（$T_1^* = T_2^*$）であるような理論T2を構成することである，と定義しよう。当然のことながら，単純性の種類の数だけ単純化のタイプがある。

　2つの理論のうち（他の事情が同じならば）より単純なほうを選ぶという原理は，あらゆる時代のあらゆる学問を通じて科学者の間でほぼ意見の一致をみている。ここに，ある心理学者の代表的な言明がある（Wertheimer, 1962, p.156）。

> 倹約の原理の主張によると，説明や方法は可能な限り単純であるべきである。使われる概念や原理が少ない理論ほど倹約性が大きく，また一般的に満足すべきものと見なされる。2つの理論が一連の現象を同程度にうまく説明できる場合，説明に使う仮定が少ないほう，すなわち，倹約性の高いほうが，一般的に好ましい理論と見なされる。

この1節で著者は，単純性とは何かについて定義を試みている。すなわち，「理論のなかの概念や原理の数が少ないほど，倹約性は高い」とされる。この定義についてはすぐ後で吟味するが，先に取り組むべき問題がもう1つある。ウェルトハイマー（Michael Wertheimer）は，倹約性の高い理論ほど「満足すべき」理論であるとか，倹約性の高い理論は「一般的に好ましいと見なされる」といっている。ところで，好ましさが合理的か否かは，目的との関連でのみ評価できる。バナナと石のどちらが好ましいだろうか。何か食べ物を探しているのであればバナナのほうが好ましいが，戸止めを探している場合はそうではない。単純な理論が複雑な理論より好ましいかどうかも，理論としてどんなものを探しているかによって決まる。この点は，第4章で理論の評価に関して強調した。何か信じるに足るものを探している場合なら，まず問うべきことは，単純な理論が真である可能性が大きいかどうかである。しかし，理論に対しては信じる以外にもできることがある。その1つとして，理論を使って経験上の予測を導くことができるが，その際，必ずしも理論が真であると信じていなくてもよい。むしろ，そのような推定の結果が真の理論によって与えられるものと同じだろう，ということさえ信じれば十分である。たとえば，ニュートン力学の諸原理は，現代の物理学者たちによって，偽であると考えられている。にもかかわらず，ニュートン物理学は，計算が容易であるという理由から，現在真とされている理論と同じ答えを与えるような環境における予測には，依然使われているのである。そういうわけで，計算をできるだけ手早くしかも楽にすることを可能にするような理論を探している場合，単純な理論のほうが好ましいか否かの問に答えるには，まったく違った問題の研究が必要となろう。これら2つのタイプの好ましさ（便利さと単純さ）に関する規準が互いに一致するはずだと，事前に仮定することはできない。

　理論を選択する目的はさまざまであり，単純性のタイプもたくさんあるとすれば，「倹約の原理」の位置づけをいっきょに決めることはできない。そこで，問題をいくつかの場合に分け，場合ごとに考察する必要がある。

7.1　理論の好ましさ

　第4章で述べたように，理論の長所は派生的長所と本質的長所に分類できる。長所が派生的であるというのは，その特徴の好ましさが，別の長所に資することを根拠に正当化され得る，またはされるべきである，ということである。長所が**本質**的であるというのは，その長所がそれ自体で評価されるということである。ほとんどの科学者は，真実性を本質的長所とみなす。彼らに理論はなぜ真であるべきかと尋ねたとすると，彼らにはいうべき言葉もないだろう。

　単純性についてはどうだろうか。著者によってそれを派生的とする者と本質的とする者がいる。ローゼンクランツ（Roger Rosenkrantz）は前者のカテゴリーに入る例

である。彼によると，単純な理論は，それが真である可能性が高いという理由から選好されるべきである（Rosenkrantz, 1977）。一方，サガード（Paul Thagard, 1988）とウェルトハイマー（Wertheimer, 1962）は後者のカテゴリーに属する。次の1節を考えてみるがよい（Wertheimer, 1962, p.157）。

　……2つの理論……の総合的，一般的，相対的評価において，「倹約性」は……2つの論述を比較する際に規準とすべき1つの次元に過ぎないだろう。すなわち，他にも多くの次元，たとえば，理論が包括する現象の範囲や，理論がさまざまな事象を説明したり予測したりする際の効率や，理論がもつ興味ある新しい実験を生み出す能力や，理論の事実への適合性など，も考慮に入れられるだろう。

　ウェルトハイマーは，単純性（ないしは「倹約性」）が本質的長所と見なされるべきだ，と述べてはいるが，その際，さほど多くの言葉を使っていない。それにしても彼は，単純性によってあがなわれるものについていっさい触れていないのだ。むしろ，単純性は，理論の総合的な地位を決める次元のうちの「1つ」なのだという。そのような本質的好ましさについて，私たちはどう考えるべきだろうか。ここでは，好ましさの合理性は目的との関連でのみ評価され得ることを思い出すことが大切である。その人の目的が可能な限り単純な理論を構成することであるとすれば，それから先のその人の理論的活動は，この目的を推進する限りにおいて合理的だということになる。確かに，仕事の価値自体が何か別の規準からは疑われるかもしれない。しかし，同じことは知識自体の価値についてもいえる。ひょっとすると，私たちはみな，真理の発見に努めるよりも，飢えた人々に食物を与え，病んだ人々を直すために働くべきなのかもしれない。けれども，軽薄さと不合理さとは同罪ではない。単純性を本質的長所と見なそうとする人を，そうはさせまいと妨げる物は何もない。しかし，第4章でも触れたように，複雑な理論，珍妙な理論，あるいはブルジョワの気に障る理論を好む人がいても，それを妨げる物はやはり同様に何もないのである。上に引用した1節では，ウェルトハイマーは，単純性が理論選択の本質的規準として扱われていると，表立ってはいっていない。その結果，読者は，理論選択の目的は信じることにあると考えがちである。しかし，ことこの目的に関する限り，単純性はもはや私たちが思い通りに肯定し得る価値ではない。実際，仮に，どちらの理論を信じるべきかを決断しようとしていたのだとすると，等しい確率をもつ2つの理論のうち単純なほうを選ぶのは**不合理**だろう。その理由は，2つの理論が等確率であるということは，とりもなおさず，それらが信じられることに対してもつ合理的な権利が同等であるということだからである。

　自分たちのしていることに確信がある限り，理論に単純化のための単純化を施す努力をすることは，理論的才能の大変結構な使い方であるように見える。単純化のため

の単純化の衝動は，おそらく，審美感に関係したものだろう。人間のもつ審美的衝動を，他のあらゆる生活領域におけると同様に，理論構成に関して行使してはなぜいけないのか，その理由が私にはわからない。実際，多くの科学者（特に20世紀の物理学者たち）は，自分たちが理論を単純化するのは，たいてい，既存の理論に美を添えたいという欲求を動機としていると，ほのめかしている（Dirac, 1963）。それにしても，理論家たちの美的好みが単純性に傾くことがそれほど多いというのは，不思議である。他の生活領域では，単純さを喜ぶ傾向も，しょせんは，審美感にかかわる普遍的特性ではない。単純さにみる喜びは，ドリス式建築物やハイドンの四重奏曲への好みとともに，古典的感受性の1つの特徴である。しかし，円のもつ飾り気のない簡素さよりも周転円の中にさらに周転円がある（天動説では，惑星運動がこのように説明されていた）といった込み入り様を好む，ロココ趣味の理論家がいないのはなぜか，どうにも不思議でならない。また，この世の中には，絢爛たる綴れ織りさながらに例外だらけの科学理論に凝るような，ロマン主義の理論家はいないのだろうか。そのような理論家だと，おそらく，狂信的な古典主義者に牛耳られた今日の制度のなかで終身在職権を受けることはかなわないだろう。けれども，単純さの美学を大いに強調するのは，単純性が理論のもつ他の長所の指標になるという信念によるのではないだろうか。そのような長所となりそうな主たる2つは，効用性と真実性である。

「効用性（utility）」とは，理論が予測に利用される際の容易さのことである。のちに見るように，単純性の種類によっては，単純性がこのような意味での効用性を高めるように作用する場合がある。そのような場合には，確かに，利用可能な理論のうち最も単純なものを予測値の推定に利用するのが得策である。しかし，哲学者ファン・フラーセン（Bas C. van Fraassen, 1980）が指摘しているように，ある理論を利用しようという決断は，その理論が真だと信じようという決断と同じではない。実際に，文脈によっては真の（しかしもっと複雑な）理論と同じ答えを与えてくれることがわかっているがゆえに，偽だと考えられる理論（たとえばニュートン物理学）が使われることもしばしばある。ところが本章のおもな焦点は，理論の単純さがその真実性を信じる根拠になるかどうかの問題だろう。といっても，理論の真実性が，審美性や効用性や珍妙さ，あるいはブルジョワへの攻撃性よりも重要だ，と主張しているわけではない。これらはすべて称賛されるに足る目標である。しかし，真実性は科学という歴史的ゲームがたまたま携わっているものである。

さて，数種類の単純性の考察に移ることにしよう。おのおのの場合，課題は，それぞれの単純性が担う意味を述べることと，それがどんな（仮にあるとすれば）理論上の目的をはたすのかを解き明かすことである。

7.2 統語的単純性

「単純性」の語義を明確にしようとする際にまず起こる衝動は，おそらく，**統語上の**（syntactic）**規準**を定式化してみたいというものだろう。この種の規準によれば，地動説のほうが天動説よりも，理論を言明する際に用いられる**表現形態**のゆえに，いっそう単純である。すなわち，地動説の円軌道はきわめて簡潔に記述可能であるが，天動説の周転円はいっそう長たらしく込み入った記述を必要とする。統語上の単純性によって理論が（古典的な意味で）より美しくなることは，明白なようである。また，統語的に単純な理論ほど使いやすいことも，もっとものようだ。それに，しばしば（特に20世紀の物理学者によって）いわれてきたことであるが，理論の統語形式はまた，「『美は真実なり，真実は美なり』──これぞ地上でなんじらの知るすべて，なんじらの知るべきすべてなり」（ギリシャ壺に寄する頌歌）というキーツの精神においては，その理論の真理性のあかしともなり得る。

そのような主張を評価する前に，一方の理論が他方の理論よりも統語的に単純であると判断する際，そのよりどころとなる規準をはっきりさせる必要がある。ウェルトハイマーは，さきに引用した最初の1節で，それを試みている。彼がいうには，単純な理論とは，使われている概念と原理の数の少ない理論である。しかし，これでは不十分だろう。理論に含まれる原理の数をその理論の単純性の測度とみなすことはできない。その理由は，原理 $P_1, P_2, \dots, P_n$ からなる任意の有限集合は，必ず，単一の連言的原理 $P_1 \& P_2 \& \dots \& P_n$ として書き直すことができるからである。逆に，単一の原理を2つの原理に分けることが，常に可能である。たとえば，原理「すべてのネコは神経質である」は，原理の対「すべてのオスネコは神経質である」と「すべてのメスネコは神経質である」として表わすことができる。このようなわけで，S-R理論が慣例的に2つの原理で述べられているからといって，精神分析よりも単純だということにはならない。統語的規準に少しでも望みがあるとすれば，それは，単一文の間の相対的単純性を評価するための規準でなければならないだろう。

そのような規準の例として，文の長さがあるだろう。つまり，理論 T_1 が T_2 よりも単純であるとは，T_1 を表現する単一文が T_2 を表現する単一文よりも使われる記号が少ないことをいう，となる。特にこの規準に限っては，文構造の複雑さを考慮していないので，単純性について人々がもっている直観を捕らえそうにはとても思えない。とはいえ，それは教訓的な例として考慮すべきである。というのは，この規準の不十分さの理由の1つがきわめて一般的なものなので，文の単純性を評定するためのあらゆる規準に当てはまるからだ。S-R理論を表現する文が精神分析を表現する文より短いからといって，前者が後者よりも単純だといえるだろうか。この提言で1つ問題なのは，どんな文についても，それと論理的に同値な文が無数に存在する，という点である。連言 $P \& Q$ は，$\sim[\sim P \vee \sim Q]$ や $P \& Q \& [R \vee \sim R]$ などとも表現できる。このよ

うなわけで，S-R理論の単純性の測度としては，この理論の**最短**の表現をとらなければならないだろう。ところが，どんな表現であっても，その理論体系のなかに新しい定義を導入するなど，簡単な工夫を加えさえすれば，短縮できる。たとえば，「フロイト的だ」という述語を「精神分析理論が人々のもっているとする特性をXがすべてもっている場合に限って，Xはフロイト的であるいう」と定義することができよう。そうすると，精神分析理論全体は，「人は誰でもフロイト的だ」と簡潔に表現できる。それより単純なものがあろうか。事実，他の科学理論についても，「フロイト的だ」のような述語を導入すれば，(量化子についての少数の専門的な事柄を除いて) それらすべてを，統語的に等価でかつ最大限に単純な形で表現できる。アインシュタインの相対性理論は，ただ，「宇宙はアインシュタイン的だ」となるし，進化論は「生命はダーウィン的だ」となる。以下同様。

　定義による表現を禁じて，あくまでも基本的表示法で理論の単純性を測定しようとすると，どうなるだろうか。ここで問題となるのは，基本概念を選択する唯一の方法がないということである。たとえば古典物理学では，基本概念は伝統的に，長さ，質量，および時間とされている。そして測度，加速度，力，仕事といった他の概念は，これらの基本概念によって定義されることになる。しかし，よく知られているように，別の基本概念を選んでも，はたす役目はまったく同じである。質量，時間，およびスピードを基本概念として，長さを粒子のスピードと移動時間との積と定義することもできよう。同じ趣旨のことは，グッドマンが構成する「グルー」概念 (第4章参照) を使っても説明できる。1つの科学法則にもなり得る次の諸命題をもう一度考えてみよう。

(1) エメラルドはグリーンである。
(2) エメラルドはグルーである。

　私たちはすでに，これら2つの原理とも既知のデータに適合することを確認している。では，(1)を選ぶのはなぜだろうか。(1)のほうがデータを説明する方法としてより**単純**であるから，より優れた理論だといいたくなる。この主張の妥当性を評価することは，まだすぐにはできない。それよりまず，この主張の意味するところを理解する必要がある。(1)が(2)よりも単純だと考えるのはなぜだろうか。それはきっと，(2)は「実際には」(3)を表わしていると考えられるからだろう。

(3) エメラルドは2100年以前に発見された場合はグリーンで，それ以外の場合はブルーである。

そして，この表現はまちがいなく (1) よりも複雑である（事実，それは (1) を固有の部分として含んでいる）。問題をこのように考える背景には，「グルー」よりも「グリーン」のほうが基本概念として本質的によりふさわしいという想定がある。では，何を根拠にそのような想定をするのだろうか。確かに，「グルー」は「グリーン」と「ブルー」で定義され得る。しかし，「グリーン」もまったく同じ容易さで，「グルー」と「ブリーン」で定義できる。ここで，「ブリーン」は，「2100年以前に発見された場合はブルーで，それ以外の場合はグリーン」ということと同義語である。この定義は，たとえば (4) のようになろう。

(4) Xは，2100年以前に発見されてグルーだとわかるか，2100年またはそれ以降に発見されてブリーンだとわかるか，いずれかの場合に，またその場合に限り，グリーンである。

「ブルー」の概念も同じように定義できる。

(5) Xは，2100年以前に発見されてブリーンだとわかるか，2100年またはそれ以降に発見されてグルーだとわかるか，いずれかの場合，またその場合に限り，ブルーである。

これらの定義によっていえば，見かけは単純な法則 (1) も，じつは，次にあげるはるかに長たらしく複雑な原理 (6) の省略形であることがわかる。

(6) エメラルドは，2100年以前に発見された場合はグルーで，それ以外の場合はブリーンである。

　(1) が (2) よりも単純であるという主張を，これらの文がもつ統語的特性に根拠づけることはできない。というのは，統語的根拠から (1) のほうを好ましいとする論に対しては，必ず，それとは対称的に (2) のほうを好ましいとする論が存在するからである。
　要約すると，統語上の単純性は整合性のない概念である。したがって，統語上単純な理論は真実性が高いか否かを問うたところで意味がない。理論の美しさを理論の何らかの形式的特性と同一視するのであれば，同じ１つの理論が美しくも醜くも表現され得ることを認めなければならない。したがって，キーツもまちがっていた。つまり，〜（美＝真）である。しかし，この他にも考えねばならない単純性の概念がある。

7.3 Rc 単純性

R 単純性 (R-simplicity) とは，特定言語に関連する (relative to a specified language) 統語上の単純性の意味である。規定によると，たとえ概念の全集合が同一であっても，基本概念の選び方に違いがあり定義の筋道に違いがあれば，それぞれ違う言語であるとされる。たとえば，「グリーン」と「ブルー」が「グルー」と「ブリーン」によって定義される言語は，「グルー」と「ブリーン」が「グリーン」と「ブルー」によって定義される言語と同じではない。確かに，これまで存在してきた英語のすべての方言や個人言語において，「グルー」と「ブリーン」は「グリーン」と「ブルー」によって定義される。したがって，英語においては，「エメラルドはグリーンである」は「エメラルドはグルーである」よりもR単純性が大きいといっても差し支えない。けれども，この特定言語に相対化された判断でさえ，一般的アルゴリズムによってR単純性を明記したものから演繹されたものではないということは，理解されねばならない。2つの表現のどちらが統語的により単純であるかを決めるための規則は，ある特定言語に限った問題としても，まったく判明していないのである。けれども，R単純性判定の不完全な規則なら，一般の同意が得られそうな例をいくつかあげることは可能である。たとえば，S2がS1ともう1つの文との連言によって構成されている場合のように，S1が文字通りS2の固有の一部分になっているならば，S1はS2よりもR単純性が大きいといえよう。

R単純性は理論が備えるのが望ましい特徴だろうか。こう書かれても，この問いは意味をなさない。それはちょうど，原点から10フィートのところに立っているのは適当な場所だろうか，という問いと同じだからだ。後者の場合は，どの座標軸を使っているかを特定する必要があるし，前者の場合は，どの言語かを特定する必要がある。科学をするのに特に適した言語Lがあるとすると，まず関心がもたれるのは，もちろん，Lに関するR単純性という特性のことだろう。次の2節において，そのような言語を選びだすことができるかどうかを考える。しかし，まずRc単純性という特性を手短かに調べてみよう。これは，現行の (current) 科学言語に関連するR単純性である，と定義されている。この概念はもちろん1つの理想化である。というのは，科学の営為では一度にさまざまな言語が採用されるからである。しかし，この概念でも当面の目的には役立つだろう。

Rc単純性の好ましさについて何かいうべきことがあるだろうか。もちろん，Rc単純性を本質的に必要なものとみなすこともあろう。すなわち，理論を物色するとき，真実性の確率の高いことを求める者もあろうが，自分たちはRc単純性を求める，というわけである。ここでも私には，そのような芸術的な企てを否定すべき理由は見つからない。ただし，Rc複雑性の追求も同じ基盤に立つ限りにおいてである（もちろん，理論のRc単純化は努力を要する課題になりかねないのに対して，Rc複雑化は常

にありふれたことである，という事実は別にして）。Rc単純性はほかに何か役に立つことがあるのだろうか。Rc単純性が大きい理論ほど大きな効用がある，というのはもっともな経験的仮説である。この点には次節で立ちもどろう。いま最も重要な問いは，Rc単純性と真実性との間につながりがあるか否かである。そのようなつながりがあるとした場合，その理由として，現行の言語の本質をなしている基本概念や定義に何か特別なところがあるためだ，としか考えられない。そこで私たちは再び，いったい，特別な言語とそうでもない言語があるのか，という問題に引きもどされることになる。

7.4 Rm単純性

　個々の概念には，基本概念と見るにふさわしいものと，そうでもないものとがあるのだろうか。そのような考えの意味を判じる1つの方法は，現代認知科学の「思考の言語」仮説（Fodor, 1975）に関連づけて考えることである。この立場によると，人は多くの生得概念をもって生まれてくるので，公的言語の習得以前であっても思考することが可能であるという。実のところ，母国語の学習とは，さまざまな言語表現を生得性の前言語的な「メンタリーズ（mentalese: 心的言語）」概念と連合させる学習にほかならないのである。この仮説が正しいとすれば，メンタリーズに直接写像される概念は，メンタリーズによる長たらしい定義を必要する概念よりも，単純に感じられると予想される。この種の単純性は，本質的に，メンタリーズという言語に関連するR単純性である。これを**Rm単純性**とよぼう。公的言語は構造的にメンタリーズに類似している，という無理のない仮定を立てるならば，Rm単純性は，当然，Rc単純性とほぼ同じことを意味していることになる。

　一般的にいって，Rm単純性が大きい理論ほど（したがって，Rc単純性が大きい理論ほど），学ぶにしても展開させるにしても容易だろうと予想されよう。けれども，2つの体系のうち一方が実際にRm単純性がより大きいかどうかの問題を解決するには，メンタリーズの構造を経験的に研究する以外にない。たとえば，経験的研究によって明らかにされているように，言語習得前の子どもは大人と同様，強化の連言的随伴性よりも選言的随伴性のほうが学習が困難だと感じる（Fodor, Garrett, and Brill, 1975）。この所見は，P & Qはメンタリーズで直接表象されるだろうが，P∨Qのほうは，何か〜（〜P &〜Q）のようなものに変換した形で表象される必要があることを示唆している。この推論が正しいとすれば，P & QはP∨QよりもRm単純性が大きいということになる。ある領域で2つの理論が経験面で同じ帰結を生みだすとすれば，予測値を推定する際にはRm単純性の大きいほうを使うのが得策であることは明らかである。しかし，すでに見たように，こういうふうに理論を使おうと決めたからといって，必ずしもその理論が真実であることを信じる義務を負わされるわけではない。

Rm単純性が大きい理論ほど真実である確率が高いと考える何らかの理由があるのだろうか。この趣旨での進化論的論証はその着想をパース（Charles S. Peirce, 1901）から得ている。たとえばクワインとウリアン（Quine & Ullian, 1970, p.211）によると，自然選択は，

> 主観的単純性と客観的真実性の間の因果的なつながりを表わしている……。人々が単純性の生得的・主観的基準に照らして気に入った仮説を選ぶとすると，そのような基準に従えば予測がうまく行く限り，それらの基準は生存価をもつだろう。予測の最も上手なものが，生きのびて種を繁殖させる可能性が最も高い……それゆえ，彼らの単純性の生得的基準は後世に継承される。

さて，この論の場合，1つ問題となるのは，少なくともその一般形式が科学の歴史によって裏書きされていない点である。現在真であると考えられる現代物理学理論は，その素養のない者が最初に思いつくようなものではない。これに反して，ニュートン物理学のほうが量子力学よりも，私たちの考え方によほど「自然」に見える。また，アリストテレス物理学のほうがもっとRm単純性が大きい。ノジック（Nozick, 1993）は，クワインとウリアンの論証について別の問題を述べている。すなわち，宇宙論，原子核物理学および分子生物学における理論選択に適した単純性の主観的基準は，私たちの先祖に何ら進化論的利益を授けてこなかった（最近では，もちろん，それらの基準は学位取得の公算を高めることにはなろうが）。ここでせいぜい主張できることといえば，（そのように極端な現象ではなく）中間サイズの現象についての仮説，つまり食料，安全，それに性の追求などにおいて論じられるべき仮説を選択する段になった場合に，単純性の判断は良策だということくらいである。

さて，たまたま心理学は，正しい理論を立てることが進化論的に有益であるような中間サイズの対象のうちでも最も重要な部類の1つである，人間を扱う科学である。ここから，ほかの条件が等しければ，常識としての「民間心理学」に近い心理学理論ほど真実である可能性が高いと考えるのが適切に見える。フォーダー（Fodor, 1988）はこの点を敷えんして，たとえばS-R説と比較すると認知心理学のほうが見かけ上もっともらしい，という判断の論拠としている。後者が民間心理学にきわめて似ているのに対して，前者は民間心理学に全然似ていない。しかし，進化論的論証によれば，民間心理学は生得的である可能性が高く，そのため正しい場合が多いとされよう。したがって認知心理学は正しい場合が多いということになる。これはもちろん，どちらかというと，せいぜい間接的で弱い形の支持でしかない。しかし，この進化論的論証の名残りでさえ問題は多い。まず，進化論的論証は認知心理学を支持しているとみなすことはできない。なぜならば，その論証は認知心理学の真実性を初めから前提にしているからである。特定の仮説を採用するよう自分たちを仕向ける進化圧が存在するのだ，と人々が断言するということは，すでに，人間は一般に仮説を採用するものだ，

という見解に立って物をいっているわけである（すなわち，すでに認知心理学のパラダイムのなかで物をいっている）。もっと一般的にいえば，自然選択のしくみが人々を仕向けることがあるとすれば，それは，**経験的に妥当な理論**の方向以外にはあり得ないはずである。理論が正しい経験的予測をする限りは，**理論的原理**までも修正することに進化論的利点はまったくないだろう。実際，経験上の正しい帰結を生み出し，おまけに慰安と不安低減の効果がある作り話を用意してくれるのであれば，偽りの理論を信じておくほうが結局は有益なのかもしれないのである。

けれども，進化論的論証に対するこれらの批判のどれ１つとして，問題の核心に触れるものはない。本当の問題は，以前，理論選択について考察した際に出くわしたものである（第4章）。まず，任意の有限なデータ集合によって十分支持される仮説は，常に無数にある。さて，進化の歴史のいつの時点でも，人類の総体的経験は，ばく大ではあるが有限なデータ集合と見ることができる。したがって，それら総体的データに完全に適合する理論は無数にある。たとえば，人類の総体的な経験がグリーンベリーは有毒だという仮説を支持するとすれば，その経験はグルーベリーは有毒だという仮説をも支持する。ある特定の時点においては，これら無数の理論のどれにしても，それまでの生存にとっては等しく有益だっただろう。とはいえ，無限に多くの理論を採用することは，その先では（ひょっとしたら次の瞬間にも）死につながることになるだろう。たとえば，グルーベリーは有毒だとかたくなに信じている人は，これまではちゃんとやってきたかもしれないが，2100年にはひどい災難に陥り始めるだろう。要点は，こうである。進化論的論証のなかには，グリーンのものについての仮説がグルーのものについての仮説より「主観的に単純である」のはなぜか，その理由を説明するものが，いっさいないのである。両概念とも等しく人々の生存競争において役に立ってきたし，2100年まではそうあり続けるだろう。要するに，進化論的論証には大きな欠陥がある。つまりそれは，単純性と真実性の間に仮定されたつながりを自然選択が実際にどのようにこしらえ得るかを示していない。そのことは，中間サイズの対象の場合においてもいえるのである。

そこで，Rm単純性は，真実性の基準としては短所もあろうが，効用性の基準となることだけはほぼまちがいない。もっとも有望な理論と同じ答えを手っ取り早く出してくれる点を唯一の取り柄とする理論「早見」版を考案することは，実行可能かつ実行価値のある理論的プロジェクトだろう。そのようなプロジェクトは実験家と理論家の協同作業を必要とする。実験家は，どんな特性を備えた理論が私たち人間にとって利用しやすいものとなるかを見つけ出すだろうし，それを受けて理論家は，そのような特性を備えた理論を定式化するのである。

7.5 形而上的単純性

統語上の単純性の評価が特定言語との関連でのみ行なわれることは,先に確認した。たとえば,「グリーン」は英語において(いや,かつて存在した人類のあらゆる自然言語において),「グルー」よりも統語上単純である。しかし,「グルー」のほうが「グリーン」よりも単純であるような人工言語を考案するのは容易である。ひょっとすると,火星人は実際にそのような人工言語をしゃべるかもしれない。けれども,ここまでは認めるとしても,グリーン性という属性のほうがグルー性という属性よりも**客観的に見て**単純だ,と主張する余地はまだ残されている。そのことは,これらの属性の表現に使われる統語形式とは無関係にいえる。そのような概念を**形而上的単純性**(metaphysical simplicity)とよぼう。

形而上的単純性は,宇宙のもろもろの実体,属性および過程がもつ独自の特徴と考えられている。グリーン性がグルー性よりも形而上的に単純だとすれば,それは,そのような判断をくだす人間が仮にいなくても,より単純であることに変わりはない。再度,仮説(1)(エメラルドはグリーンである)と仮説(2)(エメラルドはグルーである)を考えよう。命題がどのように表現されるかとは関係なく,誰にとっても(1)のほうが(2)よりも単純な命題だ,といいたくなるのはなぜだろうか。なるほど,一見したところ,(2)は世界におけるある変化を仮定している。つまり,2100年1月1日現在,エメラルドは以前に発見されたのとは違った色をしていることが発見されるだろうと。それに対して原理(1)は,現状が途切れることなく持続することを仮定している。したがって,法則(2)に従う世界は(1)に従う世界よりも客観的に見て複雑な場所である。この見方には多くの難点がある。その1つとして,なぜ属性の持続のほうが変化よりも単純な事態とみなされるべきなのか,その理由が不明瞭である。そればかりでなく,類推によって,2100年の変化を仮定するのは法則(1)であるといっても同じことだろう。(1)に従えば,エメラルドは2100年1月1日にグルーからブリーンに変化することになる。いまの問題は,グリーン性がグルー性よりも形而上的に単純だという主張を正当化することである。上で試みた変化による解法は,論点先取りの誤りを犯しているので不合格である。

ここで,事によると,次のような発言をする者がいるかもしれない。すなわち,エメラルドの永遠不変のグルー性は私たちにとってのそれらの見え方の変化を含意し,一方,永遠不変のグリーン性は同じに見え続けることを含意しているのではないか,と。しかし,そのような発言は,グリーン性のほうの形而上的単純性が大きいことを証明し得ない。なぜなら,この発言は人間の心の動作特性のことをいっているものだからだ。別の生き物にとっては,不変と知覚されるのは永遠のグルー性であるかもしれない。たとえば,知能の高い生き物が,一方はグリーンで他方はブルーという2つの太陽のまわりを回る惑星上で進化するものとしよう。さらに,これら生き物の生存

にとって重要な物の多くは，惑星軌道が2つの太陽のまわりにある結果として，周期的にグリーンになったりブルーになったりするものとしよう。この場合，この生き物の感覚変換器にとっては，あるときその重要物が（私たち人間によれば）グリーンからブルーに変化するときには「無変化」のメッセージを出力し，ブルーに変わるべきときにグリーンのままであれば変化の存在を知らせる信号を発する，というのが進化論的に有利となるだろう。要するに，知覚された変化は，形而上的単純性の判断規準にはなり得ないのである。

　私の知る限り，形而上的単純性の規準になれそうなものは他にない。この際，難問を切り抜けるには人間がもつ単純性の直観で十分だと主張する以外に明白な規準はないことを，誰しも認めるだろう。結局，科学というゲームは，（ある程度までは）直観的基礎の上に立たない限り下し得ないような判断を多数必要とすることを，私たちはすでに見てきた。けれども，このように直観に訴えることを認めるとしても，形而上的に単純な理論を選好するのはなぜか，その理由づけの問題は依然として残っている。原理（1）は原理（2）よりも形而上的に単純であると仮定しよう。この主張は（1）に高い確率を割り当てる理由として正当だろうか。サモン（Salmon, 1966, p.126）は，そのような選好は帰納的な根拠から是認されるだろうと述べている。すなわち，「私たちは単純な理論は真である可能性が高いと判断する。経験によって，この判断が……うまくいくことを学んだ」。ところが，この文章の次に来る言葉は，「また同時に，単純化過剰を避けることも学んだ」というものである。不幸にして，このただし書きは，今の帰納的論証をまったく台なしにしている。つまり，複雑すぎるために真でない理論があるかと思えば，単純すぎて真でない理論もあるとなると，2つの理論のうちより単純なほうを選ぶための帰納的根拠はないことになる。

　要するに，2つの理論のうち形而上的により単純なほうを選ぶのが正当である理由をどう説明すべきかは，誰にもわからないのであるが，まったく同様に，2つの理論のうちどちらが形而上的により単純であるかを，まずどう見分けるべきかが，誰にもわからない。この事態はどうにも動きがとれないように見える。しかし，ぜひ思い出してほしいが，ここで直面している情況は帰納法それ自身に関するものとまったく同じなのである。ヒュームの論証によって証明されたように，帰納的に支持される仮説に対する人々の選好は正当化できないのである。また，グッドマンの「グルー」論証によって証明されたように，与えられた1群の証拠によって帰納的に支持されるのがどの仮説であるか，を**決定する方法**さえわからないのである。帰納法の場合，グッドマンの問題は人間の直観力を頼りに「解決する」し，ヒュームの問題は《斉一性の原理》に無批判に同意することによって「解決する」。このようなわけで，仮に（1）形而上的に単純な理論がどちらなのかを決めるのに直観力に頼ったり，（2）「単純な理論ほど真である可能性が高い」という《**単純性の原理**》を無批判に認める，といった

ことをしたとしても，何ら新しいタイプの認識上の罪を犯すことにはならないだろう。これは多くの科学者が実際にしてきた手口である。

　単純性の問題と帰納法のそれとの間には，概念的に密接なつながりがある。実際，もし単純性の問題が解決できたとしたら，対応する帰納法の問題でも自動的に解決が得られるだろう。今，仮に，2つの仮説のうちどちらが（形而上的に）より単純かを決める客観的な方式があるとし，さらに，より単純なほうが真である可能性が高いと推論することが許されているとしよう。さて，以前に発見されたエメラルドはすべてグリーンであったという観察事実から，どんな仮説を導き出すべきだろうか。この所見を説明し得る仮説は数えきれないほどにたくさんある。そのなかには，「エメラルドはすべてグリーンである」や「エメラルドはすべてグルーである」，それに，「以前に観察されたエメラルドはすべてグリーンであったが，その他は別の色をして出てくる」もある。けれども，《単純性の原理》が使えるならば，好みの仮説をすぐさま選び出すことができる。まず第一に，2つの仮説が同じ構造をもっていることを前提にすれば，形而上的により単純な属性に言及している仮説のほうが真である可能性がより高い。したがって，グリーン性がグルー性よりも形而上的により単純であるのが本当ならば，《単純性の原理》によって，仮説「エメラルドはすべてグルーである」よりも仮説「エメラルドはすべてグリーンである」のほうに高い確率を割り当てるべきである。これでグッドマンの問題は解決される。第二に，《単純性の原理》からすると，単純さの等しい属性に言及する2つの仮説のうち，より単純な構造をしたほうが真である可能性が高い。したがって，「エメラルドはすべてグリーンである」のほうが「以前に観察されたエメラルドはすべてグリーンであったが，その後は別の色をして出てくる」よりも蓋然性が高い。これでヒュームの問題はかたづけられる。

　帰納法の問題が解決すれば単純性の問題が解決するというのも真だろうか。もしそうであったとしたら，両者は等価ということになっていただろう。しかし私には，それらが等価とは考えられない。というのは，《単純性の原理》に基づいてなされる判断であって，しかも《斉一性の原理》の統制は免れると思われる判断が存在するからである。たとえば，自然の法則（形而上的に単純な語句で表現された）は時点tにおいて1回だけ不連続な変化を被るだろう，という仮説があるとしよう。《単純性の原理》によって，人々は，自然の法則は時点t1, t2, …, t12において不連続な変化を12回被るだろうとする仮説よりも，前者の仮説のほうを選ぶ気持になろう。しかし，両方の仮説とも，《斉一性の原理》，すなわち世界の観察されない部分も観察される部分同様の法則に従うと主張する原理の範囲を逸脱している。要するに，《単純性の原理》は《斉一性の原理》を一般化したものである。

　心理学理論における1つの具体的問いを引用して，本節の要約としたい。それは，S-R理論は精神分析学よりも形而上的に単純であるか，という問いである。直観の告

げるところでは，答えは肯定的である。そればかりか，大部分の心理学者は，もしこれら2つの理論が同じ経験上の帰結（この場合，それはもちろん当てはまらないが）を生むと仮定すれば，単純性が高いという理由だけで，S-R 理論のほうが真である確率が高いとすべきだろう，という考えに賛同するだろう。しかし，S-R 理論のほうが単純だというこの判断は，何ら明示的な単純性規準に基づいているわけではなく，また，形而上的に単純な理論のほうが真である確率が高いとする判断を支持する，有無をいわさぬ論証もない。したがって，S-R 理論と精神分析学の相対的地位についての上記の評価を否認しようというのだろうか。ここで純粋主義者の方針をとる場合の問題は，それをすると，同じく直観と信念との結びつきに基づいた帰納主義的論証への寛容さが，きわめて気まぐれに見えてしまうことである。これについては，終章でさらに述べることになろう。

7.6 認識上の単純性

　本章ではこれまで，さまざまな単純性概念の輪郭を描いた上で，それぞれの概念がどういう面で有効なのかを問うという順序で，論を進めてきた。ところで，この手続きを逆転させて，理論にどのような属性をもたせたいのかを問うとか，またその上で，どんな種類の理論修正をすれば望ましい効果が生まれるかを見つけ出すといったことも，大いに価値がある。たとえば，経験上は現行の理論と等価であるが，予測値の計算に利用するにはそれらよりも単純であるような，別の理論の構成にとりかかることがあり得よう。あるいは，真である確率がより高く，しかも経験上は等価であるような理論を考え出そうと試みることもあり得る。ここで私たちが特に関心があるのは後者のタイプの理論的課題であるから，それの名前が必要だろう。それを**認識上の単純化**（epistemic simplification）とよぼう。

　認識上の単純化は，Rc 単純化，Rm 単純化，あるいは形而上的単純化とは非常に異なる仕事である。1つには，認識上より単純な理論に対して高い信を置くことをどう正当化するかといった問題は，初めから起こらない。認識上単純な理論は，**定義**によって，それだけ信頼もできる。そのような概念を導入する理由は次の通りである。もし求めるものが高い確率（あるいは何かそれに類したこと）であるとすれば，わざわざ時間と労力を費やして新たに単純性の概念を定式化し，ついでその種の単純性が自分たちの要求に答えてくれるかどうかを調べる必要はないではないか。中間の段階を省いてもいいではないか。特定の理論修正が期待どおりの効果を生むことが証明され得るのであれば，その修正が別の規準によっても単純だとされるかどうかを知る必要はない。実際私たちは，そのような修正をいずれも，ただ単純化とよぶだけで打ち切りにしていいではないか。

　ことによれば，認識上の単純化のクラスは，別のタイプの単純化の成員をすべて含

んでいることが明らかになるだろう。そのような結果を立証するには，2つ目のタイプに属する全事例が，元の理論の経験上の帰結を変えることなく，理論の確率を上昇させることを証明する必要があろう。たとえば，前節で検討した《単純性の原理》は，あらゆる形而上的単純化が認識上の単純化であることを主張する。けれども，認識上の単純化のクラスは，それ以外のタイプの単純化とは交差していることがわかる。つまり，各タイプに属する成員のうちには，互いに他に含まれるものと排除されるものとがある。重要な点は，認識上の単純化に携わるまえに，そのような問題を解決する必要はないということである。特定の理論修正をすれば経験上の帰結の変更はなしで確率が上がることが証明できる限りは，この修正と古典的な種類の単純性との間の関係いかんにかかわらず，改善が行なわれたことがわかる。今後，別の表示がない場合，形容詞のつかない「単純性」や「単純化」という語句は，それぞれ認識上の単純性と単純化を指すものと理解されたい。

要するに，ある理論Tを単純化するとは，(1) p(T')＞p(T) かつ (2) (T')* = T* となるような，1つの修正理論T'を構成することである。すなわち，Tの単純化されたもの (T') は，その経験的帰結がまったく同じであっても，Tより確率が高いのだ。新しい理論の経験上の帰結は元の理論のそれらと同じなのだから，ここでも経験的研究は，理論修正の過程とは無関係である。つまり，一方の理論を他方よりも選好するかどうかは経験的研究の結果いかんによるはずがない。それはなぜかというと，経験的研究によってどんな結果が出ようと，新旧両理論に対して同じく確認または否認の効果を及ぼすはずだからだ。そればかりでなく，理論家はT'に関するデータがどうであるかを知る必要はない。というのは，TとT'が同じ経験上の帰結を生むことを立証するには，これらの帰結のうちどちらがテストされたかを，ましてやどちらが確認されたかなど，知らなくてもすむからである。

単純化のわかりやすい例としては，連言肢削除 (conjunct deletion) の方略がある。いま仮に，理論Tの基本原理がP1, P2, …, Pnであり，これらの基本原理はすべて確率的に互いに独立であるとしよう。さて，P1, P2, …, P$_{n-1}$だけでT*のすべてを含意する（すなわち，理論T全体の経験上の帰結はすべて，PnをTから削除することによって得られる，より弱い理論T'から導き出すことができる）ことが発見されているとしよう。この発見は，事実上，基本原理Pnが何ら経験上の働きをしていないということである。さて，Tが真である確率は，

p(T) = p(P1) p(P2) ……p(Pn)

によって与えられる。T'の確率は，

$$p(T') = p(P1)\ p(P2)\cdots p(P_{n-1}) = \frac{(T)}{p(P_n)}$$

である。Pnは偶然的科学仮説だから，真である確率は1以下でなければならない。したがって，p(T')＞p(T)である。両理論が生む経験上の帰結は同じだから，TからT'への切り替えが望ましいのは明らかである。すなわち，T'は，説明力ではTとまったく同じであるが，真である可能性ではTよりも高い。

　厳密にいえば，単純化は新理論構成の一種と見なしてよい。なぜなら，その手続きの結果，出発点である理論Tと同一とはいえない理論T'が生まれるからである。けれども，「新しい理論」を考え出す際には，先行理論とは違う（そして，できればより正しい）経験上の帰結を生む理論を意図するのが通例である。この場合，新旧の理論の間の判定をするのは，たいてい，経験的研究である。しかしまた，旧理論と同じ経験上の帰結についてより優れた理論的説明を与えることを目指す理論的刷新もある。そのような事例は，通常の理論構成とはかなり異なっているので，特別な名前がついてもおかしくないくらいである。それをなぜ単純化とよぶのだろうか。なるほど，連言削除は一種の統語的単純化であるように見える。しかし，これはある特定の事例がたまたまもっている特徴に過ぎない。事実，連言肢削除は選言肢添加（disjunct addition）と表現しても同じことである。たとえば，連言P1＆P2を主張する理論からP1だけを主張する理論へと，理論移行をする場合を考えよう。この修正は，P1＆P2からP2を削除したものとして述べることができ，そのためそれは統語的単純化のように見える。しかし，この同じ修正は，P1＆P2に選言肢P1＆～P2を添加した結果として述べることもできるのである。というのは，その結果である（P1＆P2）∨（P1＆～P2）は，論理的にP1と同値だからである。このようなわけで，統語的短縮と統語的延長はいずれも（認識上の）単純化として適任である。そして「単純化」という用語が，この種の理論的分析を表わすのにふさわしいように思われる。なぜなら，これだと，経験上の帰結への影響を伴わないような理論構造上の修正という意味を含むからである。

　心理学における連言肢削除の例としては，本章のはじめで言及した唯物論支持説がある。すなわち，二元論は物質の存在と心の存在との双方を仮定するのに対して，唯物論はこれら2つの連言肢のうち2番目を削除する。したがって唯物論のほうが真実である確率が高い。しかしこの主張には1つのわながある。つまり2種類の唯物論を区別する必要があるのだ。物質が存在することだけを言明する命題を弱い唯物論とよんでいる。この命題は，確かに，二元論命題から連言肢削除によって得られ，したがって二元論よりも真である確率が高い。しかし，定義にあるように，弱唯物論は二元論と相反する命題ではない。実際，二元論者は弱唯物論者である。すなわち，彼らは

物質は存在すると考える。そしてそのような考えこそ，弱唯物論者である何よりの証拠である。二元論と相反する命題が強い唯物論の命題である。すなわち，物質は存在する，しかし心は存在しない，という命題である。しかし，この強唯物論的命題は，単に削除することでは二元論的仮説から得られない。確率論の原理からは，強い唯物論のほうが二元論よりも確からしいと考える根拠は与えられない。要するに，弱い唯物論は二元論と唯物論の間の論争には加わっていない。一方，強い唯物論は二元論との論争関係にあるわけで，単に二元論の連言削除ではないのである。

単純化と拡充を比較することは教訓に富む。おのおのは，必然的に，手もとにある理論が真実である確率に変化をもたらす。拡充においては，ある理論Tの確率についての評価が修正される。けれどもTそのものが修正されることはない。一方，単純化では，理論の確率がより高くなるように理論を修正する。拡充は旧理論Tについての論理的発見である。単純化は新理論T'の論理的発明である。拡充の場合，私たちの関心は，p(T)を上昇させざるを得ないような発見だけでなく，それを下降させざるを得ないような発見にも，同じ程度に向かう。ところが単純化の場合，私たちの関心は確率の上昇にしか向かわない。手もとの理論よりも確率の低い理論を発明しても，何の役にも立たない。たとえ（何らかの天のじゃくじみた理由で）そのような仕事もおもしろいと考える人がいたとしても，その成果はとるに足らないものだろう。どんな理論Tが与えられたとしても，そのTに新しい経験的帰結の欠けた命題を連接するという手段によって，Tと経験上等価であるがTよりも確率の低い理論を得ることが，常に可能なのである。

仮に《単純性の原理》を受け入れたとすれば，そこからただちに，あらゆる形而上的単純化はまた認識上の単純化でもある，という結果が得られるだろう。しかし，連言肢削除が単純化になるという主張は，曖昧な，もしくは議論の余地ある原理をいくら前もって受け入れても，出てこない。この主張はむしろ，確率論の公理から直接出てくるのである。もちろん，連言肢削除は《自然の単純性》(the Simplicity of Nature)よりも狭い原理である（いや，それは固有名詞とさえ認められない）。しかし，それは科学の歴史における多くの重要な理論的動きを正当化してくれる。たとえばS-R理論家のガスリー（Guthrie, 1952）は，1つの連言肢削除をはたすための努力に，その専門家としての生活の大半を捧げたのだ。伝統的なS-R理論は，行動の変化の説明に，古典的条件づけと道具的条件づけの法則という二重の原理を仮定する。ガスリーは，道具的条件づけによって説明される行動現象は，古典的条件づけによっても同じようにうまく説明できる，したがって，前者の法則は余分なものだ，と主張した。不幸にして，ガスリーの主張は支持されなかった。しかし，仮に彼の理論が正しかったとすれば，伝統的な二重法則理論にかえて単一法則理論を置き換えることは，単に表面的な模様がえにとどまらなかっただろう。単一法則理論のほうが，真である確率がより

高くなっていただろう。なぜならば，二重法則理論をとる場合，単一法則理論が仮定することは1つ残らず，しかもそれ以外のことまで，仮定する必要があるからだ。

7.7　単純化の2つのタイプ

　連言肢削除の方略は，論理的に弱い理論でもって経験上等価な先行理論を置き換える手続きの特殊な場合である。T2がT1よりも論理的に弱いとは，すなわち (1) T1はT2を論理的に含意し，(2) T2はT1を含意しないことである。確率論の原理の規定によると，そのような場合は，p(T2)がp(T1)よりも断然大きくなければならない。

　第6章で論じたチョムスキー対パットナムの論争は，この方略の好例になる。パットナムが，チョムスキーの生得性仮説（IH）は共通起源仮説（CO）を含意する，と主張していたことを思い出してもらいたい。したがって，前者が高い確率をもっているとすれば，後者も少なくとも同じ確率であることを認めざるを得ない。実際，COは逆にIHを含意しないのだから，COがIHよりも確率が高いというのは事実でなければならない。ここまでは拡充である。しかし，パットナム（Putnam, 1980a, p.247）はさらに論証を続けて，言語の普遍特性の存在を説明するにはCOだけで十分だ，と述べる。すなわち，「……この仮説（人類言語の単一起源説）は確かにIHが要求するところである。しかしIHよりもはるかに弱い。しかしIHからのこの帰結だけで，実際，『言語の普偏特性』を説明するのに十分である！」と。パットナムは，結論として，COのほうが確率が高く，しかも同じ経験的事実（言語の普遍特性の存在）を説明できるのだから，IHよりもCOをとるべきである，と述べている。いい換えれば，パットナムは，COはIHの単純化だと主張するのである。この分析は，いわゆる単純化の例として，みごとに役割をはたしている。けれども，最終的にはそれはうまく行かない。チョムスキー（Chomsky, 1981, p.302）は次のように書いている。

　　では，パットナムの……次のような主張に目を向けよう。すなわち，たとえ言語に驚くべき普遍特性があったとしても，それらは生得的な普遍文法の仮説よりも単純な仮説，すなわち言語の共通起源の仮説によって説明できるだろう，というものである。この提案は，争点となっている問題を誤り伝えている……。私たちが直面している経験上の問題は，あるデータ入手条件のもとで特定文法が習得されるという事実を説明するに十分な，豊かな初期構造についての仮説を考え出すことである。この問題には，言語の共通起源といった事柄は無関係である。文法は……，授けられた生得的能力を使い，入手可能なデータに基づいて，子どもが発見すべきものである。（子どもは）言語の起源については何も知らないのだから，そのような情報は，たとえ入手したとしても，子どもは利用できないだろう。

　本書の主要テーマの観点から書き直すと，チョムスキーによるIHの理論的弁護は次の通りである。確かに言語の普遍特性の存在についてはIHもCOも説明を与えるが，IHはさらに，子どもたちが不十分な言語データに基づきながらも第一言語をなんと

か習得していく経緯までも説明する。この点に関してはCOはまったく役に立たない。パットナムが主張するように，IHよりもCOのほうが高い確率をもつとされるべきだ，ということは確かであるが，前者のほうが説明範囲ははるかに広い。このことこそ，たとえCOのほうが確からしさでは優るとしても，IHを採用する理由だろう。

　《オッカムのかみそり》に訴える科学論議も，これと同様な，確率論的に正当化可能な単純化の例となることが多いように思われる。《オッカムのかみそり》（中世の哲学者オッカム（William of Ockham）にちなんで命名）は，科学論争においてしばしば引用される原理である。その原理は，理論的実体を必要以上に増やすべきではないことを教えている。すなわち，ある科学理論Tが9種の実体の存在を仮定するのに対して，経験上等価な理論T'が8種の実体の存在しか仮定しないとすれば，私たちはT'を採用して，9番目の実体なしですますべきだ，という。なぜ《オッカムのかみそり》を受け入れるべきなのだろうか。ここにあるのは確率論的な正当性である。今，仮に，理論Tが理論的実体Eの存在を仮定するものとし，さらに，Eが存在するという仮定をもち出さなくても，Tの経験上の帰結をすべて得ることができるものとしよう。その場合，Tを連言

Eが存在し，かつT'

と書き直すことができる。ここで，T'は，Eが存在することを除いて，Tの主張することをすべて主張する理論とする。仮説によれば，T'はTとまったく同じ経験上の帰結を生む。それでも，T'はTよりも確率が高い。なぜならそれは，連言肢を1つ削除することによってTから得られるからである。したがって，T'はTの単純化されたものである。通常考えられているように，《オッカムのかみそり》の適用は，《単純性の原理》（それが問題をはらんでいることはすでに述べたが）にどう訴えるかによって決まる。ここで確率論的議論をもち出す意図は，世界の単純性についての形而上学的仮説にかかわり合わずに《かみそり》を振るうのが賢明である，ということを示したいところにある。確率論以外に必要なものはないのである。

　問題をはらまない2番目の種類の単純化は，先行理論とまったく同じ経験的帰結を生むものであって，しかも先行理論より確からしいという印象を科学界に強く感じさせる，そのような理論を案出することである。ベイズ派の確認理論が正しいとすれば，事前確率の主観的評価は，科学の営みではどうしても避けられない。ベイズ派に属していようがいまいが，一見もっともらしい理論を提出することが理論の一歩前進になるということは，誰にも否定できない。たとえその新理論が何ら新しい経験的帰結を生み出さなくてもそうなのだ。もし仮にこのことを否定しようとしたなら，どんな経験上の帰結であれ，その説明のために案出される無数の信じ難い理論を除外する根拠

は，まったく失われるだろう。もちろん合理論者たちは，ベイズ派分析の核心部分である事前確率について同意しないだろう。その結果，合理論者たちは，単純化と称されるものがはたして本当に単純化に成功しているのかに関して，同意しないかもしれない。しかし，疑わしい事例が存在したからといって，中心的事例の地位が揺らぐことはない。すなわち，旧理論Tと同じ経験的帰結を生み，しかも旧理論よりも信用できると大部分の研究者が同意するような新理論T'の構成であれば，科学の進歩と見なされるに違いないのである。

7.8 理論還元のしくみ

上述した理論の拡充と単純化の目録は，けっしてすべてを網羅するものではない。私の予想では，理論上の論争を歴史的に注意深く分析すれば，理論家が自分たちの見解を売り込む一方でライバルたちの見解を攻撃する際には，実に複雑多様な論証方略を展開することが明らかになると考える。原理的には，理論上の争いに向け得る論理的要件の複雑さには上限がない。歴史上重要な方略である**理論還元**は，すでに検討してきたどれよりも込み入った構造をもつ作戦例となっている。

理論間の関係はさまざまであるが，その多くが還元として述べられてきた。原型となる例としては，熱理論を物質の分子運動論に還元したものがあげられる。この古典的なタイプの還元では，一方の理論における理論的概念（たとえば，「温度」）が，他方の理論の特定概念（たとえば，「平均運動エネルギー」）と同一と考えられる。これらの同一関係はブリッジ法則として知られている（Nagel, 1961）。そうすると，第一の理論の諸原理は，第二の理論の諸原理とブリッジ法則とから演繹的に推論される。心理学では，最も有名な還元による主張は中枢・状態同一説で，この説によると，心理学の諸法則は，生理学の諸法則と，各心理学的事象型を1つの生理学的事象型に結びつけるブリッジ法則とから推論できる（Smart, 1959）。何か心理学の法則まがいのもの，たとえば(7)があるとしよう。

(7) XがSを欲しがっており，またそれをうまく得られると信じている場合，XはSを得ようとする。

中枢・状態同一説によれば，次に述べる(8)のような生理学的原理からその心理学法則を演繹的に推論することによって，この法則(7)は不要なものとなる。

(8) Xが生理学的状態P1にあり，また生理学的状態P2にある場合は，Xは生理学的状態P3に入る。

もちろん，心理学的法則 (7) が，これ以上何の苦もなく (8) のような生理学的原理から導出され得ることは考えられない。というのも，「欲しがる」,「信じている」,「しようとする」といった心理学の概念は，純然たる生理学の法則にはまったく現われないからだ。「欲しがる」は生理学用語で定義できると主張するという手を試みることはできるだろう。この手番は，心理学概念を行動の用語で定義しようという，論理行動主義者の試みに類似している。しかし，そのような意味論的主張は，神経事象の言語に関する場合，行動的言語に関する場合よりもなおさら受け入れ難いものである。実のところ，欲求あるいは信念に対応する生理学的な等価物は何なのかが，私たちにはわかっていない。それで，この場合の意味論的同一性という命題からは，私たちが抱いているのは特定の欲求なのか信念なのかわからないという，馬鹿げた結論しか出てこない。それどころか，信念を抱くとはどういう**意味**なのかさえわからないという，もっと不合理な帰結にまでいたる。けれども，神経主義に傾いた者が，心的状態と大脳の状態との間には**偶然による**同一性が存在すると主張するのは，別に差し支えない (Place, 1956; Smart, 1959)。すなわち，欲求は，**定義によって**ある特定の生理学的状態だというのではなくて，**事実上**，何らかの特定の生理学的状態なのである。どの心的状態がどの大脳状態と同一であるかは，誰かが発見する必要があるわけで，それはちょうど，稲妻が放電と同一であることや，水がH_2Oと同一であることが発見されたのと同じことだ。したがって，(7) を (8) に還元することは，上述の生理学的理論に下記の偶然による同一性を加えればはたされる。

(9) Sを欲しがること＝生理学的状態P1にあること
　　Sを得られると信じていること＝生理学的状態P2にあること
　　Sを得ようとすること＝生理学的状態P3にあること

(9) にあげた同一関係は，(7) を (8) に還元することにかかわるブリッジ法則である。

　中枢・状態同一性の命題と，熱理論の還元のような，物理科学におけるもっと有名な還元論的主張の間には，非常に大きな違いがある。その違いは，後者の還元は実際に行なわれたのに対して，前者は単なる憶測であるという点だ。中枢・状態同一論者は，将来の心理学法則は将来の生理学にきっと還元可能となると断言している。心理学と生理学の将来の法則がどんなものかがまだわからない以上，この憶測の根拠がどこにあるのか，誰しもいぶかしがる。憶測の根拠としては，還元はうまくいくよう，唯物論の教義によって保証されているのだ，という信念以外にはないように思われる。ところが，すでに見てきたように，この信念自体，何のうしろ楯もないのである。

　還元に成功すると，それは主要な理論的業績と見なされるのがお決まりになっている。けれども，なぜそうあるべきかはすぐには明らかにならない。T2をT1に還元し

ようという試みも，本来は，より多くの経験データを説明したいという欲求が動機であるわけではない。では還元は何のためだろうか。なぜ科学者は還元論的主張のことで躍起になるのだろうか。還元は単純化の精神のもとに着手されるようである。つまり，T2をT1に還元できれば，それまではT1とT2との連言から得ていたのと同じ量の説明上の利益を，T1だけから得ることができるわけである。これは，一見，連言肢削除の簡単な場合のように見える。けれども，T1＆T2と置き換えられたものは単にT1ではなくてT1＆Bである。ここでBは2つの理論の理論的概念間に等位関係をつけるブリッジ法則を表わす。ところで，T1＆BがT1＆T2よりも確率が高いという包括保証はあり得ない。実際，お金はガソリンと同じもの，銀行は燃料タンクと同じもの，などと同一視するような，まったく信じ難いブリッジ法則を使えば，1つの理論を別の理論に（たとえば古典経済学を自動機械工学に）還元することは可能だろう。このように，T2のT1への理論的還元が科学の進歩となるためには，連言T1＆BはT1＆T2よりも真実性が高くなければならないように思える。しかし，還元が成功した場合，T1＆BはT1＆T2を含意するのである。そこで思い出してほしいが，命題Xが別の命題Yを含意する場合，p(X)はせいぜいp(Y)と同じ大きさにしかならない。したがって，T1＆BがT1＆T2よりも真実性が高くなければならないという条件は，取りもなおさず，肝心の確率関数が不整合であることを要求しているのだ。正にその通りだと，私は考える。還元は2段階からなる理論的方略である。まず，条件（1）T1＆BはT1＆T2よりも大きな事前確率をもつ，および（2）T1＆BはT1＆T2を含意する，を満たすような一組のブリッジ法則Bを見いだす。したがって，T1＆BはT1＆T2の単純化である。けれども，この単純化は短命である。というのは，ある適切なBが見つかったとたん，肝心の確率関数は不整合になるからである。すなわち，もしT1＆BがT1＆T2を含意するならば，T1＆BがT1＆T2よりも確からしいことを認めるわけにはいかないからである。このようなわけで，Bに対する高い評価が比較的固定している場合，整合性を回復する手段としては，T1＆T2の確率を少なくともT1＆Bの確率と同じ大きさまで引き上げること以外にない。すなわち，単純化はただちに拡充につながる。この第二段階の結果として，T1＆BはもはやT1＆T2の単純化ではない。その理由は，それはもはやT1＆T2よりも確からしくはないからである。しかし，この還元は，連言T1＆T2の確率を押し上げるという最終結果を生んでいる。これは，私の考えでは，理論還元の最重要事項である。すなわち，T1＆T2の単純化は，かかわり合う2つの理論をともにいっそう信じるに足るものにする。たとえば，かの熱理論が運動分子理論に還元が可能となったという事実によって，両方の理論の真実性にいっそうの信をおける理由ができたのである。そこで，もし仮に中枢・状態同一論者の幻想がいつの日か実現するようなことがあれば，その還元にかかわる心理学の法則と生理学の法則についても，同じことがいえるだろう。

7.9 理論の統一

　理論の統一とは，まったく異なる2つの理論T2とT3が，別の1つの理論T1によって置き換えられる際の手続きである。科学の最近の歴史で有名な例は，電磁気理論（この理論自体，以前は別々であった2つの理論が統一されたものである）と弱い核力の理論とが「電弱」理論に統一されたことにみられる。統一と還元の話題は，科学史や科学哲学では，別々の文献を生み出してきた。けれども両者は，じつは，同一の現象に対する見方の違いに過ぎないのである。つまりT2とT3とをT1によって統一することは，T2とT3とをT1に還元することにほかならない。この手続きを還元と見るか統一と見るかは，それらの理論がその時代の科学においてどれだけ身固めしているか，によって決まると思われる。T1が（たとえば，T2とT3を生み出す目的から特別に考案された場合のように）真新しい理論である場合は，T1はT2とT3を統一する，と称しているが，T1がすでにかなり確立されている場合は，T2とT3はT1に還元される，と称している。ちょうど還元の場合がそうであったように，統一する側の理論がいつでも，統一される側の理論の連言より必然的に優れた改善である，と考えることはできないのである。

　心理学者は，自分たちの学問に統一的理論のないことをよく自嘲してきた。次に述べる嘆きは，理論的志向に違いはあれ，誰にも共通する根強い不安の特色を示している。

　　心理学の現状は……，断片化と混沌たる多様性そのものである。(Maher, 1985, p.17)
　　確かに，この領域の相も変わらぬ断片化は，その前科学的との評価をもっぱら裏書きするものである。(MacIntyre, 1985, p.20)

　このテーマについてスターツ（Arther Staats）は，一連の論文と著書（なかでも最も重要なのは，Staats, 1983, 1991）のなかで詳しく述べている。彼が提案する不統一症の治療薬は「統一実証主義」で，これは（少なくとも一部は），心理学の根本的に異なる諸原理を単一の説明図式に収めるような，統一理論の構成を試みるという営みである。上述したことからもわかるように，どんな理論統一でもすべて認識上好ましいかというと，けっしてそんなことはない。しかし，この点をスターツに向かって訴えるつもりはない。議論に免じていえば，理論の統一は科学にとって第一になくてはならないことだと考える。けれども，私は，スターツが「統一実証主義」とよぶ統一達成の方略については，いささか条件をつけたいのである。スターツは，統一を科学の目標として認めることは自動的に統一実証主義を認めることを含意する，と考えているようである。いずれにしても，彼は，その広範囲におよぶ努力を理論統一の利点の賞揚に向けるばかりで，統一実証主義それ自体を弁護する発言はほとんどして

いない。しかし，後者は，統一理論を完成するための数ある理論的方略のなかの１つである。スターツの立場に対する私のおもな批判点は，彼の示した方略が何か特別な利点をもっていると想定していい正当な理由を，彼があげてくれていないことである。

スターツが述べている統一実証主義の方略によると，次のように明記されている。すなわち，人々はまず，たとえば心理学の雑多な諸原理といった既存の情報群から始める。そして，全情報を包摂する統一的原理を見つける努力をする，と。スターツの著作物の文章のなかには，そのような統一的原理の**存在**は論理的に保証されているといわんばかりのものがある。むずかしさの違いの問題を別にすれば，あたかも２次方程式の解の存在がそうであるように。次の文（Staats, 1991, p.901）はどうだろうか。

> 心理学における知識要素の数は，ニュートンが扱った知識要素と比べて途方もなく大きい。そのことはつまり，統一という「難問」を解くことの，すなわち断片を総合することのむずかしさとなると，もっともっと大きいことを意味する。

またある時には，スターツは，「難問」に解が存在するという先験的保証のないことを，ほとんど認めているといってよい。では，統一理論が存在するという保証はあるのだろうか，それともないのだろうか。この問いへの回答は，何をもって統一理論とするのかを規定する制約条件がどんなものかによって決まる。今，仮に，$K_1, K_2, \cdots, K_n$は互いにまったく共通点のない「知識要素」からなる任意の集合であるとしよう。もし，統一理論であるための制約条件が，その理論はすべてのK_iを含意する命題であるべきだ，というものだけであるならば，すべてのK_iの統一は保証される。事実，構成可能な統一理論は無数に存在することが証明できる。今，$K_1 \& K_2 \& \cdots \& K_n \& X$という形をした任意の命題があるとしよう。ここで$X$は，$K_1 \& K_2 \& \cdots \& K_n$と一貫性のある任意の仮説とする。この命題は，$K_i$のそれぞれを含意し，したがって統一理論であるための唯一無二の制約条件を満足する。ここから学ぶべき教訓は，もちろん，統一がやさしいということではなく，むしろ，理論統一が科学の１つの前進とされ得るには，まず，それがさらにいくつかの制約条件を満たさなければならないということである。理論の還元に関する私の分析に合わせる形で提案すれば，２つの理論T_2とT_3との統一理論T_1が科学として前進になるのは，（1）T_1がT_2とT_3とを含意し，かつ（2）T_1が当初から$T_2 \& T_3$よりも確実性が高い場合である，となる。けれども，私がこの制約条件を採用したからといって，統一実証主義をめぐる私の残りの意見がそれによって変わるわけではない。私の意見は，ある理論統一が前進になるかどうかについて，スターツと私は概して合意するだろうということだけを前提としているからだ。たとえば私は，$K_1 \& K_2 \& \cdots \& K \& X$という形の理論は，スターツでも知識要素の集合$K_i$の前進的統一とは見なさないだろう，と考えている。

前進的統一に注意を限定した場合，任意の特定の情報群が統一され得る保証はまったくない。「知識要素」の任意の集合のなかには，それ全体を包摂するような，真実性の高い理論的原理の統一的集合が存在するかもしれないし，しないかもしれない。それは世界のあり方しだいである。たとえば，"b"の文字で始まる事物の特性を研究するb学という浅薄な科学に属する経験的知識があるとしよう。b学者たちにとって経験的作業が不足することはない。彼らは，バイソンは情け深いかどうか，バリウムはバーリー（大麦）湯よりも濃いかどうか，その他を確かめられる。しかし，この領域に統一実証主義哲学を適用しようと，本気でいいだす者はいないだろう。この例で理論上前進となる処置は，b学という学問を解散して，その経験的研究結果を他の諸科学に再配分することであろう。この理論的処置をとるには，統一という目標に専心している科学者がいちばん適任だろう。実際それは，相互に関係し統一された理論群からなる入れ子型集合によって世界中の全データが包摂され得るような場合であっても，まちがいのない処置だろう。問題があるとすれば，それはただ，この場合のデータ群が，別の知的領域でいっそうよく馴染むようなご都合主義の収集品目だ，という点ぐらいだろう。
　b学の例が教えてくれるように，たとえ科学全体としての統一が成就可能な目標であったとしても，恣意的に集めたデータ群が（前進的）統一に従う必要はない。そういうわけで，スターツは，統一の望ましさ以外のことについても，私たちを納得させる必要がある。また彼は，私たちがなぜ特に心理学のデータを統一するよう努めるべきなのかも，教えてくれねばならない。結局スターツ自身は，心理学のデータが，理論的問題とどう関係するのかに無関心なまま，無計画に収集されてきたことを教えている。そうであるならば，このデータ群はb学のデータに近いことになるのは本当ではないだろうか。事実，これは，スターツが引用しているコック（Sigmund Koch, 1981）が述べた意見である。けれども，スターツは，コックの見解に触れたおかげで予想外の人々と知り合いになれる，というにとどまり，その見解が否認されるべき理由については何も教えていない。
　スターツによる分析のうち統一実証主義（統一という目標ではなく）を弁護する論と思われる唯一の箇所は，歴史的な分析である。スターツによれば，諸科学は，その初期段階の特徴として不統一なのが普通で，統一原理の発見によって前進するのを特色とするので，統一原理の発見という課題に十分な資源を充てることさえすれば同じことが心理学でも起こると考えるのは，一種の帰納法によっても筋が通ることだとし，またしたがって，私たちは統一実証主義者となるべきである，という。しかしこの議論は，現在統一された科学しか見ていないという，そして，それらはすべてかつては不統一だったことを指摘するという，過ちをおかしている。確かに，それらの科学では100％が（心理学のはなはだしい断片化と比較して）幸運にも統一されている。し

かし，今見ている標本は，まさに最初から違った理論的発展を経てきた科学を除外している。たとえば，仮にb学が存在していたとすれば，そのデータは統一されるよりむしろ散逸しただろう。私には，b学ほど完全に統一性を欠いた科学領域が実際にあるとは夢想だにできない。しかし，統一実証主義に規定された発展以外に有益な理論的発展を経た領域は，これまで無数に存在した。占星術が一例である。占星術のデータには，惑星の位置および人間行動にかんするデータもあった。そのねらいは，この領域を統一する深遠な原理を見つけることであった。しかし，おおかたの科学者はそのような原理は存在しないと考えるようになった。占星術の伝統的内容が統一されることはけっしてなかった。逆に，それが集めたデータは手際よく二分され，観測天文学と心理学という2つの別々の科学に再配分されたのである。

既定のデータ群を統一したり，それを再配分（b学の場合のように）したり，あるいはそれを分岐（占星術の場合のように）させることは，科学の統一に専念する科学者たちが有利に進める，無数の理論的方略の3つに過ぎない。もう1つ別の方略を見てみよう。再び運動分子理論を考える。これは科学の歴史上でも偉大な統一理論の1つで，それによって，ブラウン運動（6.7節）や熱現象（7.8節）といった異質な事象項目が単一の説明図式に入ることとなった。しかし，この統一は，統一実証主義の処方箋に従ったものではない。事実，統一実証主義的企ては，実施される前に放棄されねばならなかった。「熱」という表題で通っていた大部分のデータには，たとえば，理想気体法則や熱平衡の現象のように，結局は運動分子理論によって説明されるようになった，多くの項目が含まれていた。ところがそこにはまた，暑いと寒いの区別のように，運動分子理論ではとても説明できない項目も含まれていた。運動分子理論以前は，多くの科学者は，優れた統一実証主義者同様，ある適切な熱理論によって理想気体法則も暑いと寒いの区別も同時に説明されるはずだ，と考えていた。ところが，その目標を放棄したとき初めて，前進が生じた。この場合，統一をうながした方略は，現象の下位集合の範囲をまず定める，そしてそれらを，もともと同じ討議領域にすらなかった別の現象（たとえばブラウン運動）と統一する，というものだった。はじめのデータ群のうち相当量をいさぎよく無視することをしない限り，理論の前進は実現できなかった。もとのデータ集合の「現象をすべて吟味すること」（Staats, 1991, p.905）に熱中するコチコチの統一実証主義者がいたとすれば，その人は，「統一実証主義はデータを軽々しく除去することを認めない」（p.908）という主張のもとに，事態の推移をもっぱら妨害するだけだったことだろう。

要約すると，歴史の教訓が語るところは，大量の既存データをまとめる統一的な原理を見つける努力をすべきだというのではない。教訓はむしろ，統一という次元での改善を含めて，理論の改善は，多様な理論的方略を進めることによって達成されるというものである。スターツが推奨する方略は，確かにそれらの1つではある。しかし，

それが心理学の問題へのとりわけ有望なアプローチだ,と考えるべき理由はまったくない。心理学の統一に早くから専念するよりもむしろ,可能な限り最善の理論的研究をすることを旨とすべきであり,結果は成りゆきにまかせるべきである。私の推測では,目下のところ心理学とされているものも,やがてb学にかなり似たものになると思われる。ただし,科学としての価値と整合性を有する知識群を2,3保有している点は異なるだろうが。

第8章　必然的命題

　どんな理論にも，論理的必然性を論じているために非経験的手段によって真実性が立証される部分がある。論理的に必然的な真理を示す古典的な例としてよく教科書に載っているのは，「独身男性は未婚である」という命題である。もっと心理学的な例として「反応Rの強化因はRの開始前には終わらない」という命題がある。このような必然的命題は偶然的命題とは区別されるべきである。後者の例は「平均的な独身者は体重が160ポンドである」，あるいは「部分強化の後では連続強化の後よりも，消去に長い時間がかかる」，といった命題である。偶然的命題とは，一部の可能世界では真であるが一部の可能世界では偽である，ということを思い出してほしい。このようなわけで，現実世界を直接見なければ，特定の偶然性がそこで満たされているかどうかわからないのである。しかし必然的命題は，すべての可能世界で真であるか，すべての可能世界で偽であるか，のいずれかである。したがって，必然的命題の真理値を決める際に，現実世界を観察することは一般的に不必要である。命題の真偽が視察によって明らかにならないような場合，問題は論証と論駁という先験的な方法によって解決できることが多い。

　必然的命題に関して2つの理論的課題がある。1つ目は，科学的言説において必然的命題と偶然的命題とを区別することである。これは科学的主張の様相水準（modal status）を確立することにほかならない。2つ目は，新たな必然的真理を発見することである。

8.1　必然的命題と偶然的命題の区別

　ある言明の様相水準について誤解したとしても，（現実）世界についてまちがった信念をもつことにはならない。しかし，それは誤解であることに違いはない。さらに，そのような誤解から特に決まって起こってくる問題がほかにもある。たとえば，不適切な研究方法を用いる気になったり，またある場合には，世界について誤った信念を選ぶようになる，といった問題である。

　様相水準に関するまちがいのおかし方には3つある。

第一に，必然的命題と偶然的命題の双方を表現する目的で，同一文を曖昧に用いることがある。ブラッドレーとスウォーツ（Bradley and Swartz, 1979）はそれらの文を「双面文」とよぶ。たとえば「人は誰でも常に利己的にふるまうものである」という文を考える。もし「利己的行動」を，ありとあらゆる動機でなされる行動を包含するように定義するならば（実際，行動を起こさせるのは自分たちの動機である。つまり人々は常に，あれこれ考えた上だが，結局は自分たちが欲していることをしている，という理由から，行動は「利己的」といえる），この文は必然的に真な命題であるが，おもしろ味のないものである。しかし，おもしろ味のない必然的命題の自明な証拠によっておもしろ味のある偶然的命題の真実性が立証される，と想定する誤りをおかすのは簡単なことである。つまり，論理的に可能な何らかの動機（「利己的でない動機」）は人間ではけっして実際には起こらない（火星人の間では起こるかもしれないが），と簡単に想定してしまうのである。この例では，当の主張の様相水準をいい加減にしたために，世界について誤った信念を招く結果となってしまっている。このような混同を除去する方法が，ブラッドレーとスウォーツ（同書, p.114）が**可能世界検査**とよぶ分析手続きである。これは，「一定の曖昧文を発言した人に，可能世界のさまざまな組が描写されたものを提示し，発言された命題がどの組（もしあれば）で真または偽であるかを言ってもらう」というものである。たとえば「人は誰でも常に利己的にふるまうものであると誰かが主張したとして，この主張の様相水準が不確かである場合，それを主張した人に，利己的でないふるまいをするとはどんなことかを述べてもらう。もし適切な行為の例が出てこない場合，上記の主張はすべての可能世界において真である，という結論になる。このような結果によって世界についての仮説がなおいっそう確実になる，と想定するのは，第一次の混同である。むしろこの結果は，当の主張が初めから世界についての仮説ではなかったことを示しているのである。

　様相水準に関する第二のタイプの誤りは，必然的命題を偶然的命題と取り違えるものである。合理論の時代には，一部の人々は，この区別を知らないがために，どんな主張にも必然的命題にしか適さないような扱い方をしていた。一方，現在のような経験論の時代にあっては，同じような混同によって，あらゆる主張をあたかも偶然的命題であるかのように扱うという現象が起きている。つまり，あらゆる命題は経験的手段によって確認されねばならないことが想定されているのである。特にこの誤解自体のために，世界についての誤った信念が形成されることになるわけではない。必然的に真である命題を経験的手段で確認しようとすれば，当然うまくいくだろう。もし「独身男性は未婚である」という仮説を調査によって検証するとすれば，データは，まちがいなく，統計的に満足すべき高い有意水準を示すだろう。このように事がすんなりいくのは，あらゆる可能世界で真である命題は現実世界でも真であり，あらゆる

可能世界で偽である命題は現実世界でも偽であるためだ。実際のところ，必然的命題の真理値を経験的手段で立証する試みが適切かつ有益であるような状況がある。このようなことが起こるのは，必然的命題の真偽の先験的論証がどうしても見つからないときである。（第1章で論じた）ケーニヒスベルグの7つの橋問題がその例である。ケーニヒスベルグの住民は，どの橋も2度渡らずに7つの橋すべてを渡る方法は存在しないことを，経験的な試行錯誤によって知っていた。しかし，必然的命題は型どおりに経験的手段で確認すべきだ，と考えるのはもちろん誤りである。そう考えても，世界について誤った信念を採用することにならないのは確かである。しかし，そのような考えは，それ自体誤解であるばかりでなく，無益な経験的研究に時間と労力を浪費させる原因にもなるだろう。

　心理学においては，この問題は起こるのだろうか。スメズランド（Smedslund, 1984）は，心理学の法則はすべて論理的に必然的であり，それらを確認しようとする試みはすべて無用である，と主張した。彼の主張に誇張があるのは確かである（Vollmer, 1984）。しかし，必然論的命題の一部に，世界についての偶然論的主張を装って提出されたものがあることは，紛れもない事実である。たとえば「効果の法則」を例にとってみよう。この法則は「ある反応の後に強化が与えられると，その反応が再現する確率は増大する」と表現できる。一方「強化」は，時に，「先行反応の確率を増大させる事象」と定義されてきた（たとえば，Skinner, 1953を参照）。これが強化の意味だとすると，効果の法則は単に次のような，論理的に必然的な（そして自明の）真理を言明しているに過ぎない。すなわち，「ある反応の後に，先行する反応の確率を増加させる事象が起こると，その反応の再現確率が増大する」。もちろん，話はこれですべてではない。上記のことは，教育的観点を考えて複雑な理論的問題を単純化した話である。この問題に関するミール（Paul Meehl, 1950）の有名な（効果の法則における必然的な要素を偶然的な要素から解きほぐそうと努力をしている）議論は，必然的な命題に関する2つの理論的な課題のうちの第一種の（必然的命題を偶然的命題から区別する）課題の典型である。ミールの結論によると，効果の法則に内在する偶然的な主張とは，「生活体が実行可能ないかなる先行反応の確率をも増大させる事象がある（簡潔にいえば強化因が存在する）」という命題である。

　同様に，ブラントシュテッター（Jochen Brandtstädter, 1987）は，社会心理学でなされた必然的真理に関する冗長な経験的研究を，啓蒙目的で収集し発表している。その代表的なものに，哀れみ，怒りおよび罪悪感の決定因に関するワイナーら（Weiner, Graham and Chandler, 1982）の研究がある。ワイナーらは，これら3つの情緒的状態を3次元による因果性認知の分類法に関係づけたが，それによると，事象の原因は，動作者の内部にあるか外部にあるか（位置），一時的か比較的持続的か（安定性），また，意志の影響を受けやすいか否か（統制可能性）のいずれかとして認

知される。彼らの仮説は以下の通りであった（同書, p.227）。

　人が哀れみを感じるのは，他者が，統制不可能な条件のために助けを必要としているか，ネガティブな状態にある場合である。
　怒りを経験するのは，自分に直接関係のあるネガティブな結果の原因が他者によって統制可能な要因に帰属された場合である……。
　罪悪感を覚えるのは，自分にとって統制可能な原因により，自らネガティブな結果をもたらしたときである。

　ある研究では，実験参加者はこれらの情緒を経験した場面を想起して記録し，その後で，情緒喚起場面の認知された原因を指摘するという手続きであった。結果は上記の仮説を確認した。たとえば，怒りの事例の94％および罪悪感の事例の94％が統制可能な事象に原因があると報告された。これを哀れみについての24％と比較すると，違いは歴然としている。
　ブラントシュテッターの主張によると，この実験を含め多くの社会心理学の研究は，心理学的世界の偶然的事象については何の情報も提供してくれないという。確かに，原因が自分自身の統制可能な行動によって生じたネガティブな出来事にあると認知することは，「罪悪感」の意味の一部を成すだろう。罪悪感の原因がその人自身の統制範囲外で起きたポジティブな出来事にあると認知されるということを，すなわち，たとえば，カナリア諸島では1805年5月5日の天気はよく晴れて温かく気持よかった，という事実について誰かが罪悪感を覚えるということを，実験者たちが意外にも発見したなどということが，本当に考えられるだろうか。ブラントシュテッター（Brandtstädter, 1987, p.75）はさらに反語的な問いかけを行なう。すなわち「そのような奇妙な所見は，最終的に仮説の修正をうながすのだろうか。それともそれは，概念的あるいは方法論的な不備があることを（それが研究者側にあるにせよ，あるいは情緒的経験についてそのように報告する実験参加者の側にあるにせよ）示しているだけなのだろうか」と。要するにブラントシュテッターの主張は，ワイナーらの実験仮説は論理的に必然的真理だ，というものである。
　しかし，統制不可能な出来事のせいとされた残りの6％の怒り経験についてはどうなるのだろうか。もし正方形の円が存在するかどうかを経験的に確かめることになったとすると，統計的有意性以上のものが期待されるだろう。実際，正方形の円は1つもないとわかることが期待される。同じ理由により，誰かの統制可能な行動によって引き起こされることが怒りの定義の一部であるとすれば，統制不可能な出来事によって引き起こされる怒りの例は，確かに1つもあり得ない。もしブラントシュテッターの命題が正しいとすれば，ワイナーらの仮説に対する例外が起こるのは，彼らの研究に「概念的もしくは方法論的な」不備が存在するせいでなくてはならない。しかも実

際に，そのような不備を見つけるのはむずかしくはない。ワイナーらは実験参加者に，怒りの原因は統制可能であったか，不可能であったかを報告するよう求めた。つまり，彼らのデータは，怒りが現に統制可能な原因によって生じるかどうかの問題に直接言及していない。データが語っているのは「人々は，回答を求められると，怒りは統制可能な原因によると述べるだろう」ということである。これは「人々は，回答を求められると，正方形の円は存在しないと述べるだろう」という命題に似ている。正方形の円は存在しないという命題とは違って，人々が述べるだろうことに関する命題が論理的に必然性のないことは，明らかである。問題が正方形の円だろうが，統制不可能な原因によって生じる怒りだろうが，人々が述べることは，判断を求められている命題の真理値によっては部分的にしか左右されない。人々が述べる事柄に影響する他の要因としては，実験参加者の個人言語（人によっては，「怒り」に風変わりな定義をつけることがあり得る）や，実験参加者が実験者の教示をどれだけ注意深く聞くか，などがある。したがって，データに例外があることは意外でもなんでもない。もし無作為に選ばれた米国人100万人に正方形の円が存在するかどうかと尋ねたとしたら，肯定的な答えがいくつか得られることはほぼまちがいないだろう。

　このように，ワイナーらの研究で実際に検証された実験仮説は，結局は偶然的なものである。つまり，それらが語っているのは，人々が，怒り，罪悪感，および哀れみについて，どんなことを述べる傾向にあるかである。しかし，考えてみると，この研究は，自らの主張の様相水準をまず明確にすることが重要である，という教訓にはなっている。この例では，様相上の混同によって，研究者が検証しようとしたものとはまったく異なる一連の仮説の検証が行なわれることになった（ワイナーらは実験参加者の言語上の慣行を調べることは意図しなかった！）。

　様相水準に関する第三の誤りは，偶然的命題を必然的命題と取り違えることである。この方向でのまちがいが世界についての誤った信念をもたらすのは当然だろう。もしPはすべての可能世界において同じ真理値をもっている，と信じるならば，Pは他の可能世界において真である，という証明を根拠にして，Pは（現実世界において）真であると判断してよい。しかしながら，Pが現実には偶然的なものであれば，そのような証明結果はPが（現実世界において）偽であることと完全に両立する。真理値に関する取り違えをおかさないとしても，ある命題が偶然的でないという誤った信念をもつと，必要な経験的研究に従事しないという結果になる。すぐ後で見るように，すべての研究分野がこの種の混同によって麻痺したことがあるのだ。

　偶然的命題の必然的命題との取り違えに対する救済法は，可能世界の比喩（Bradley and Swartz, 1979）を構成することである。それは，（いかに突飛なものだろうと）当の命題が現実世界とは反対の真理値をもつような可能世界の描写である。

パットナム (Putnam, 1965) の初期の論文には, しだいに異様さを増す一連の壮観な可能世界の比喩が描かれている。彼が主題として取りあげた**論理行動主義**は, この論文が出た当時はまだ, 心身間の関係に関する標準的な見解であった。実際, 論理行動主義は北米の心理学研究室に非常に深くしみ込んでいたので, 心的過程の研究は, 事実上姿を消していたほどである。パットナムの比喩は, この学説の消滅に大きな役割をはたした。第3章に述べたように, 論理行動主義の見解は「心的状態を描写する文章は, 現実のあるいは想定される行動に関する文章に常に必ず翻訳可能である」というものである。「ジョンは痛みを感じている」という文は「ジョンは歯を食いしばって『痛い』という」というような行動的言明と同義であると想定される。さて, この翻訳例に限っていえば, それは明らかに不適切である。つまり, ジョンが「痛い」といわなくても, 痛みを感じていることがあり得るのは明らかである。論理行動主義への攻撃の1つは, これまで提案されてきた行動への翻訳はすべて不適切であることが論証できる, という議論である。この場合, 将来の翻訳には適切なものもあるかもしれないという余地がまだ残されている。しかしながらパットナムの議論は, 誰がどんな提案をしようといずれも不適切であることを証明する。

今, 仮に「Xは痛みを感じている」という文はXについての何らかの行動的記述 (B(X) とよぼう) に翻訳可能であるという主張があるとする。この文は, 「Xが痛みを感じるのは, B(X) の場合であり, またその場合に限る」という命題が必然的真理であるというにほとんど等しい。この命題をPとよぼう。もしPが本当に必然的に真であれば, Xが痛みを感じているがB(X) は偽である, といえるような可能世界は存在しないことになる。パットナム (Putnam, 1965) は私たちを「小さな空想科学小説」への参加を勧める。そこで想像されるのは, 不随意的な苦痛行動をすべて抑制する能力を発達させている「スーパースパルタ人」の社会である。さらに彼らの文化は, 苦痛のいかなる不随意的表現をも抑制することに大きな価値を置く。雑談では, 彼らも時には痛みを感じることがあると認める。しかし彼らはけっして歯を食いしばったり「痛い」と口に出したりはしないし, その他, 痛みを表わすことはいっさいしない。つまり, どのような行動をB(X) と置き換えるにしても, スーパースパルタ人たちはPが偽であるような可能世界に住んでいるのである。したがって, Pは必然的に真ではあり得ない。したがって, 論理行動主義は偽である。

これに対して, どのスーパースパルタ人の生涯にも, 痛みを行動に表わすのを抑えられるように社会化される前の生活時期があったはずである (その文化のなかで生まれた幼い子どもたちは, 痛みに関連する普通の行動を見せるはずである) という反論があり得る。このような状況が論理行動主義の命題を論駁から救うかどうかはまったく不明であるが, パットナムは寛大にも救うと考えてもかまわないという。彼は, 今度は, 数百万年後にスーパースパルタ人の子どもたちが完全に文化的に適応した状態

で生まれてくるような世界を想像するよう求める。その子どもたちは，痛みの行動的徴候をすべて押さえる能力も欲求も生れつきもっている。この可能世界では，スーパースパルタ人の人生で，痛みがB (X) のどんな候補とも結びつけられる時期はまったくない。

　パットナムがこれまで考え出してきた事例の弱味は，スーパースパルタ人が自分たちは痛みを感じると報告するというところである（うまく変調された楽しそうな声をしているとはいえ）。このため，論理行動主義者としては次のように主張する余地が残されている。すなわち，言語報告それ自体，求められている痛みの行動的対件である（「Xは痛みを感じている」という文は，Xがもつ「自分は痛みを感じている」と口に出す傾向を記述する言明に翻訳可能である）という主張である。パットナムは再度，この提言のいくつかの問題点を無視するよう提案する。パットナムは，痛みと言語報告との同一視は実行可能な仮説であることを寛大にも認めたうえで，今度は「スーパースーパースパルタ人」の世界を想像するよう求める。この人たちは，スーパースパルタ人と似ているが，ただ，痛みについて喋ることまでもすべて抑制するところが違う。この世界の住民は痛みを感じることを認めることすらしない。彼らは，この言葉もそれが指示する現象も知らないような振りをする。つまりここは，痛みを感じることが言葉や行為のどんな組み合わせとも関連しないような可能世界なのである。

　論理行動主義者の不満は，スーパースーパースパルタ人についてのパットナムの仮説は，「原則として検証不可能である」というものとなろう。すなわち仮説によれば，スーパースーパースパルタ人と，痛みをまったく経験しない生き物とを区別する規準がない。第3章で述べたように，論理行動主義はその着想を論理実証主義というもっと広い哲学的態度から得ているが，後者の主要な信条は「有意味な言明はすべて観察言語に翻訳可能である」というものであった。この見解によれば，「Xは痛みを感じている」という文は，Xの明白に観察可能な行動の記述と同等でなければ，何の意味ももたないと結論せざるを得ない。このことは，スーパースーパースパルタ人の世界が論理的に可能な世界ではないということを含意する。なぜなら，論理的可能性についての記述は無意味な部分を含んではならないのは明らかだからである。

　この抗弁に対するパットナムの答弁は，論理実証主義的な意味の規準は偽であるというものである。彼は議論のために，世界についての有意味な仮説は，何が観察される可能性があるかに重大な影響を及ぼすべきであることを認める。かといって，個々に切り離された仮説のすべてが，観察上の含意を備えなければならないということにはならない。いくつかの仮説を全体として見た場合，それが観察上の含意を備えた理論の一部であれば十分である。パットナムは，そこで，まさにそのような理論の構成へと進む。彼は，人々が，大脳から発する新種の電波（V波）の検出を始める場面を想定する。この電波を解読すれば個々人の無言のうちの思考が明らかになる。次いで，

スーパースーパースパルタ人もこのV波を放出することがわかったとする。ところが，そのV波を解読すると，スーパースーパースパルタ人は，まさに現実の人々と同じような，痛みからくる気持を感じていることが発見される。V波の記録には，言動にはまったく苦痛を表わさないものの，彼らが自分自身に歯痛や頭痛を訴えているようすが示される。確かに，これと同じ想像上のデータを説明する別の理論を考案することは可能である。たとえば，スーパースーパースパルタ人は紛らわしいV波を思いのままに生じさせることができ，痛みが気になる振りをして，人々をだしに「ちょっとした遊び」に興じているのだ，とも考えられる。しかし，このようなことは科学では一般にみられる。つまり，一定のデータ集合を説明するための理論には複数の選択肢が存在するのが常である。スーパースーパースパルタ人は痛みを感じていてもけっして言動には表わさないという仮説は，検証可能な理論のなかに組み込むことが可能である。この仮説を有意味性が問われない多くの普通の仮説と対等な地位に置くには，そうするだけで十分なのである。

　比喩を構成することの趣旨は誤解されやすい。比喩の効果はもっともらしさにはまったく依存しない。パットナムはスーパースーパースパルタ人のような生き物が現実に存在するといっているわけではない。ただ，その存在が論理的に可能だと主張しているに過ぎない。心的過程が，定義上，行動的反応と等価でないことを立証するには，その確率がどんなに極小であっても十分である。パットナム（Putnam, 1965, p.11）は「この空想が（どこかすぐにはわからないところに）自己矛盾をはらんでいなければ，論理行動主義は率直にいって誤りである」と書いている。なお，パットナムの議論は次のことは保留している。すなわち，「XはB(X)の場合，またその場合に限り痛みを感じる」という命題は偶然的に真である（痛みと行動の間には恒常的な関係が実際にある）かもしれない。（もっとも，他の議論によると，この偶然的関係の蓋然性もきわめて低い）。しかし，そのような偶然的関係も，「B(X)」が「Xは痛みを感じている」という文の適切な翻訳であるという論理行動主義者の主張を保証するには不十分だろう。

　研究グループ間の理論的論争において，一方が，他方は偶然的命題を必然的命題と取り違えている，といい張り，後者は前者が逆のまちがいをおかしている，と責めるといったことはよくある。この型の論争問題の1つに，ピアジェの認知発達理論に関係するものがある。ピアジェ（Piaget, 1926, 1952）によれば，認知発達は4つの質的に異なる段階を経て進行する。最初期の段階，すなわち感覚・運動の段階では，幼児は外部の対象と自分の感覚印象の間の区別ができない。対象の永続性の概念が達成されると，それは前操作の段階の到来の前触れで，この段階では，子どもは思考のなかで対象を表象したり，それらについての情報を収集したりできるようになるが，一般概念を形成したり，またはその反対に規則を適用して心内で観念を操ることは，まだ

できるようになっていない．具体的操作および形式的操作の段階では，子どもは象徴を操ることができる．これら2つの段階の間の違いは，形式的操作の段階では子どもは完全に抽象的で形式的な規則に基づいて自分たちの概念を操ることができるようになるという点である．きわめて大雑把でしかも逆の順序であるが，これらの段階は次の4種の能力と同一視することができる．すなわち，(4)「F＝ma」のように理論的法則を定式化できる能力（形式的操作の段階），(3)「すべてのエメラルドはグリーンである」のように経験法則を定式化できる能力（具体的操作の段階），(2)「このエメラルドはグリーンである」のようにデータを定式化できる能力（前操作の段階），(1)上記の諸能力すべてが欠如した状態（感覚・運動の段階）．

　ピアジェの理論は多くの経験的・理論的吟味を受けてきた．ここではピアジェの説明の様相水準に関係する批判を1つだけ検討しよう．フラヴェルとヴォールヴィル（John Flavell and Joachim Wohlwill）の主張によると，ピアジェが提起した順序以外のいかなる順序も論理的に考えられない，したがってピアジェの理論は偶然的出来事に関する主張をしているのではない，という．彼らは様相にかかわるこの仮説を，次のような主張によって弁護する．すなわち，「これらの（具体的および形式的）操作の構成要素についてピアジェが行なった特性記述を受け入れるとすれば，子どもには前者の操作が可能で後者の操作が不可能であるというのは論理的に可能であるが，その逆は論理的に可能ではない」（Flavell & Wohlwill, 1969, p.86）．この主張はまず否定のしようがない．というのは，理論的法則を定式化できる能力は，経験的法則を定式化するのに必要な能力すべてに加えて，さらにいくつかの能力を必要とするからである．同様に，具体的操作期の子どもの一般的規則を定式化する能力は，前操作期の子どもの規則の適用対象を表象する能力を必要とする．しかし，対象を表象することは，それらを規則に基づいて操る能力がなくても十分可能である．しかしながら，これらの所見とピアジェの理論は論理的に必然だという結論との間には，ほんの一歩だが飛躍がある．フラヴェルとヴォールヴィルが，具体的操作の能力は形式的操作よりも論理的に先行すると主張したのは確かに正しい．つまり，子どもは前者をもたなくては後者をもち得ないが，後者がなくても前者はもち得る．とはいえ，ピアジェの理論は，単にこれらの論理的関係を規定しているだけではない．ピアジェの仮説は，いくつかの段階が実時間における一定の順序に従う（たとえば具体的操作の段階は形式的操作の段階よりも時間的に先行するという）というものである．ところが，時間的先行性は論理的先行性から論理的に帰結されるものではない．フラナガン（Owen Flanagan, 1984, p.132）は，以下のような可能世界の比喩によって，この点を力説している．

　可能性としては，……人間は，母親の子宮から飛び出したときに，宇宙の（名前つきの）諸存

在についての本格的な（ラマルク的）記憶と，完全に作動する抽象的論理能力のシステムを備えているのかもしれない。そして，これらの魅力的な生来の認知能力が順を追って無に帰していき，12歳頃までには，生来の認知的素養が完全な抽象不能とただの蒙昧さに座を譲ってしまう，ということも考えられるのである。

　全生涯にわたる認知発達に関するもっと徹底した説明なら，フラナガンが描写したような仕方で認知能力が減少し始めるときがいつかはやって来ることを，実際に明言するだろう。少なくともピアジェの理論は「人生の初期において，子どもは認知能力を失うのではなく獲得する」という偶然的な主張を行なっている。それだけでなくピアジェは，発達段階を区分することによって，人間の認知能力は，連続的にでもいっきょにでもなく，4つの段階を経て獲得されるという，偶然的な補助仮説をも提言しているのだ。

　もう1つの例として，片やカーネマン（Daniel Kahneman）とトヴェルスキー（Amos Tversky），それに対するにコーエン（L. Jonathan Cohen）の間で交わされた合理性をめぐる論争をあげるが，ここでも心理学の仮説の必然性と偶然性がともに異なる陣営によって主張される。カーネマンとトヴェルスキー（Kahneman and Tversky, 1972）は「人々は判断や意思決定において決まって非合理的だ」という偶然的仮説を支持する経験的証拠を得たと主張する。コーエン（Cohen, 1981）の主張は「人間判断の合理性は論理的に必然的な真理である（合理性の概念と現実の人間の判断との間には意味的なつながりがある）」というものである。コーエンはカーネマンとトヴェルスキーによる経験的所見の真実性を疑うわけではない。論点は，カーネマンとトヴェルスキーが発見したいくつかの「発見的手法」が実際に非合理か否かである。この論点は明らかに経験的研究によっては解決され得ない。必要なのは合理性についてのより深い理論分析である。

8.2　強すぎる生得性論証（詳しい事例研究）

　本節では，ある心理学上の主張の様相水準に関する1つの議論をもっと詳しく調べることにしよう。扱う問題（言語能力の生得性）も登場人物（チョムスキー，フォーダーおよびパットナム）もおなじみのものである。しかし本節には，様相上の論争の例をさらに1つ紹介するという目的に加えて，心理学における現実の理論的討議の変遷をもっと詳細に説明するという狙いがある。

　文法知識の生得性を支持するチョムスキーの議論（6.3節）と，人々がもつ概念の少なくとも一部の生得性を支持するフォーダーの議論（6.9節）についてはすでに考察した。チョムスキーの主張によると，言語学習者が利用できるデータの量は，そこから当該言語の統語規則を導き出せるほどには大きなものではない。とすると，いくら賢い人間でも，言語学習に利用できる言語データだけから，合理的推論の手続きに

より統語的な知識へと転換することは，とうていできまい．さて，著者は，チョムスキーの主張を説明する際に，意図的に曖昧な表現をとり続けてきた．子どもたちには自国語を合理的手段で学べるほどには十分な言語データが与えられていない，という主張は，2通りに解釈できる．この主張の弱い意味では，子どもたちは文法を合理的に再構成するのに十分な言語データを**事実上**受け取っていないということになる．一方，その強い意味では，子どもたちは**原理的にも**文法を再構成するのに十分なデータを得ることができないということである．チョムスキー自身は，たいていの場合，弱いほうの主張に頼っている．たとえば，次の一節（Chomsky, 1986, p.55）を考えてみよう．

　……根本的な問題は，人々の（統語的な）知識は十分に明確化され，同じ言語共同体に属する他の人々と共有されているが，一方，利用可能なデータはあまりに貧弱なので，一般的な帰納の手続きではそれを確認できない，というところにある．

　この「貧弱なデータ」という話題はチョムスキーの著書にしばしば出てくるが，そのいわんとするところは，もし仮にデータが十分に豊富であったならば，話は違ったものになっていただろう，ということである．同様に，チョムスキーは，英語における複雑な変形操作について論じたあとで，次のように述べている（Chomsky, 1980c, p.4）．

　この場合においても，英語を学ぶ子どもたちがこれらの事柄について具体的な教示を受けているとか，ましてや，あからさまな帰納的一般化を禁じるような経験を与えられている……とは，とうてい主張できない．

　具体的な教示がなされていないと強調されているが，そこから察するに，教示は行なわれていたのかもしれない．チョムスキーはまた，子どもにおける言語習得の手際よさを，言語の生得性仮説に有利な証拠としてしばしば話題にする（たとえば，Chomsky, 1962を参照）．ここでも，手際よさを話題にする際は，弱い論証が前提となっている．この主張が，純粋に合理的手段によって言語を学習するのは**不可能**であるというものであったとしたら，子どもたちにとって言語を学習するのは容易であるか非常にむずかしいかを調査するのは，無意味なことだろう．すなわち子どもたちがともかく学習する，ということだけが，理論的に有意味な要件である．けれども，弱い論証との関連では，子どもたちの言語学習の手際よさは，彼らの言語の腕前は提供される資源の上を行くという一般的現象の，また別の現われである．チョムスキーは，上記を含めいたる所で，子どもたちが十分なデータを受け取っていないのは，たまたまそうであるだけだ，という議論を頼りにしている．その見解によれば，子どもたちは，困り果てた親や教師たちが提示する情報の不足分を埋め合わせるために，生得的

な制約を必要とすることになる。

　弱い論証といっても，何らかの欠点があると考えるべきではない。「弱い」というのはそういう意味ではない。論証が弱いというのは，単に論証において仮定することが比較的少ないというだけの意味である。「言語は利用可能なデータを基礎にして合理的に再構成することはできない」という言明は，「言語は利用可能になるかもしれないどんなデータを基礎にしても合理的に再構成することはできない」という言明よりも，述べていることが少ない。事実，この意味において弱い論証は，結論を確実に得ることにおいてより優れている。すなわち，弱い論証は仮定することが少ないので，食い違う事柄もそれだけ少ない。，弱い論証は，その前提命題が成立する限り，生得性仮説支持のために強い論証ができることは，ことごとく行なう。

　考察をより具体的なものにするために，言語データの不足の例をあげよう。チョムスキー（Chomsky, 1986, p.55）によると，子どもたちは試行錯誤の過程を経ることなく言語の多くの側面を学習する（彼らは最初の試行から正しく理解しているように見える）。

> 子どもたちは正事例からのみ言語を学習する（訂正は必要ないか意味がない）と考えるに十分な理由があるし，さまざま複雑な状況で適切な経験がなくても，いろんな事実を理解しているらしい……。

　チョムスキー（Chomsky, 1981a）のお気に入りの例の1つとして，英語での疑問文形成の課題がある。彼は，子どもが英語を学習するのを「中立的な科学者」が観察しているところを，想像するよう求める。その科学者は，子どもが，(A)にあるような疑問文（対になっている平叙文に対応した）を作ることを学習したのだと，たぶん見て取るだろう。

(A) the man is tall － is the man tall?　The book is on the table － is the book on the table?

　こうした事実をもとに，科学者が，子どもは単純な単語置換規則（同書，p.319）に従っている，という暫定的な仮説に到達したとしても不思議ではない。

仮説1　子どもは，平叙文を処理するとき，最初の単語から（すなわち，「左から右へ」）始め，「is」という単語（またはそれに似た他の単語：「may)」，「will)」，など）に初めて出会うまで処理を続け，この「is」を文の前に移動させて，対応する疑問文を作る……。

　しかし，さらに観察を続けると，この仮説が誤りであることがわかるはずである。次の一対の例を考えよう。

(B) the man who is tall is in the room - is the man who is tall in the room?
(C) the man who is tall is in the room - is the man who tall is in the room?

　「the man who is tall is in the room」という文から疑問文を作る課題に初めて出会ったとき，子どもはどう答えるだろうか。仮説1からは（C）が予想される。しかし子どもはこうは答えない（従属節を含む平叙文を初めて見せられたときでも，そうである）。つまり，「子どもたちは，言語学習で多くのまちがいをおかすが，（C）に例示されたようなまちがいはけっしておかさない」（同書，p.319）。チョムスキー（同書）によると，正しい仮説はそれよりはるかに複雑である。

仮説2　子どもは平叙文を抽象的な句に分析する。それから最初の名詞句に続く「is」（その他）が初めて現われる場所を突き止める。それから，この「is」の場所を前に移し，原文に対応する疑問文を完成させる。

　しかし，もし（誰もが同意するように）仮説1が，中立的な科学者が（A）に含まれたデータに基づいて立てるのが正当な仮説であったとすれば，その同じ仮説はまた，（A）に含まれるタイプの言語知識しかもっていないような言語習得段階にある子どもが立てるのが正当な仮説でもあったはずである。しかし，子どもが仮説1を実際に採用していたとすれば，子どもは（C）が正しいと推測するだろう。そして子どもはおそらく訂正を受け，すぐに仮説1は不適切であることに気づき，それに代わる規則を探し始めるだろう。しかし実際はけっしてこうはならない。子どもたちは，（C）のタイプのまちがいをおかすことはけっしてない。ということは，彼らが仮説1を考えることはけっしてないという意味になる（しかも彼らに利用可能なデータがすべて（A）のタイプである場合でもそうなのである）。とはいえ，いくら利口な人でも，（A）タイプのデータだけに基づいて，仮説2のほうが仮説1より優れていることを理解できるものではけっしてない。「唯一正当な結論」は，チョムスキーによると，私たち人間は，仮説1を先験的に排除可能とするような生得的知識を所有している，ということになる。

　そういうわけで，弱い論証の論理は次のように述べられる。子どもたちが自国語を学習するとき，そうした課題遂行のためには明らかに不十分な言語データを基礎にしている，と。したがって彼らは，生得的知識をもって課題に立ち向かっているに違いない。**著者自身の**（チョムスキーのではなく）目的のためには，この論証が「言語は，生得的知識に訴えなくても，やはり習得が可能である」という見解とも完全に両立することに注意することが大切である。もし問題点がデータの不十分さにあるとすれば，1つの解決法は欠けているデータを補充することである。生得的知識に訴えることは，言語学習をそれだけ容易なものにすることは確かであるが，弱い論証には，私たちは，

たとえその必要があっても，生得的制約なしですますことはできない，などと示唆するものは何もない。もちろん，「帰納法の一般的手続き」で言語を再構成するのが正確にどの程度困難であるかは，前もって知りようがない。必要なデータを伝えるには，系統立った指導をしても数百年はかかるだろう。この問題に関して見識ある意見を立てるためには，データにいったいどれだけの不足があるのかを詳細に調べる必要があるだろう。もっとも，不足データがどれだけあろうと，それらの不足は原理的には補充可能である。

チョムスキーが言語学で取り組んだ問題は，フォーダー（Fodor, 1975）の立場からいうと，もっと一般的な難題の特別なケースとなる。実際，その問題は20世紀分析哲学の最も有名な難問，すなわちグッドマン（Goodman, 1954）の「帰納法の新しい謎」にほかならない。この謎というのは，いかなる有限データ集合とも両立する仮説が無数にあって，それらからは無数の予測が導かれ，しかも広範囲にわたるというものである。この論点は精査に値する。そこで，これまでに観察されたエメラルドはすべてグリーンであった，というデータがあるとしよう。これらのデータと両立する1つの仮説は，エメラルドはすべてグリーンであるという説である。もう1つは，エメラルドはすべてグルーであるという説である。さらに別の説は，エメラルドはすべてグレッド（西暦2100年以前に観察されたものはグリーンで，それ以外はレッド）であるというものである，等々。最初の説から導かれる予測は「2099年12月31日以後最初に観察されるエメラルドはグリーンだろう」となり，2番目の説からは「それと同一のエメラルドはブルーだろう」となり，3番目のからは「それはレッドだろう」となる，等々。明らかに，データをいくら追加しても何ら変わりはない。また，可能な仮説の過剰さも，2100年元旦まで待つという方便をとったところで減少しないだろう。22世紀が明けると，子孫たちはエメラルドがグリーンか，グルーか，それともグレッドかを確認できる（より正確には，これら3つの仮説のうち少なくとも2つは消去できる）だろう。しかし，依然としてすべてのデータと両立する仮説が無数に存在するはずである。22世紀に観察されるエメラルドはすべてグリーンであることが判明するとしよう。これらの所見と両立する1つの説は「エメラルドはすべてグリーンである」というものである。もう1つの説は「エメラルドはすべてグルー22である」というものである。ただし，これは「2200年以前に観察されるものはグリーンで，それ以外はブルーである」と定義される，等々。要するに，所有するデータが有限である以上は（また，そう確信してよいのであるが），データとは整合するが互いの間では両立しない仮説が，常に無数に多く存在する。

この難問はまったく一般的なものである。つまり，何についてのどんな仮説にも，グルー風の代替仮説をいくつも構成することができる。事実，科学上の信念をいっきょにグルー化することができる。つまり，世界について目下真であると考えられてい

るすべての法則と一般概念をSとしよう．また，それに代わる法則と一般概念の集合（いかに奇妙で信じ難いものだろうと構わない）をTとしよう．Tは，準星はピーナツバターでできているとか，誰かがどこかで「マニトバ」という言葉を発するごとに小妖精がきれいに2つに分かれる，等々を含意するかもしれない．要件は内的整合性だけである．さらに，宇宙に関する次のような説を考えてみよう．すなわち，明日まではSの経験上の帰結は真だったが，明日以降はTの経験上の帰結が真だという説である．宇宙に関するこの説は，手もとのデータに対して，現行の説Sの場合とまったく同じ関係にある．したがって，Sを選ぶとすれば，データとの一致以外に何らかの理由が必要である．

　私たちが帰納的な推論をする（エメラルドはすべてグルーでなくてグリーンであるという説を選ぶ）という事実は変わらない．データとの一致はこの選択を説明できない．フォーダーは人々の選好の説明として，「生得的先入見」（ある仮説のクラスを別のクラスに優先して選好する，あらかじめ配線された傾向）を提案する．6.9節でフォーダーの論証の概要を述べた際には，議論を概念学習の話題に限定した．形式上は，ある概念の利用可能な事例・非事例とその概念が示す実際の意味の間の関係は，証拠と理論の関係と同じである．したがって，いうまでもなく，事例・非事例の任意の有限集合を説明できる競合概念は無数に存在する．そこで，人々がみな同じ概念を習得するという事実は説明を要するわけであるが，この要件を満たしてくれると考えられるのが，生得的先入見なのである（フォーダーはその後さらに概念の生得論支持の論証を展開したが，そこから出された結論は，単に一部の概念が生得的だというのではなく，ほとんどすべての概念がそうだというものだった，といわれている：Fodor, 1981bを参照）．ところが，同じ論証が文法知識にも当てはまることは明らかなはずである．というのは，言語データとその言語の統語法の関係は，証拠と理論の関係に等しいからである．したがって，やはりいうまでもなく，言語データの任意の有限集合を説明し得る競合文法は無数に存在する．そこで，言語学習者が手もとのデータと整合する文法の集合からランダムに選択するとしよう．その場合，彼らが正しい文法に行き当たる確率は，$1/\infty = 0$である．子どもたちが現に言語を習得しているという事実は，彼らが，考えられる文法が構成する解法の空間全体にわたって，ランダムに探査しているのではないことを示す決定的な証拠である．では，仮説的文法をランダムでない仕方で選択していると考える根拠は何だろうか．先の場合と同様，生得性仮説こそ，言語学習者の示す好成績について必要な説明を用意してくれる．もちろん，生得知識は単純に補助的データの形はとり得ない．というのは，有限量のデータでは，単一の文法を選び出すには十分でないからである．しかし，この仕事をやってのけるようなパッケージ情報が存在することは疑いない．たとえば，私たち人間の生得的才能が，学習を迫られる言語に適した可能な文法を有限個だけ指定してくれることもあ

ろう．選択可能な文法が有限個しかなければ，利用できる言語データ量が有限であっても，どれか1つ文法を選択するためには十分だと，確かに期待してよいだろう．これが，チョムスキーの生得性仮説を支持する強い論証である．

さて，強い論証とチョムスキーとの個人的関係の問題に取りかかろう．だいたいにおいてチョムスキーは，弱い論証に頼ってきたことは明確である．このことだけからは，彼が強い論証をどう見ているかについては何もわからない．というのは，両者は相反しないからである．事実，強い論証の健全性は弱い論証の健全性を含意する．すなわち，もし子どもたちが言語を再構成するに十分な言語データを，原理的に入手できないのであれば，彼らは実際それを入手しないことは確かである．そのような場合には，単に優雅さのために，弱い論証に基づいて自分の立場を主張するほうを選ぶのはもっともである（ハエを叩くのに大きなハンマーを使うのは意味がない）．チョムスキーが弱い論証を提出する仕方を表面的に見ると，彼は強い論証を支持しないかに見える．本節の始めで引用した最初の2つの文章をよく見てほしい．そのいずれにおいても，チョムスキーは，文法が帰納法によって推論されたにしてはデータが不十分だっただろうと主張している．これから考えられるように，生得的な制約によって推論するのでないとすれば，合理的に推論することになる．すなわち，仮に帰納法に必要なデータが十分に存在したとすれば，子どもは生得的才能の助けを必要としないだろうということになる．しかし，強い論証は，帰納法による解決に必要なデータはけっして十分には存在し得ない（すなわち，無限に多くの帰納的一般概念のうちどれをとるべきかを教えてくれる生得的制約が必要だ），というものである．もう一度いうが，仮にチョムスキーがこのフォーダーの論旨を是認していたとすれば，帰納法は問題外だっただろう．

もっとも，チョムスキーは，少なくとも一箇所で強い論証を完全に是認している (Chomsky and Fodor, 1980, p.259)．

現代哲学の歴史においては，帰納的推論の不可能性に関して2，3のごく単純な問題点を論じた文献は，たとえばグッドマンのパラドックスをめぐるすべての論争などを含め，膨大な数に上る．このパラドックスを理解しさえすれば，帰納が行なわれるためには，あらかじめ一連の先入見をもつ必要があることは明らかである……．

この文章の出所がフォーダーとの合同シンポジウムでの発表である点は意味深い．とはいえ，この強論証に関する記述はチョムスキーの名前で出ている．では，彼は強い論証を是認するのか，しないのか．著者の考えでは，彼は是認している．彼が帰納のことをいう場合，生得的制約と合理的に正当化できる原理とを対比しようとしているのではない．チョムスキーが対比しているのは，言語に対する非常に特殊な（また物理学や心理学の問題とは関係のない）生得的制約と，科学においてたぶん頼られる，

帰納に対する比較的一般的な生得的制約との間である。制約なしで科学がやれるというのではなく、2つの制約は異なるのである。言い換えると、チョムスキーは、一般的帰納法の手続きに従った文法の再構成には言語データが不十分であることを強調するとき、言語能力のモジュール性を支持する主張をしているのである。いずれにしても、上に引用した一節から明らかなように、チョムスキーは強い論証を理解しており、受け入れている。けれども、両者がどちらかの論証を用いる相対的頻度において個人差があるので、著者は、弱い論証をチョムスキーの論証、強い論証をフォーダーの論証とそれぞれよんでいるのである。

　ここで、比較的弱い、純粋にチョムスキー流の言語生得性支持論と、比較的強いフォーダー流支持論の間の違いを精査したい。前者は、言語学習者に実際に利用可能な言語データでは、その言語の文法を発見するという課題を解決するには不十分だ、という非常に偶然的な前提の上に立っている。この論では、言語データを大量に補強しさえすれば、生得的傾向の助けがなくても言語の習得が可能になるかどうかは、棚上げされている。一方、フォーダーの議論は、補充としてたまたま言語学習者に利用可能となる言語データの特徴に関する偶然的前提には左右されない。この論の根底にある考え方は、あらゆる非例証的推論は、結局は、生まれながらに組み込まれた大前提（別名「生得的先入見」）に頼らざるを得ない、というものである。

　ここでようやく、先に約束していた命題の様相水準をめぐる論争例にたどり着いた。生得論に関する最近の文献は、生得性を支持する第三の（短命であるが）さらに強い論証（強すぎる論証）に触れている。かつて、チョムスキーとフォーダーの両者が参加したあるシンポジウムで、両者は終始一貫して、生得性仮説のことを「トートロジー（同語反復、恒真命題）」とよんだ。その意味は、「先入見」なしで帰納を行なうのは論理的に不可能だ（言い換えれば、帰納が生得的傾向を必要とするという原理は、論理的に必然の真理だ）ということだった。この強い論証のいわんとすることは、生得的制約は帰納の問題に心理学的解決を与えるというものである。しかし、この主張は、人間における帰納の実際を説明するのに別の方法があるかもしれない、という点は棚上げしている。仮に生得的制約が、帰納的学習を説明するための論理的に可能な唯一の道で実際にあったとすれば、別の説明のことは、考えようとすることさえ無意味だろう（論争は最終的に決着しているだろう）。パットナム（Putnam, 1980b, p.301）はこの考えを、別の風変わりな可能世界の比喩を使って、やっつけてしまった。

　フォーダーとチョムスキーが「一部の生得的な『先入見』が『作り付け』になっていない限り、人は何ごとも学習することはできない」というのは「トートロジー」だといっているが、これはまったくまちがっている……人間の頭がブリキのきこりのように空っぽで、それでも話したり愛したりするというのは論理的に不可能なことではない。しかし、内部構造のない生き物がこれら

のことを偶然にしろやったとすると，それはまさに，因果的変則の極端な例ということになる。私は，人間のもつ性向が現に因果的に説明され得ること，そしてもちろん脳の機能的組織こそ因果的説明を探すべき箇所であることを一瞬たりとも疑わない……しかし，それでもこれはトートロジーなどではない。

パットナムによる争う余地のない論旨を目のあたりにして，チョムスキーもフォーダーも，ただちに引き下がった。チョムスキー (Chomsky, 1980a, p.323) は次のように釈明している。

……この用語（「トートロジー」）は，発表論文のなかで出てきたのではなくて，非公式の討論のなかで（誰だったかは思い出せないが）もち込まれ，その後，参加者全員が使ったものである。しかも，「論理的真理」という専門的な意味ではなく，「自明の真理」という非公式の意味である。

フォーダー (Fodor, 1980b, p.325) も同様に釈明している。

パットナム教授は親切なことに，私（およびチョムスキー）に，「人間の頭がブリキのきこりのように空っぽでも，話したり愛したりするのが論理的には不可能ではない」ということを思い出させてくれた。その反対に取られかねない発言を私がしたのは「いささか軽率」だった。実際に私がそう発言したとすればの話だが。実際「トートロジー」は私の正式の発表で出てきた用語でもなければ，私がそれを討論にもち込んだのでもなかった……討論のなかで問題になったトートロジーという言葉の意味は，もちろん「論理の真理」ではなくて，むしろ「自明の真理，明証的真理……等々」だった。

少なくともフォーダーの場合，これは，単にそういうことではない。確かに「トートロジー」には「自明の真理」という副次的，非専門的意味があるが，フォーダーは以下をどう説明するのだろうか。

……帰納法は実行できないし，諸仮説を先験的に順序づけすることなしに非論証的推論を行なうことは論理的に不可能である。この生得論についての一般的主張はあまりに明証的であって，検討の必要もないほどである。ここで問われるべき唯一の問題は，生得的制約がどの程度具体的かである。(Chomsky & Fodor, 1980, p.260: この一節は，原文では特にフォーダーの発言とされている）

いずれにしても問題は過去のものである。特に，この強すぎる論証に限っては1人も支持する人はいない。生得性が帰納を説明するために論理的に考え得る唯一の方法であるというのは，まったくまちがっている。しかし，このエピソードは，いかに洗練された研究者でも，命題の様相水準についてはとかく混乱に陥るものであることを

示す好例である。

　次のことは，ただ事実を記録するためであるが，触れておく価値がある。フォーダーとチョムスキーが，ブリキのきこりの例を突きつけられて最後にたどり着いた立場は，依然として，強い論証が主張するよりもいっそう強い主張を行なうものである。彼らは，生得性仮説が論理だけを根拠にしては証明できないことを認める。それでも彼らは依然，それが「自明な真理」を根拠に証明され得ると主張する。仮にこれが本当だとすれば，それはほとんど同じくらい有力な結果となろう。しかし，はたしてそれは本当なのか。含意された自明な真理がどのようなものであるかは容易に見てとれる。1つは，人々には，考えられる限りの文法をすべて点検するのに必要と思われる無限の時間はないということである。もう1つは，知識は魔術のように頭のなかにポンと出てくるわけではないということである。しかし，いまだかつて，帰納推論が生得的制約を必要とすることを演繹するに十分な，自明な仮定のリストを用意できた者はいない。したがって，チョムスキーとフォーダーは，自分たちが実行できる以上のことを主張しているのである。彼らの最終的な立場では，この仮説が実際に行なわれている帰納を説明するということだけでなく，さらにこの仮説が帰納推論についての現在最良の説明であることをも示す必要がある。この後者の主張は，帰納推論についてよりよい説明が将来考案される可能性を認めるが，そのようなことは，生得性仮説が自明の真理の演繹的な帰結だとしたならば，けっして起こらないだろう。

8.3　新たな必然的真理の発見

　必然的命題に関する理論的課題の2番目は，必然的命題を新たに発見することである。必然的命題と偶然的命題とを区別するのは，単に前者を忘れるためではない。必然的真理はやはり真理の一種であり，したがってそれ自体のために知る価値がある。新しい必然的真理の発見は，偶然的事実の新たな発見と同じように，まちがいなく知識の増加を意味する。ここでもまた，おおかたの歴史上の心理学理論が単純なものであることから，必然的真理は，「独身者は未婚である」という命題のように，常に平凡かつ自明である，というまちがった印象を抱いてしまうかもしれない。しかし，この見方が必然的命題一般には成り立たないことは明らかである。結局のところ，論理学と数学は，あらゆる研究分野と同じように，むずかしく，かつ驚きに満ちているのであるが，それにもかかわらず，論理学や数学の命題は典型的には必然的なものである（心理学における自明でない必然的命題の例は，次節でいくつか検討する）。

　そればかりではない。必然的命題が，たとえその真実性が自明であっても，重要な洞察を提供してくれるような状況がある。たとえば，次の主張があるとしよう。「人生で望みの境遇を手中に収めても，それにしがみつこうと小心翼々とし始めると，けっして満足は味わえない」。2，3の主要な用語に自然な定義を与えれば，この主張が必

然的に真であることを証明するのはやさしいだろう。それでも，この命題はちょっとした知恵は含んでおり，一定の境遇にある人々（たとえば，手中に収めたものにしがみつこうと小心翼々し始めており，しかも不満足な一生にはけっして甘んじない人）にとっては，洞察の手がかりともなり得るのである。今，この必然的真理を「PならばQである」でもって表わせば，この人は（手中に収めたものにしがみつこうと小心翼々しているという）命題Pをすでに知ってはいるものの，この認識から（けっして満足は味わえないという）論理的推論Qを引き出していない。この状況では，もしこの人が明白な必然性「PならばQである」に気づけば，結果としてただちに1つの新しい**偶然的知識**Qを習得することになり，この知識はこの人にとって重要な情報項目になる。このように，トートロジーにも高い実用的な価値があるのだ。

　肝要な点は，論理的必然の先験的証明を案出することによって，新たな偶然的真理を立証できる，ということである。前の例では，必然的命題は自明であり，それが役に立ったのは，気づいたのが時宜を得ていたためである。他の場合には，必然的命題は自明ではなく，証明にたどり着くのに苦心を余儀なくされるかもしれないが，そのような命題も，他の偶然的信念に追加されると，新たに重要な偶然的情報を提供してくれるだろう。事実，偶然的命題の真理値を確定する方法として，必然的命題を証明するか反証するほかないような状況もある。以下に，著者がいわんとすることを示す作為的な例をあげよう。その後で，ある現代的な研究課題から引き出した実例をあげる。

　フェルマー（Pierre de Fermat: 1601-1665）は，その「大定理」によって最もよく思い出される17世紀の数学者である。その定理はある書物の欄外に走り書きされたメモで，そのなかで彼は「ある数学的命題の証明を発見した」と述べていた。その命題は専門外の者にもきわめて容易に理解できる。それは，n＞2については，方程式$x^n + y^n = z^n$はゼロ以外の整数解をもたないというものである。300年以上もの間，数学者たちは，この証明の再発見をしようと，あるいは，フェルマーはまちがっていて，命題は実際には証明できなかったということを明らかにしようと，試みては失敗に終わってきた。フェルマーの大定理は，1994年，ついにワイルズ（Andrew Wiles）によって証明された。ここで，今は1983年で，したがって証明はまだ発見されていないと仮定しよう。さて，「フェルマーの数学上の発表はけっしてまちがいではなかった」という主張があるとよう。この命題（Fとよぼう）は，フェルマーの心理過程の履歴についてある種の主張をしている。この主張が偶然的なものであることは否定できない。すなわちフェルマーはまちがいをおかすことはなかったかもしれないし，あるいはあったかもしれない。仮にFの真実性ないし虚偽性に関する経験データをすべて人々がすでに所有している（フェルマーの数学上の発表のすべてがどんなものであったかを正確に知っている）と想定しよう。そのほかに立証すべきことは，もちろん，

これらの発表がすべてまちがいではなかったということである。しかしフェルマーの大定理が証明されるか反証されるかするまでは，人々はそのことを知るべくもない。つまり，1つの数学上の研究成果が偶然的事実の獲得の前に立ちはだかっているのである。この場合，偶然的命題の真実性を立証するには，必然的命題を証明するしかない。[この状況は，経験論的認識論に対していささかも新しい問題を引き起こすものではない。まさか，偶然的命題の真実性がいかなるデータにも訴えることなく立証される，というわけでもあるまい。この仮想例では適切なデータがすでに手元にあるというだけだ。ただし，データから望みの結論を推理するのは困難で，動きがとれない状態にあるのだ。大切なのは，このような（世界に関する偶然的知識の獲得を妨げるものを取り除けるのは，先験的分析のみであるというような）状況も起こりかねないことを，忘れないことである。]

8.4　強い人工知能

強いAIは，命題Fに関連して出会った状況の実例となる。強いAIは，ニューウェルとサイモン（Newell and Simon, 1981）が物理的シンボルシステム仮説（Physical Symbol System Hypothesis: 以後，略してPSSH）とよぶもの（すなわち，純粋に物理的なシステムが人間のもつあらゆる種類の知能を発揮できるという仮説）を実証しようとする試みである。強いAIは，弱いAIとまったく同様，さまざまな知的課題を実行できるプログラムを構成することによって進められる。新しい部分は，そのようなプログラムの発見がPSSHの妥当性を証明する帰納的証拠と見なされる点である。考え方はこうである。もしそれをコンピュータに行なわせることができれば，純粋に物理的なシステムがそれを行ない得ることが確実にわかる。というのは，コンピュータが魂をもっているとは，誰も想定していないからである。さらに，人間ができることは何でもコンピュータにさせることができれば，PSSHは真であるに違いない。

さて，PSSHは明らかに偶然的命題である。ニューウェルとサイモンによれば，強いAIが偶然的仮説の真実性を立証しようとしているという事実は，それが経験科学であることを示しているという（これはAIの経験論的立場を支持する2番目の主張である。1番目の主張については第5章参照）。この結論は，明らかに，偶然的命題の真実性は経験的研究によってのみ解決できるという，隠れた前提に基づいている。しかし，前節で見たように，この前提はまちがっている。さらに，強いAIの企ては，フェルマーの大定理を証明する試みによって命題Fの真理値を発見しようとした企てに非常によく似ている。PSSHに関する経験データはすでに手元にある。私たちは経験から，任意の大きさの計算能力をもつコンピュータが物理的システムによって実現され得ることを知っている（少なくともこの経験論的主張に反対することに関心をもちそうな人は1人もいない）。当面の疑問は，人間知能のあらゆる側面がコンピュー

タ上でプログラム化され得るか否かである。この疑問に答えるには，一連の命題を研究する必要がある。すなわち，リストをアルファベット化することのできるプログラムが存在する，長い原文の要約を書くことのできるプログラムが存在する，などである。しかし，これらの命題のおのおのは，必然的に真であるか，必然的に偽であるかのいずれかであり，プログラムをうまく作りあげれば，その存在に関する主張の先験的証明になる。そのような主張は，実際（先ほどから約束していた）心理学における自明でない必然性の例になっている。

　要約すると，強いAIの研究者は，確かに，偶然的仮説を立証することに関心がある。しかしこの関心には，経験論的作業が何ら伴っていない。強いAI研究は，PSSHと関係がありながらも先験的なのだ。それはちょうど，フェルマーの大定理を証明しようとする人物がやっていることが，たとえその研究の結果は「フェルマーはいかなる数学上のまちがいもおかさなかった」という心理学的仮説に関係するとしても，あくまで数学であるのと，同じである。

第9章　概念にかかわる諸問題

9.1　概念図式の案出

　さらにもう1つの理論的活動として**概念図式の構成と評価**がある。この活動は，通常，独立した理論の構成や評価と同時に進行する。けれども，古い概念から新しい理論を構成してもいいし，また新しい概念を構成しても，それらについての理論を公表しなくてもいいのである。

　ここで人為的な例を示して，主旨の理解の助けとしよう。仮に，物質を固体，液体，気体に分類することをかつて考えた者は誰もいなかったとしよう。さて，ある人がやってきて，それらの区別をつけたとしよう。すると世間では，この区別を科学的進歩と見なさざるを得ないだろう。重要な科学法則の多くは，結局，これら物質カテゴリーの1つにしか適用できないわけで，だからこそ，このような適切なカテゴリー体系が用意されないうちは，たぶん，それら法則は定式化されることはなかったのだろう。しかし固体‐液体‐気体という概念図式を提案した人は，何ら新しい経験的発見も，あるいは経験上の実質的主張さえも，必要はなかった。それどころか，その人は，真あるいは偽と解釈され得る事柄はいっさい述べる必要はない。なぜならば，概念自体は真でも偽でもないからだ（第2章参照）。新しい概念図式の経験的確認を求めても意味がない。それらを構成し評価することは，いずれも非経験的活動なのである。

　1つの意見として，この世界の偶然的属性はまったく度外視して，自分の気に入った概念を自由に考え出してもよいのだ，という考えがある。たとえば，ここで私が，「ブルカー」という概念を発案する。そしてそれを，ベネズエラへのブルガリア移民であるか，1955年から1957年の間にアイダホ州で登録された四輪車であるか，のいずれかの任意の実体と定義しよう。さて，この発案に限って，それを批判する根拠はさまざまである。その具体的なことは，のちほど本章のなかで論じよう。しかし，「ブルカー」という概念の導入は，事実的にも論理的にも誤りでないことは確かである。事実，いったん概念が導入されさえすれば，ブルカーの属性を経験的にいろいろ研究するのが完全に可能になる。たとえば，それらの平均的な重量（それは，乗用車の平均重量よりはわずかながら軽いのではないかと思う）を当然確認できる。

2つの非常に異なるタイプの知的論争問題，すなわち命題に関するものと概念に関するものを区別することが大切である。命題に関する論争問題は，ある命題の真理値をめぐって2人が違った意見をもっている場合に生じる。つまり人物Aは，イヌはネコよりも利口であると思っているが，人物Bは，ネコのほうがイヌよりも利口であると思っている，あるいは，PはTの論理的帰結であるとAが思っているのに，Bはそうではないと思っている。この2つの例のうち，前者は偶然的命題の真理値をめぐる不一致であるのに対して，後者は必然的命題の真理値をめぐる不一致であるが，いずれも命題に関する論争問題である。命題に関する論争は，論争の当事者どうしが世の中のことを語る際に，同じ概念（たとえば，「ネコ」，「イヌ」，「利口さ」）を使うことに同意していない限り起こりようがない，ということに注意してほしい。人物A，B間の不一致は命題に関するものであるというのに，もう1人の人物Cが，その論争で使われる用語自体を拒絶する行動に出ることがあり得る。Cは，利口さ（知能）の概念をブルカーの概念に近い，別個に扱うほうがいい属性を不調法にも混ぜこぜにしたようなものとみなすかもしれない。実際のところ，多くの心理学者は，知能を正にこんな風にみなしてきた（たとえば，Gardner, 1983を参照）。それが正しかったとしても，ネコがイヌよりも利口であるかそうでないかのいずれか（あるいは，両者の利口さは同じ）だ，ということは真なる命題である。しかし，Cの立場としては，この問題を研究したり，あるいはこの問題についてよく練られた意見を編み出したりする時間を費やす価値はないということかもしれない。結局のところ，考えられるあらゆる問題について練られた意見を編み出すだけの時間は存在しない。誰でも自分の思考時間を計画的に割り当てる必要があるからだ。Cは，意見を求められれば，知能（利口さ）という概念は私たちの語彙から完全に消去すべきだと勧告するだろう。このように，CがAやBと意見を異にしているのは概念上の問題をめぐってである。

　命題に関する論争問題と概念に関する論争問題の間の区別は，社会学者マンハイム（Mannheim, 1925）による「暴露（unmasking）」に関する議論にかかわりがある。ある観念の正体を暴露することは，その観念の真実性あるいは虚偽性をめぐる議論でどちらかにつくことではなくて，政治的観点からその散開を批判すること（たとえば，その観念は特定の階級の利益を守る際に役に立つという機能を明らかにすること）である。「暴露意識」とは，マンハイム（同書, p.140）によると，次の通りである。

　ある理念を単純に否定したり，虚偽だと断言したり，疑いをはさんだりすることをねらうのではなく，むしろその理念を解体させ，しかも同時にそれによってある社会階層の世界像を解体させるようなやり方で行なおうと努めるところに成り立つ意識である。この点で大切なことは，ある理念の「真実性を否定すること」とこの理念が発揮する「機能を確認すること」との間の現象論的な区別に注目することである。私が理念の真実性を否定するということは，私がその理念自体を「テーゼ」として前提にし続けていることであり，またそれによって，理念そのものが構成

されるのと同じ理論的な（まったく理論的な）基盤に私自身をあいかわらず置いているということである。私が「理念」を疑っている場合でさえ，私はいまだそれが存在するのと同じカテゴリーパターンの枠のなかで思考しているのである。その理念が主張することが真実かどうかをはじめから問題にするのではなくて（あるいは，少なくともそうした取りあげ方に重点を置くのではなくて），理念をその理論外の機能のみによってとらえる場合に，そしてその場合に限って，「暴露」が成り立つのである。それは，本来，理論的反駁ではなく，これらの理念の実際的有効性の崩壊を表わすものである。(樺山（訳）1952　知識社会学　青木書店　P.76-77を一部改変)

　このように，マンハイムのいう暴露とは，概念に関する論争の1つのやり方である。正体を暴露された概念は，人目につかずに特定階級の利益に奉仕するとして，非難の矢面に立たされるだろう。ということは，争点となっている概念を変えるか削除するのが，政策的な理由から賢明だろう。その際，それらの概念についての自分たちの信念の真偽は顧みないままに。しかし，このような理由以外にも，特定の概念の使用に疑いをはさむ理由はたくさんある。以下では，主として，科学の認識上の目的追求を促進するための道具としての概念をどのように評価するかについて論じよう。
　何度もいうが，概念に関する論争問題は，争点となっている概念が真偽いずれであるかを見いだそうとしても，解決されるものではない。まさにそうした考えこそ整合性がない。しかし，概念問題が命題問題と取り違えられることがよくある。たとえば，「世の中には，空論家と実行家という2つのタイプの人間がいる」という主張を考えよう。そのような主張をする人々のなかには，たいてい，人々を2つのタイプに分けるなど，ある分類法を立てているものがいる。すなわち，彼らは，言説を目的として，人々をこうした2つのカテゴリーに分けてしまおうという自分の意図を，私たちに告げるのである。「ブルカー」あるいは「知能」の場合と同様，そのような動きをさまざまな理由から批判するのはもっともである。しかし，提案者は**間違っている**。なぜなら実際には3種類か7種類の人間がいるから，と主張するのは適切でない。マーレー（Henry A. Murray），キャテル（Raymond B. Cattell），アイゼンク（Hans J. Eysenck），その他が，種々の人間動機あるいは心理学的特性を同定する多くの図式を評価しようと試みた際に，同様の混乱が生じた。一部の研究者（特に因子分析家）は，あたかも，自分たちは真の人間特性を懸命に追求中なのだといわんばかりの書き方をした。これは思い違いから取りかかった仕事である。じつはこれら概念図式のいずれによっても，仮定された特性について，経験的にも理論的にも真である主張を（偽である主張と同様に）することが可能なのである。それはちょうど，ブルカーについてさまざまな事実を立証するのが可能であるのと同じである。たとえば，私はそれによって行動特性Bを次のように定義する。すなわち，人がB性を顕わす度合いは，字を書くとき黒いペンよりもブルーのペンを選ぶか虫を怖がるかのいずれかを示す程度によって決まると。ブルカーの場合と同様，この発案はさまざまな理由によって批

判されるかもしれない。しかし，B性が間違いであるといったことを批判の理由にするわけにはいかない。事実，いったん概念が導入されると，B性の属性についてさまざまな経験的研究に携わることが全面的に可能となる。たとえば，経験的研究によって，B性と知能との間には有意な相関はないことが立証されることは，まずまちがいない。

9.2 ラッセルのパラドックス

　任意の概念を自由に考え出してよいとはいえ，そこには1つ重要な制限がある。おもしろいことに，その制限は世界についてのいかなる経験的問題とも無関係である。20世紀の変わり目に，B. ラッセル（Russell）は，概念をただ特定の仕方で定義しただけでたちまち矛盾が生じるという，きわめてパラドックス的な成果を発表した。その後このパラドックスをグレリングとネルソン（Grelling and Nelson, 1908）が紹介しており，ここではそれに従おう。この問題は，定義が矛盾する属性を公然と指示するために生じるのではない。そのような定義でも全然問題は起きない。たとえば，nogとはdogであってdogでない任意のものであると定義することも可能だろう。この定義から帰結することは，nogなるものは存在しないということである。nogという概念はたいして役に立たない。しかし，それでも容認可能な概念ではある。ラッセルが発見した問題はもっと微妙である。**自述的**（autological）という語句と**他述的**（heterological）という語句を，それぞれ次のように定義しよう。ある形容詞が自述的であるとは，それが指示する特性がそれ自体について真である場合をいうと，たとえば，「英語」は自述的（訳者注：原文は英語で書かれていることに注意）ということになるが，その理由は「英語」は英語であるから。「多音節」も同じく自述的である。（訳者注：その理由は「多音節」は多音節語であるから）また，ある単語が他述的であるとは，それが自述的でない場合をいう。「フランス語」や「単音節」は明らかに他述的な単語である。さて，パラドックスの問題である。「他述的」という形容詞それ自体の場合，事情はどうなるのだろうか。それは自述的だと仮定すると，「自述的」の意味からして，それはそれ自体のことを述べている。しかし，「他述的」がそれ自体のことを述べているとすると，それは他述的でなければならないが，このことはそれが自述的だという仮定と矛盾する。今度は「他述的」は他述的だと仮定すると，これはそれ自体のことをいっているわけだから，自述的でなければならない。というわけで，いずれの仮定の場合も，結局は矛盾が生じる。それでも，「他述的」が単純に「自述的でない」という意味である以上，あらゆる形容詞は，これらのうちのいずれかでなければならない。

　このジレンマは，第6章で取りあげた理髪師のパラドックスのジレンマに似た構造をもつ。理髪師のパラドックスの解決は，私たちがもたせようとしたような矛盾した

特性をもった理髪師は存在し得ないと結論することで得られた。同様にして、ラッセルのパラドックスについても、「他述的」という概念がある意味で不合理だといわざるを得ない。問題は、もちろん、まるっきりアドホックとはいえない何らかの理由をあげて、この概念の不適格宣言をすることができるかどうかである。かつて、この方向で自己言及的言語を全面的に認めまいという提案もあった。しかし、「単語」は単語の1つである、といういい方は誰にも否定できないなど、大部分の自己言及は論理的にも反対しようがないし、有用でもある。したがって、このアプローチは、クワイン（Quine, 1966）が行なった、自己言及をしなくてもラッセルのパラドックスの類似物を得ることはできるという証明の結果、おおかた放棄されている。

　ここは、合理性の基礎づけにおけるこのむずかしい論争問題に決着をつける努力をすべき場所ではない。ここで学び取るべき教訓は、結局、好む概念を何でも導入するわけにはいかないという点だけである。ただし、その際の制限は、けっして、経験的事実によって指図を受けるわけではない。

9.3　概念上の革新

　新しい概念図式は新しい独立した理論とともに発表されるのが通例である。けれども、理論は否定されるようになったのに革新的な概念はなお生き続けるという場合も少なくない。科学の歴史において最も有名な例は、おそらく、コペルニクスの太陽中心説だろう。コペルニクス的転回の**概念的成分**は、天体運動を、地球との関係ではなく、太陽との関係で記述するほうへ転換することだった。あらゆる概念上の提案と同様、このこと自体に関しては真偽の問題はなかった。惑星運動を記述するのに、地球と、金星と、私の鼻と、あるいはその他どんな物体と関係づけようが、まちがいではない。

　一方、コペルニクス説の**経験的成分**は、新しい概念図式では惑星の軌道は円であるという主張だった。この経験的命題はまちがいだった（軌道は楕円形である）。事実、プトレマイオスの地球中心（天動説）図式（それによると惑星は地球のまわりを周転円状に回転するとされた）によっても、コペルニクス（地動）説によるのとほぼ同じくらいにうまく観測データと一致する予測が得られた（Kuhn, 1962, p.156）。にもかかわらず、コペルニクスの研究がとてつもなく重要な科学的進歩と見なされていることはまちがいない。ところが、その進歩は概念的なものであって、経験的なものではない。コペルニクスは惑星運動についての語り方を導入したのであって、それによって、ケプラーの楕円軌道説やその後のニュートンによる総合が可能となったのである。経験的には、プトレマイオスの天文学はコペルニクスの天文学と同じくらい真理に近かった。しかし、彼の天文学の概念図式のほうはそれほど実り多いものではなかった。すなわち、地球との関係で惑星運動を正確に記述したものの、それはあまりに複雑で、

ニュートンといえどもそこから万有引力の法則を導き出すことはできなかった。
　フロイトの貢献が心理学においてはたす役割は，コペルニクスの貢献が物理科学においてはたすものと同じであることはまちがいない。たとえフロイトの経験的主張がすべてまちがいであることが判明したとしても，心理学史における彼の位置づけは，彼の手になる概念上の革新事項によるだけでも安泰であるといえる。これらのうち最も重要なこととしては，もちろん無意識の心的過程という概念であり，これなくしては現代認知心理学は廃業の憂き目にあっているだろう。フロイト自身，自分の研究の概念的側面に，また概念的革新一般の重要性にも，事実上気づいていたといってよい。その証拠に，彼は自分の主要な貢献を，「"精神的（psychical）"という概念を拡大する」（Freud, 1917, p.363）１つの方策であると述べている。彼は，その「精神生活における基本的本能……なる概念（conception）」を論ずる際に，次のように書いている（Freud, 1933, p.113）。

　ここで「概念」という言葉を使うのには特別な理由がある。これらは，私たちに課されている最難問であるが，そのむずかしさは観察の不十分さにあるのではない。これらの難題が生じる原因となっているのは，実際は，ごくありふれた，身近な現象である。また，このむずかしさは，それらが呼び起こす思索の深遠さによるのでもない。純理的な考察はこの領域ではほとんど何の役目もはたさないからである。そうではなくて，それはまさしく概念の（すなわち，的確な抽象的観念の導入の）問題である。それらを観察という生の素材に適用すればこそ，そこに秩序と明快さが生まれるだろう。

　コペルニクスとフロイトの例は，新しい理論による偶然的仮説が完全に否定された後でさえ，これらの仮説を表現するために創案された概念図式はそのまま生き続けることを示している。ここからすぐ察しがつくように，初めから何かしら新しい仮説を提出することをせずに，新しい概念図式だけを科学界に提案したとしてもまったく問題はない。たとえば，ある種の斬新でおもしろそうな理論をいくつか，個々の理論にコミットすることをせずに述べ得るような，現象の概念化の仕方を提案するのもよかろう。こうした場合，経験主義志向の心理学者の，「データを見る」べきだという反射的要求がまちがいであることは明らかである。何らかの観察結果によって概念上の提案が暗示されることがあるかもしれないが，それらがもつ科学上の価値は，データがどんな結果になるかに，必ずしも依存するわけではない。メンデレーエフの周期律表やリンネの生物分類学は，新しい経験的な探求によって妨げられることが少なかった，概念上の提案の例である。それでもこれらの提案は，重要な科学理論のその後の発展にとって必要不可欠となったのである。
　純粋に概念上の提案を行なうのは不可能だ，という趣旨の主張がある。この主張によれば，概念の意味は，理論構造のなかでそれがはたす役割によって決まる。したが

って，それが役割を演じるべき理論的構造を同時に導入することなく，新しい概念を導入するのは不可能である。この主張の前提は，意味論に関するパットナム（Putnam, 1970）の見解から直接きているのであるが，これらはクワイン（Quine, 1951）の見解に強く影響されたものである。私が確認できる限りでは，パットナム自身がこの結論を特に引き出したわけではけっしてない。実際，私は，この主張が活字になったものを見たことはない。しかし，それが非公式な討論や学術雑誌の匿名の審査員の発言のなかに姿を見せることはしばしばある。そこではこの主張が，データや理論を提供しない，もっぱら概念を論じた投稿論文の正当性を問題にするのに使用されることがある。こうした水面下の議論は不当（non sequitur）である。今，仮に，概念の意味は，ある理論構造における自らの位置から引き出されるものである，ということを認めるとしても，新しい概念を導入するたびに，新しい理論を案出しなくてはならないということにはならない。現存の理論構造の力を借りてただ新概念を導入するだけのことだってあり得る。この手法が純粋に概念上の提案だということは，取りも直さず，これまでの理論が自らの諸命題（すなわち，その新概念を含まない命題）に割り当てている真理値はすべて不変のままだということである。事実，現存の理論がもつ知見を，概念上の提案のために利用するのに，必ずしもそれが真であると信じている必要はない。パットナム（Putnam, 1970, pp.196-197）もこれに同意すると思われる。

　私は，ある自然種を引用する際に，その自然種に関してはもはや真でないとわかっている理論の「偏向のかかった」用語を使ってもかまわないのである。その理由はほかでもない，私の意図はその種を引用することであって，その理論を主張することではないのは，誰の目にも明らかだからである。

　固体-液体-気体図式の発明を純粋に概念上の革新として描写する以外に，どんな方法があるだろうか。

9.4　概念図式が評価対象とならない理由
　概念図式はすべて真でも偽でもないといっても，それらがすべて等しく申し分ないことを意味するわけではない。コペルニクスの概念上の革新と「ブルカー」なる概念の導入との間には非常に大きな違いがある。次の数節では，新しい概念図式の採用の結果として生じる可能性のある，いく種類かの利点を考えよう。これらの利点は概念の評価規準と見なしてもよい。すなわち，概念体系の利点が多いほど，それを採用する理由は多くなる。しかし，まずは，これまで時として概念上の提案の評価に適用されてきた多くの無関連な規準を片付ける必要がある。
　まず第一に，措定された概念に属する現象が存在することが知られていない場合は，

概念図式の使用は不合理であると想定されるかもしれない。これは完全なまちがいである。すべての一角獣の集合は空だろうが，このことが，一角獣の概念を無効にするわけではない（概念を無効にすることがどんな意味であるとしても）。それどころか，「一角獣」という用語は，何世紀にもわたる野外調査の後に初めて立証された1つの動物学的事実，つまり一角獣は存在しないという事実を表現する際にきわめて重要な役割をはたしている。科学的概念は非空集合でなければならないといういわれのない見解は，概念の理論的重要性はそれに属する事例の多数性の関数であるという，もっと一般的な考え方の特殊例である。この考え方が**多数性の虚偽**（fallacy of numerosity）とよばれるのはもっともだろう。事実，特定のカテゴリーが構成要素をもたないという発見は，非常に重要な理論的意味をもたらしかねない。たとえば，仮に，化学元素の周期律表が考案された後で，素数の原子番号をもった元素は現存しないことが発見されたとしよう。するとまちがいなく，物理理論界は，周期律表におけるこれらの奇妙なギャップを説明する課題でたちまち忙殺されたはずである。それほど奇抜な例でなくても，認知機能が「モジュール型」（Fodor, 1983）かどうか（すなわち，心は互いに比較的独立した下位システムの集合体であるかどうか）という疑問に対する最近流行の関心を考えてみるとよい。確かに，モジュールの概念が発案され洗練された理由は，多くの認知機能がモジュール型であることが判明したと考えられたことにある。しかし，たとえ，研究を続けた結果，認知機能はモジュール型などでは断じてないと人々が信じさせられることになったとしても，モジュールの概念を案出すること自体は，やはり時間のむだではなかっただろう。つまり，この概念は，依然，認知機構をめぐる重要かつ不明瞭な事実，すなわち認知機構が非モジュール型であるという事実の発見のための媒介となっただろう。事実，フォーダーは，この主題に関する彼の著書の大きな部分を割いて，推理や信念固定のような中枢過程は非モジュール型であるという説を展開している。

多数性の虚偽に密接に関係する誤解は**ケルヴィン卿の虚偽**（Lord Kelvin's fallacy）である。それは，「量的」概念は「質的」概念よりも本質的に優れているというものである。まず，量的-質的の次元は二分法ではない。実数のさまざまな性質に対応するさまざまな程度と型の秩序を示す諸概念体系を考えることができる。実数の性質すべてを網羅する対応関係を**絶対尺度**とよんでいる。絶対尺度は科学研究ではめったに出会うことはない。おおかたの対応関係では，1つの概念体系は実数がもつ性質のうち選ばれた性質に関係づけられる。たとえば，長さの測定では，長さL1は長さL2に対応する数の2倍に相当する数に写像されるという命題に一定の（任意でない）意味を当てがう。しかし，これらの数の間の差が，（たとえば）12でなくて6であるという事実は，単位を任意に（すなわち，それの単位線分が値1に対応するように）選択した結果である。長さを測定する際に採用したような写像が，**比率尺度**である。間隔

尺度（たとえば温度尺度）が採用する実数の性質はもっと少ない（そうした数字を用いるという規約を別にすると，30℃は，15℃の「2倍の温かさである」わけではない）。順序尺度が用いる実数の性質はさらに少ない。通常「質的」とよばれる種類の概念体系を実数に写像すると便利なこともあるだろう。ただしこの場合は，数のもつ性質のうち意味をもつのは，同一性と差異性だけである。対象xとyに割り当てられる数は，xとyが同一のカテゴリーに入るとき，そしてそのときに限って，同一となる。そのようなカテゴリー尺度（名義尺度）においては，数は単に異なるクラスを表わすラベルとして使われるに過ぎない。しかし，この最低次の「数量化」と順序尺度によるやや高次の数量化との間，あるいは順序尺度と間隔尺度の間には，大きな非連続性はない。このようなわけで，科学的概念体系は「数量的」でなくてはならないと主張する人は，境界線をどこに引くべきかを決定する必要がある。しかし，その線が原理的な決定になり得ないことは明らかである。

　もっと重要なことがある。それは，いかなる標準的な算術関数（加法，減法，乗法，除法，累乗法，等）によっても表現されない，複雑，微妙，かつ精密な関係によって特徴づけられる概念体系もあり得るということである。算術関数は，結局のところ，その形式的な属性が数学者たちによって厳密に研究され，科学研究において有用だとわかった抽象的実体の小さな部分集合に過ぎない。たとえば，抽象的群論が原子物理学の理論の公式化で採用されている。しかも群論は伝統的な算術の関数にはまったく言及しないから，「数量的」理論ではない。そのような非数量的理論であっても，どんなごまかしの効かない意味においても，いくらでも正確を期し得る。ピリシン（Pylyshyn, 1984）が示唆しているように，認知心理学の理論は，実数による数直線の概念方策よりも記号論理学の概念によるところが多い。そこでのパラダイムは，コンピュータ・プログラムを一種の理論と解釈するというものである。コンピュータ・プログラムは，普通の英語で表現した理論と同様，数量的とはいい得ない。しかし，理論としてのプログラムがもつ短所がどんなものであっても，そこに正確さの欠如がないことだけはまちがいない。

　概念体系に対するいま1つの不適切な要求事項は，論理実証主義者たちからの悪名高い要求で，その趣旨は，概念はすべて観察レベルの語句で定義可能であるべきだ（「操作化」されるべきだ）というものである。この見解の心理学における最大の代弁者がスキナーだった（Skinner, 1945を参照）。

　第3章で触れたように，成功を収めた科学理論における概念の大多数は操作的には定義できない。実証主義的／操作主義的テーゼの緩いバージョンでは，概念は観察可能な事柄による「部分的定義」を備えるべきであることだけを要求する。ミラー（Neil Miller, 1959）は，この見解を心理学者の間に広めてきたのであるが，たとえば理論的概念Cが与えられた場合，これに次の形の定義を与えることは一般にはできな

いことをしぶしぶ認めている。

xは，……の場合，そしてその場合に限り，Cである。

ここで，……の部分には観察上の言明が補われる。しかし，ミラーの緩和された実証主義によれば，少なくとも次のようにいえるはずである。

もしxがCならば，その場合は……である。

ここで，……の部分もまた観察上の言明である。すなわち，観察に基づく言明によって1つの概念を余すところなく定義することはできないかもしれないが，少なくともその概念の観察レベルの含意を言明することはできるに違いない。しかしこのように規準が緩和されたとしても，科学史において興味を引いてきた事柄の大部分は除去されてしまうだろう。理論が経験的な意味をもつべきだという主張はもちろん正当なものだ。しかしこの要求は，**全体として見たその理論の観察上の帰結が存在するとき**初めて満たされるのである。そうはいっても，理論的概念によっては，ほかの理論的概念との関係から自らの意味を引き出すことがあっても差し支えない。ただし，その体系が全体として，いずれは観察レベルとの接触をもつ限りにおいてである。論理実証主義をこのように拒絶することは，パットナムの論理行動主義批判の本質的要素であった。

時として主張されてきたことであるが，**自然種**に対応するカテゴリー体系と人工的構成物であるカテゴリー体系とは区別できる。たぶん，「金」や「トラ」は第一の種類の例であり，一方，「ブルカー」は第二の種類の例だろう。そこに含意されているのは，自然種に対応する分類法のほうを取るべきだということである。ところが，この助言は，「株式売買では安く買って高く売れ」と同じく，不健全というよりは役に立たない。まずは，自然種の学説に関する2つの解釈法，すなわち**心理学的解釈法**と**形而上学的解釈法**を区別する必要がある。心理学の学説によれば，人間の心は世界をある線に沿って概念化する傾向を生得的にもっている。本性に反した概念体系を用いるのは，不可能ではないにしても非常にむずかしい。自然の体系からかけ離れた体系は，人間にとって考えるのが実際不可能である。ロッシュ（Elenor Rosch）とその共同研究者たちは，そのような自然のカテゴリー体系の存在を裏づける証拠を提供している（Rosch and Lloyd, 1978を参照）。この話題は，それ自体興味があり重要でもあるが，当面の問題には無関係である。今，問題なのは，科学のための概念体系を選ぶ際に，どんな規準を使うべきかである。もし，私たちに思いもつかない何らかの概念体系があるとすれば，それらがもつ長所を評価する問題に私たちが直面することはけ

っしてないだろう。他方，もし，私たちがある特定の体系をなんとか提案するならば，それが私たちにとって自然でないという事実はその体系の評価にとっては重要でない。なるほど，人工的な体系は使いにくいから，ほかの点でそれと同じくらい優れていれば，使いやすい体系のほうを取るというのは理屈としては悪くない。しかし，ここでの実効規準は，「自然性か人工性か」というよりむしろ「使用上の容易性か困難性か」である。つまり，困難性の原因がその体系の（心理学的）人工性にあるかどうかは無関係である。

　また次のような主張もあり得る。すなわち，生得概念は，自然選択という試練を切り抜けてきているのであるから，優れた科学理論を定式化する際に有利となる可能性が高いというものである（パースはこの見解をもっていたようである）。しかし，生得性と理論上の実用性との間のこのような関係づけは，ひいき目に見ても，粗っぽい一般化に過ぎない。実際，進化が，科学を行なうための最適な概念図式を，正にこの時点に，人間に与えてくれたと考える理由はない。進化論の仮説に立てば，私たちの，まずは生得的概念図式でもって科学を行ない（というのも，その有効性に賭けるのは有利であるから），行き詰まったときにだけ人工的な概念上の革新を探るという試みは，正当化されるかもしれない。しかし，この助言にはおそらく耳を貸す必要はないだろう。いうまでもなく，私たちは，すでに手持ちの概念から始めるだろうし，必要が生じたときにだけ，新しい概念を定式化するだろう。

　自然種に関する**形而上学的**学説によれば，宇宙自体は離散的実体に分割されて現われ，人間の概念体系は，それ自らが「自然がもつ継ぎ目に刻みをつける」ときにのみ，優れた科学理論を生み出すだろうとされる。この見解は，はるか中世の**実在論者**と**唯名論者**の間の論争まで考慮に入れたものである。後者は，概念区分はすべて人間精神による恣意的な創造物だと主張した。これに対して前者は，自然には継ぎ目があって，そこに刻みつけられるべきだ（そして実際に広くそうされた）と考えた。この論争では唯名論が最終的な勝利を収めたかに見えた。確かに唯名論は，数世紀の間，概して問題とされずにきた。しかし最近になって，（形而上学的）自然種説が再び流行し始めた。ここでこの入り組んだ論争に立ち入るのは適切でない。そこで，次のことを述べるに止めよう。すなわち，概念上の提案について研究している理論家は，形而上学的自然種について思い悩む必要はないし，また同様に，心理学的自然種について考える必要もない。というのは，かつて誰1人として，自然種概念と認定するための（その概念が有望な科学理論において役割をはたすという結果以外の）規準を提案できる人はいなかったからである。しかし，これはつまり，問題のある概念が自然種に対応するかどうかを見つける決め手は，その概念を用いる優れた科学理論を探すことであるということになる。理論が成功すれば，そこで論じられているのは自然種だろうということとなり，失敗が続けば，そこで論じられているのはたぶん自然種ではないだ

ろうということになる。確かに私たちには，ブルカーにかかわる科学法則などとうていありそうもないという強い直観がある。たぶん，この直観は，過去に有効であった類いの概念を大雑把に評価した結果に基づいている。そのような評価が暫定的なものであることは，それらの評価がじつはしばしば誤りであったという事実によって証明されている（たとえば，かつては，土，空気，火，および水は物質の自然種であり，占星術でいう太陽の印は人間の自然種を描写すると考えられた）。このようなわけで，ある特定の概念上の提案を評価しなければならなくなった場合，提案された概念が自然種に対応するかどうかを問うのは，まったくのむだである。実効ある唯一の規準は，提案された概念によって有効な科学法則が定式化され得るかどうかである。しかしこの規準には，自然種のことを信じる人も信じない人も，はっきりと同意するだろう。概念上の提案の評価を高めていく最善の道は，まちがいなく，それらでもって科学法則を定式化するべく努力をはらうことである。それに加えて，この試みに成功するか失敗するかが，それらの概念が自然種である証拠として，受け取られるかもしれないし，そうではないかもしれない。しかし，これは概念の革新者が扱うべき問題ではない。

　自然種の問題は，地球外交信という魅惑的な話題に関しても出てくる問題である。自然が継ぎ目をもっていて，そこに刻みをつけられて自然種ができるということがないとすれば，地球外生物との交信をなんとかやり遂げる望みはほとんどないと考えられる。もし（唯名論者が考えているように）概念体系が，実質的に継ぎ目のない宇宙に刻みをつけるというまったく恣意的な方法であるならば，2つの独立した刻みが互いに翻訳可能である確率は，実質 0 に等しいだろう。裏返していえば，地球外生物と交信できることがわかれば，実念論を支持する強力な論拠となるだろう（この問題は 9.6 節で再び出てくる）。

9.5　概念評価の副次的規準

　本節では概念図式の評価のための数々の副次的規準について考察する。これらの属性は，真に重要なものが犠牲にならない限りにおいて，あれば結構だが，必要不可欠というものではない。

　概念図式は網羅的でも排反的でもないとして批判されることがある。一組のカテゴリーが特定の領域を網羅しているとは，その領域内のあらゆる要素がいずれかのカテゴリーに属している場合である。一方，一組のカテゴリーが排反的であるとは，どの2つのカテゴリーの積集合も空である（すなわち，その領域内の要素には2つ以上のカテゴリーに現われるものがない）場合である。体系に網羅性と排反性がないとなると，分析の誤りが助長される。たとえば，網羅的でない事例集合を基礎にして，不当な一般化を行ないたい誘惑にかられることがある。けれども，概念図式が網羅的ある

いは排反的であるべきだという要請は，網羅的や排反的な属性の存在を前提とした推論をするという誤りに陥らない限り，科学の進歩にとって決定的なことではない。

あわせて，曖昧さを最小限に止めることも望ましいことである。ある概念Cが曖昧であるとは，概念Cへの帰属性または非帰属性が不明確な境界事例が多い場合のことをいう。通常の言語における概念の多くは，この意味で曖昧である。有名な例は，山（heap）という概念である。2個の小石がもたれかかったものは，けっして小石の山とはいい得ない。一方，100個の小石が積み上げられたものは，確かに山といえる。しかし，n個の小石なら山といえるが，n−1個だといえないようなnという数を正確に述べることはできない。曖昧な概念でもって実用に耐える科学の仕事をすることは可能である。それどころか，すべての概念は，はっきりはいえないが，ある程度の曖昧さをどことなくもっている。けれども，他のすべての条件が同じなら，比較的確定した概念のほうが比較的曖昧なものよりは好ましい。それは，どちらかというと前者を含む命題のほうに，確定可能な真理値をもつものが多いだろうという事実に基づいている。

より網羅的，排反的，確定的な概念体系でもって好ましくない体系を置き換えることは，完全に新しい概念の導入と同じものではない。しかし，新しい概念は古い概念と同じではないのであるから，それは，厳密にいえば，概念上の刷新である。この特殊な概念修正を**解明**（explication）とよぶことがある。クワイン（Quine, 1960, pp.258-259）はこの過程を以下のように特徴づけている。

> （解明においては）同義語反復は要求しない。不明瞭な表現を使う人が初めから無意識のうちに心に抱いていたものを露呈させ，かつ明確にするようにという要求もしない。隠された意味を暴くこともしない……。むしろ，不明瞭な表現がもつ，やっかいを起こすに足るような特定の役目に狙いを定める。そのあと，それら特定の役目をはたすような，しかも明確で，自分たちの気に入った言葉で表現された，代用語を案出する。

解明と大がかりな概念修正とどこが違うかといえば，解明では古い概念に固有の関心点が一部保持されてきたという意味で違うのである。しかし，人々の関心の要点を保持していると見せかけるが実際は話題の変更であるような，偽の解明も起こりかねない。たとえば，意識を「刺激統制の下にあること」（Skinner, 1974, p.242）として解明したところで，人々が意識の概念について曖昧さを晴らす上で何ら助けにはならない。

9.6　表現力

以前の概念とは大幅に異なる意味をもつ概念を導入した場合を，概念の**主要な刷新**とよぼう。この主要刷新を，さらに，**通常刷新**と**徹底刷新**に区分すると有益である。

概念の通常修正では，新しい概念を導入するものの，それらは以前の概念によって定義し得る。概念の徹底刷新では，それができないような新しい概念を導入する。「固体」，「液体」，「気体」の発明は，これらの概念が体積，形状および時間という，より基本的な概念によって定義可能であるから，通常刷新である。気体についてのどんな任意の言明であっても，古い語彙による，それと同値であるがもっと長い言明が存在する。ではそのような刷新の主眼点はどこにあるのだろうか。そう，同じ現象を新しい語句によって記述すると，はるかに単純になる。最小限，この長所によって時間と労力の節約になる。しかし，それはもっと大きな意義ももっている。明解さが増すことによって，同じ現象を古い図式で記述したときはきわめて曖昧であった関係性や規則性が浮き彫りにされることがある。ここであげる古典的な事例は，再び，コペルニクス的転回である。彼の概念刷新も通常のそれであった。しかしそこから出てきた惑星軌道の新たな記述によって，自然の隠れたパターンが露呈し，引いてはニュートン力学となった。以前の天動説による惑星軌道の記述は，とてつもなく入り組んでいたため，誰にも，その根底にある規則性を発見できなかった。

　概念の徹底革新の潜在的利点は，単に記述の容易さの増大をはるかに超えるものである。ここにあげるのは1つの可能性として興味深い例えである。ある科学部門が，その概念図式で表現され得るすべての命題の真理値がわかっているという意味で，完全であるとしよう。こういう場面では，もはやすることがない（仕事は終わった）ように見える。けれども，実際は，その科学で扱う現象を概念化するための，新しくしかもそれまでの古い概念図式には還元できないような方法を，誰かが考案する可能性がいまだ残されている。その結果，見かけ上完結した仕事は再開されるだろう。というのは，今やまったく新しい仮説（古い図式にはそれと同値なものがない）を表現できるようになったからである。この場合には，概念刷新によって以前は存在すらしなかった新しい疑問が創出されることになろう。

　概念の徹底刷新が広く行なわれているかどうかは，いささか議論のあるところである。クーン（T. Kuhn, 1962）やファイヤーアーベント（P. Feyerabend, 1975）によれば，たいていの新しい科学概念は，それまでの対応する概念によっては定義できないとされる。もしこれが正しいとすると，科学者たちは，多少なりとも間断なく，概念の徹底刷新に携わっていることになる。一方，デヴィドソン（D. Davidson, 1974）の主張によると，徹底的に異なる概念図式という考えは筋が通らない。彼は，知能の高い地球外生物が，地球上の言葉には翻訳できない言語を採用している可能性があるかどうかを考えてみるよう求める。デヴィドソンは，この可能性について，言語と想定されるものの実行可能な解釈法を見つけること以外に，一連の発声（もしくは触手の動き）が言語であることを裏づける証拠の入手は不可能であるという理由から，これを退ける。もし冥王星人の言葉を英語に翻訳できなければ，冥王星人たちがそもそ

も互いに交信し合っているなどと考える理由はない。しかしこれはあまりに性急すぎる。デヴィドソンは，ある言語がある生き物の社会で話されているものだと認定しようとすれば，そのいわゆる言語を解読するよりほかにない，と仮定していると思われる。しかし，冥王星人たちが言語を使っているとする仮説を支持する間接的証拠に行き当たることだってあり得る。この主張はシック (Theodore Schick Jr., 1987, p.300) が行なっているもので，次のようなシナリオを提供している。

　　代替的な概念図式の存在を立証するために訴えることができる規準としては，翻訳可能性以外にもある。もし仮に，他の惑星からの生き物が高性能な宇宙船に乗って地球に飛来し，たとえば複雑な構造物を建設することによって地球を変形し始めたとすると，たとえ彼らの言葉が翻訳できなくても，なお，彼らが何か他の概念図式を所有していると考える理由は十分ある。

　シックが頼っている証拠は特に強力というわけではない。結局，彼の想像する宇宙人は，意思伝達方式の恩恵を受けずに，（地球上のアリやハチのように）もっぱら生得的な技術力を頼りに技術的大事業を実行するかもしれない。それにもかかわらず，シックのあげた例はある程度は適切で，本人が意図した効果を十分上げている。つまり，弱い証拠であっても，ある仮説が経験的確認の及ぶ範囲を超えているという結論を下支えする可能性は十分ある。

　そればかりか，冥王星人は翻訳不可能な言語を使っているという仮説を裏づける，（やはり間接的であるが）実質的にはさらに説得力のある証拠を提供するシナリオがある。冥王星人と土星人の両方に出会うとしよう。冥王星人の意思伝達はさっぱりわからないし（そこで，デヴィドソンは，彼らが意思伝達していると考える理由はないというだろう），また，彼らもこちらのいうことがわかるという証拠はまったくない。けれども，土星人は英語を難なく習得できる。英語を習得した後では，彼らはまったく私たち同様に英語を使うように見える。彼らは，目の前のテーブルには，今，本があるかどうか，2＋2＝4であるかどうか，等々というような基本的な質問に関して，私たちと意見が一致する。しかし，彼らはまた次のような奇妙なことを話す。すなわち，彼らは，冥王星人も言語をもっていると断言する。彼らにどうしてそれがわかるのだろうか。それは彼らがそれに習熟しているからである（彼らは冥王星語も英語も同じ流暢さで話す）。けれども，彼らに冥王星語を教えてくれと頼むと，彼らは，それは不可能だ，というのは英語と冥王星語は互いに翻訳可能ではないから，と抗弁する。確かにこれらの出来事は論理的にはあり得る（ちょうどこれらのことを話してくれる土星人に出会うと考えるのは自己矛盾ではない）。もし彼らが本当にこのようなことを話してくれたとすれば，それをどう考えるべきだろうか。私たちと彼らが独立した知識をもっている問題の説明において，土星人は信頼できることがわかれば，彼らの証言によって，冥王星人は私たちとはまったく異なる概念を用いるという命題を

支持する強力な証拠が得られるだろう。

9.7　データの即時的な増殖

　概念上の刷新は，新しい仮説を創造するだけでなく，新しい経験的研究を何ら行なう必要もなく世界についての偶然的情報を提供してくれる，という方向もある。再び，「固体」，「液体」，「気体」の概念を物質世界に関する用語として導入する効果を考えよう。この概念刷新が行なわれるや，誰でも，ひじ掛け椅子に座ったままですぐさま，新しい偶然的事実の長いリストを，水は液体，鉛筆は固体，等々と，列挙を始めることができる。これらの「仮説」を経験的検査にかける（たとえば鉛筆をコップに立てて形が変わらないか調べる）のは馬鹿げたことである。無論のこと，私たちは以前の観察に信をおいているからである。コップの中で鉛筆がどうなるかは，以前に何度も見ているのだから。そこで，次のことがいえる。私たちは鉛筆が固体であることを「暗黙裡に」知っていたのだが，古い概念図式にしばられて，この暗黙知に注意を向けることができなかったのだ，と。ともあれ，純粋に概念上の提案の結果として，科学の明示的表現によるデータベースが増大するのである。徹底的に新しい概念の場合は，この辺りの事情はより顕著である。そこでは以前は暗黙知を公式化する表現力に欠けていた。したがって，その知識がデータベースに入る可能性はまるでなかった。このように，うまくできた認知構造ないしは心理特性の分類法のおかげで，心理学に関する大量の偶然的情報を，新たに経験的研究をすることなく，自由に使わせてもらえるのである。この偶然的知識の増大の仕方は，経験的認識論に対して何ら根本的難題をもちだすものではない。むしろ，それは，科学の目的を促進する際の先験的方法の潜在的有効性について，何らかの考えを示唆してくれる。

9.8　データの創造

　概念上の提案の功罪を判断する規準として最後にあげたいのは，さらに思弁的なものである。それは，先の規準とは違って，経験論の標準的見解に大きな変更を迫る。これまでは，概念修正についての考察は，次の仮定，すなわち，世界に関する所見は，たとえそれらの描写に使う用語が変わろうとも，不変であるという仮定と調和していた。たとえば，私には固体の概念がないと仮定しよう。その場合，私は，鉛筆を見ても，鉛筆が固体であることに思いつかないだろう。しかし，私はこのシナリオを，固体の概念をもっている人とそれでもなお同じ知覚体験を私があたかもするかのように，論じてきた。この見解は，多くの科学哲学者，とりわけハンソン（Norwood Hanson, 1961）とクーン（Thomas Kuhn, 1962）によって問題視された。これらの著者は，人の概念図式の変化は，じつはその人の知覚体験そのものを変えかねないことを強く示唆する，ゲシュタルト心理学における実験的成果を引用している。たとえば

図9-1をよく見てみよう。それはアヒルとウサギのどちらかに見える。ここで、社会Rにはウサギの概念はあるがアヒルの概念はなく、社会Dには逆にアヒルの概念はあるがウサギの概念はないものと想像してほしい。このような状況では、両文化に属する人々は、この図の、自分たちがもっている概念に対応する側面しか見ることができないだろう、と想定せ

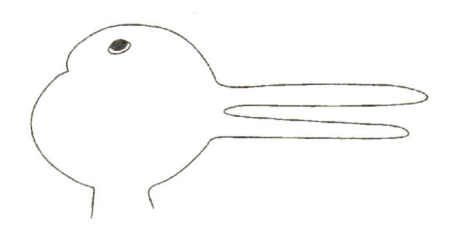

図9-1　ウサギかアヒルか？

ざるを得ない。いうまでもなく、文化Dと文化Rの人々は、外的状況が同一であっても、異なった観察報告をするだろう。すなわち、Dの人々はアヒルが見えると述べるし、Rの人々はウサギが見えると言うだろう。しかしそればかりか、DとRの人々は、それぞれ異なる概念が詰まった頭脳をしている結果として、本当に異なる知覚体験をするだろう。詳しくいえば、Dの人々は、私たちがその図をアヒルとして見るときに受けるような経験をするだろうし、Rの人々は私たちがその図をウサギとして見るときに受けるような経験をするだろう。

　さて、少なくともあり得ることは、互いに競合する科学理論の支持者（たとえば、S-R論者と精神分析家）が自分たちの主題内容に関して置かれた立場は、D文化とR文化の人々がアヒル・ウサギ反転図形に関して置かれた立場と同じだということである。S-R論者と精神分析家は人間性を記述するのに異なった概念を採用するので、そして異なった概念の使用は結果的に質的に異なった知覚体験をもたらすので、S-R論者と精神分析家にとっては、他の人々を観察するとき、実際に異なったものが見えるだろう。クーン（Kuhn, 1962）の刺激的な言葉を借りれば、異なる概念図式をもった科学者は、それぞれ「別々の世界に住んでいる」のかもしれない。

　当然の帰結として、新しい概念図式の創造は知覚体験の新領域を生み出すことになる。単にこれらの知覚対象が以前には描写不可能であったというのではない、あるいは、単にそれらが以前には気づかれずじまいだったということですらない。もしある種の概念を所有することが知覚対象をもつための必要条件であるとすれば、その概念の案出以前には知覚対象は事実上存在しなかったことになる。仮に、誰もその概念を案出しなかったとすれば、その概念の結果としての知覚対象を無視した世界描写でもなお完全なものということになるだろう。要するに、概念上の刷新は、単にデータをより得やすくするだけでなく、データを創造する。こういうわけで、概念刷新は、興味ある新しいデータをたくさん生み出すという理由から、推奨されてよいのである。

　この思考方針の結論は思い切ったものなので、科学哲学ではいまだ十分に理解されていない。その理由の1つとして、科学進歩に関する標準的な経験論的解釈が問題で

あると思われる。標準的な見解によれば，進歩とは理論的予測が観察事実にしだいに接近することを意味する。この見解が前提としているのは，観察事実は同じままで，それらに関する理論のほうが変化するということである。しかし新しい理論は新しい概念図式を採用するのが普通である。したがって，概念修正が観察対象に変化をもたらすことがあるとすれば，潜在的な観察結果の総計が理論の側の変遷を越えて不変のままであるという保証はもはやない。すると標準的見解はだめだということになる。互いに異なる理論は比較のしようがない（通約不可能である: incommensurable）。それは強い意味においていえる。すなわち，異なる理論の支持者それぞれが，自分たちの仮説を確認ないしは否認するための異なる所見を，別々に一組ずつ手もとにもっているという意味である。このような意味で諸理論が互いに通約不可能である場合，どの理論が「当該」データにうまく適合するかを決めるのは不可能である。

このまったくの難問をここでこれ以上追究するのはふさわしくないだろうが，1つの試案を提示することで，進歩についての標準的な見解の放棄が必然的に虚無感と絶望感につながるのではないかという感じは，和らぐかもしれない。この試案は，ファイヤーアーベント（Feyerabend, 1975）による「理論の複数主義」の要請やニールス・ボーア（Bohr, 1958）の相補性の原理に類似する（ただし同一ではない）。おそらく，どんな領域であれ，「最良の理論」は1つしか存在しないという考えはあきらめるべきだろう。領域ごとにただ1つの理論しか受け入れないことに固執すれば，ただ1つの概念図式（すなわちその最良の理論を公式化するのに使われた図式）の採用に縛られる。しかし，もし異なった概念図式を採用している諸理論が互いに通約不可能であるとすれば，同一の領域について理論（すなわちそれぞれの概念図式で公式化され得る最良の理論）をいくつ採択しても，明らかに不合理であるとはならない。もしS-R理論家あるいは精神分析家それぞれにしか知覚できないような世界の側面があることが真であるとすれば，いずれか一方を排除すると，それだけデータは失われることになる。裏返していえば，世界に照準を向けることのできる理論が多ければ多いほど，認識され得る事柄のうち，それだけ多くが認識されるだろう。こういうわけで，科学は，互いに通約不可能である2つの競合理論のいずれか一方を排除することを目指すべきではない。むしろ，それらを両方とも改良するよう，またそれ以上に，さらに別の概念的アプローチでもってそれらを補うよう努力すべきである。少なくとも表面的には，このアプローチは科学的実在論と矛盾しない。いずれにせよ，それぞれに根本的に異なる多数の概念図式を採用する場合は，それらすべてを採用することで矛盾に陥りはしないかと悩む必要はない。2つの理論が矛盾した結論に導きかねないのは，それらが同じ概念をいくつか共有している場合に限られるからである。

第10章　先験的偶然知

10.1　大前提の必要性

　第1章で述べたように，経験論と合理論はさまざまな程度であらわれる。といっても，経験論者と合理論者の間で一線を画すのに自然な箇所がある。この分割点を位置づける際に，カント（Kant, 1781）は2つの区別を使った。これらはすでに本書でもしばしば使ってきたものである。第一に，**必然的命題**と**偶然的命題**（カントはこれらを「分析的」と「総合的」とよんだ）の間の区別がある。前者はすべての可能世界において真か偽のいずれかであり，後者はある可能世界では真であるが，別のある可能世界では偽である。第二に，**経験的知識**（カントはそれを「後験的（a posteriori）知識」とよんだ）と**先験的**（a priori）知識の間の区別がある。前者はその正当化のためには観察または実験を必要とするのに対して，後者はそれらを必要としない。**経験論**は，必然的命題だけが先験的に知り得るという見解と同じと見てよい。一方，**合理論**は，偶然的知識にも先験的に知り得るものがあるという見解である。

　これまでの章には，このカント的意味での経験論の妥当性を疑わせるものは何もなかった。けれども，もし仮に合理論が真であり得るとするならば，先験的分析は，科学において，本書でこれまで示してきたよりさらに重要な役割を演じるだろう。ここで私たちは，西洋思想の発生以来たえず議論の的になってきた哲学的問題に踏み入ることになる。第1章で触れたように，現代の私たちは，知の歴史において極度に経験論的な時代からは脱却しようとしている。先験的に知ることのできる偶然的命題の非存在は，20世紀前半の論理実証主義者たちの間では，事実上，疑問の余地もなかった。ところが今日では，このことに関して一連の意見が出されている。それどころか，すでに，ある種の偶然的先験命題さえ現われている。これはクリプキ（Saul Kripke, 1972）が紹介したもので，その正当性は現代哲学界では広く認められている。クリプキがあげた候補については次節で検討する。それは，ある専門的な事柄に関する先験的偶然知（contingent a priori）であることが明らかになるし，経験論者の世界観に真っ向から挑戦するものでもない。にもかかわらず，その存在を知らされた哲学界は，偶然的命題と先験的命題の間の関係がじつは複雑なものであることを予感した。

ここで，第1章と第4章で概説した現代哲学史を簡単に復習しよう。最初に出てきたのは，世界の特徴の大部分は先験的に演繹可能だと考えていた古典的合理論者である。次に現われたのは，偶然知はすべて経験から生じると主張した古典的経験論者である。知識に関する経験論哲学は，知り得ると考えられる事柄の範囲をしだいに狭めていくことになった。結局，ヒュームは，経験論を徹底させると，認識上のすべての主張について絶対的な懐疑論に終わることを証明した。とりわけ彼の帰納法の分析によって，人は経験論に立つ限り，世界の観察されない部分についての信念を裏づける根拠はいっさい得ることはできない，という結論が導かれたのである。この結論は，科学の企てのいかなる可能性をも排除するものだった。

　カントの仕事は，本質的には，古典的経験論の伝統が陥っていた袋小路から合理的な教訓を学び取ろうとするたゆまぬ努力である。彼は，経験論は懐疑論に通じるというヒュームの議論の大筋を受け入れる。そうすると，当然，懐疑論を避けるために残された道としては，経験論をあきらめて，先験的基礎の上に若干の偶然的原理を受け入れるしかないということになる。コリングウッド（Collingwood, 1924）に従って，これらの先験的偶然的仮定を**大前提**（presuppositions）とよぼう。大前提は単に検証されていない偶然的仮説というだけではない。それは，**検証不可能**であると同時に**知識追求にとって本質的**でもある仮説である。ごくわかりやすい例をあげれば，帰納法の原理のような方法論的信条がある。そのような原理は，検証しようとすれば必ず循環論に陥る。なぜならば，それらは，まず何をもって検証といえるのかを示しているからである。通常の仮説なら経験的証拠の重みによって覆されることがあり得るが，仮説を覆す規準となる規則自体が覆されることはあり得ないのである。

10.2　根拠のある大前提

　経験論者がいいそうな反論としては，大前提の必要性を立証したところで，その**真実性**を立証したことにはならないというものがある。もし偶然的原理が経験的手段で検証不可能であるとすれば，それを理解できたと主張するための根拠としては何があるだろうか。古典的合理論者は，そのような原理は，論理学の定理を演繹するのと同じやり方で，先験的に演繹できると考えていた。けれども，カントの時代までには，彼らの議論は大きく信用を失ってしまった。しかし，それなら，どんな大前提を選ぶにせよ，そのためにどのような理由をあげればいいのだろうか。この問いに対してはいろいろな答えがある。1つ目の（そして最も弱い）答えは，まずは指摘された点を認めるというものである。つまり，自分たちが立てた大前提が真であると主張する根拠は何もないことに同意しよう。そしてそれらを先験的偶然的知識ではなく先験的偶然的信念とよぼう。残る論点は，科学に携わるつもりなら，経験的証拠がなくても何らかの偶然的信念を選ばねばならないというものである。この主張は，経験論者に自

分たちの見解を放棄するよう論理的に迫るわけではない。彼らには選択の余地は残されている。すなわち，経験論をあきらめるか，科学をあきらめるかのいずれかである。すると合理論が関心に値する唯一のものとなる。

カント自身は先験的偶然知の地位についてはもっと楽観していた。彼は，妥当性があり同時にまた偶然的信念を生み出す新しい種類の先験的論証（超越論的演繹：transcendental deduction）を考案したと主張していた。先験的方法によって真実性を証明できる偶然的信念のことを，**根拠のある大前提**とよぼう。どうすれば，超越論的演繹によって大前提の根拠づけが可能になるのだろうか。問題の本質は，ごくありふれた（またカント流でない）例によって表わすのがいちばんよい。次の命題Bがあるとしよう。

B　信念（beliefs）が存在する。

この命題が偶然的であることは疑問の余地がない。というのは，信念をもつ行為者がまったくいない可能世界は存在するからである。のみならず，この命題は，論理法則と「信念」の定義を根拠にして，古典的合理論の流儀に習って演繹することは不可能だろう。しかし命題Bには，他の，たとえば「ネコがいる」というような表面上これと類似した命題との区別を可能にする固有の属性がある。今，仮に，私が，何の経験的証拠も考慮せずに，この命題Bを選ぶとしよう（すなわち，私がそれを**大前提**とするとしよう）。さて，私がBを信じているという事実から，信念が存在する（すなわち，Bは真である）ということが論理的に導かれる。したがって私は，結局は先験的証明を根拠にして，Bの真実性を知ることができるのである。Bは根拠のある大前提の一例である。この大前提は，すべての可能世界で真であるわけではないが，それが信じられているすべての可能世界では真である。人々は，この命題を誤って信じることはあり得ないから，自分たちがそれを信じることが真であることを，先験的に理解できるのである。

経験論者は，Bのような例に対してどのよう反応を示すだろうか。ブラッドレーとスウォーツ（Bradley and Swartz, 1979）によると，Bのようにわかりきった事例においてさえ，観察による証拠に訴える場合がある。彼らは次のように主張する。すなわち，Bの真実性は人々がそれを信じることから論理的に帰結するという意見の正しいことは疑いない。けれども，Bが真であることを理解するには，2つのやらねばならない仕事がある。まず，Bを信じることからBの真実性へと導く演繹的論証を案出する必要がある（仕事のうちこの部分は確かに先験的である上，今の例の場合は自明でもある）。それに加えて，論証の**前提**が真である（すなわち自分たちは命題Bを信じる），ということを自ら知る必要がある。しかも，この部分の仕事は経験的である。

なぜなら，何らかの自己観察なくしては，何を信じているのかを理解し得ないからである。このように，Bの認識には，結局は経験的証拠に訴えることが必要となるというのである。

　この主張は，根拠のある大前提というものは古典的合理主義者が人間の知識に備わったものと考えた属性を備えていない，という正しい結論をまたもや示している。しかしこの主張は，Bのような命題を信じることが通常の経験知のカテゴリーに完全に同化され得るかどうかについては，明らかにしてはいない。確かに，人は，ときには，自己観察の過程によって根拠のある大前提の真実性を理解するようになることもある。つまり，人は，まず命題Xを信じていることに気づくと，次に，Xを信じることはXの真実性を含意する，と推理する。それから観察と推理とに基づいて，Xは確かに真だと結論する。この事象系列は，経験的手段によって通常の偶然知を得るときに起こることと似ている。つまり，まずある山が見える，次に，山々の存在は山々が存在するか河川が存在するかのいずれかであるという選言的命題を含意する，と推理する，そうして山々が存在するか河川が存在するかのいずれかである，と結論する。しかしまた，根拠のある大前提の場合にだけ知へ導くような別の事象系列もある。たとえば，Xの存在を信じるようになる前に，Xの真実性を信じることはXの存在を含意すると推理するかもしれない。その場合は，観察すべきものは何もないだろう。しかし，もしXが採用されるならばXは真である，と先験的に悟ることができるだろう。その後，もし仮にXを採用することに決めるものとすれば，採用されるやいなや，Xが真であることが理解できるだろう。ところが，通常の経験知の場合，経験的証拠が知の断定よりも先立つ必要がある。古典的経験論によれば，偶然知に導く一定の事象系列がある。すなわち，まず証拠を集める，次に証拠から論理的推測を導き出す，最後に結果を採用する。しかし，根拠のある大前提の場合は，先立つ証拠なしで信念を採用し，しかもその真実性を確信することができるのである。

　経験論者が先験的偶然知の可能性を受け入れたがらないのは，彼らにはそれが魔術的に見えるからである。クリプキは，彼自身，先験的偶然知の信奉者であるが，そのような態度を次のように描いている（Evans, 1979, p.171に引用）。

> たぶんこういうことだと思う。つまり，先験的にわかることがあるとすれば，それは必然的なものであるに違いない。なぜならば，それは世の中を調べなくてもわかっていたのだから。仮にそれが現実世界の何らかの偶然の特徴によるのだとしたら，調べずしてどうしてわかるだろうか。おそらく，この現実世界は，それが偽であるような可能世界の1つであるかもしれないのに。

　ドネラン（Keith Donnellan）も，似たような用語でこの問題を提起している（これも，Evans, 1979, p.171に引用）。

もし偶然的な真実があるとすれば，それは，少なくとも私たちが興味をもつような類いの例においては言語や言語的慣用とは独立に存在する，世の中の何らかの現実的事情によって，いわば真であると見なされるのだ。単に言語操作を行なうだけで，どうしてそのような真理に気づくことが，つまり，そのような事情の存在を知るようになることがあり得ようか。

さて，クリプキやドネランの疑問への回答は2つ以上ある。エヴァンズ（Gareth Evans, 1979）は，次のことを示している。すなわち，先験的に知ることができるけれども「世の中の何らかの現実的事情によって……真実とは見なされ」ないような命題が，クリプキ自身があげた候補も含めていくつかある。もっとも，それらは，ある専門的な事柄しだいであることが結局わかるのであるが。クリプキがあげた例はステッキSにかかわるもので，このステッキSがメートル原基として使われるものと，時点tにおいて，決定される。すなわち，「メートル」という語句は，Sがこの現実世界で時点tにおいてたまたま示す長さとする，と規定される。さて次のような命題（Kと表わす）があるとしよう。

K　ステッキSの長さは1メートルである。

この命題が，「1メートル」の定義を知っている者なら誰にも先験的に理解できることは明らかである。クリプキの分析の目新しいところは，彼の次のような主張にある。すなわち，「1メートル」はこの**現実世界において**Sの長さとして定義されているがゆえに，Kはあくまでも偶然的なものであるというのである。もちろん，Sがこの世界におけるよりも短くなるような可能世界は存在する。「1メートル」の定義から，そのような世界ではSは当然この世界の1メートルより短いはずである。それゆえ，Kは偶然的命題だということになる。しかし，エヴァンズが指摘するように，Kが真実であっても，そのことによっては，現実世界について，何事も明らかにならない。Kは人々が仲間内の約束によって作り出したものである。現実世界の特徴によって定義された語句の場合，その定義が偶然的命題を表現するというのは当然至極のことである。

エヴァンズは，先験的偶然知のすべての事例はこの種の表面的なものになるはずである（つまり，事例のどれ1つとして「この世界の何らかの現実的事情によって真とされる」ものはない）と考えている。こうして，彼はその種の知識をめぐる経験論者の懐疑心を払い除ける。しかし，この懐疑心を払い除けるには別の方法もある。すなわち，推理すること自体が世界における1つの現実的事情であることを思い出すならば，推理するだけで何らかの「世界の現実的事情」についての知識に導き得るとしても，たぶん，それほど驚くには当たらないだろう。少なくとも，推理することによっ

て，人は推理するという偶然的事実を立証することになるし，ある仕方で推理することによって，こういう推理の仕方もあることを立証するわけである。さらには，推理するという，あるいは，ある仕方で推理するという事実から論理的に帰結するいかなる偶然的命題の真実性も，先験的基礎に立つことによって有効になる。たとえば，人がある数学の定理を証明する場合，人類はこの特定の定理を証明することができるという偶然的事実を人は理解するようになる（Horowitz, 1985）。その認識的位置づけが古典的経験論者の世界観にしっくり馴染まないような「世界の実情」を描写する属性がいくつか存在することは明らかである。これまでの章で，理論家がひじ掛け椅子から身を起こすことなく新しい偶然的知識に到達できるような状況をいろいろ考察した。けれどもそれらの事例では，理論家は必ずどこかで経験的手段によって入手した先行データに頼っていた。たとえば，フェルマーはけっして勘違いをするようなことはなかったという偶然的な真理をフェルマーの大定理を証明するという先験的な方法によって立証する際に，私たちは，フェルマーが「自分は証明できた」と言った，という経験的事実に訴えた。しかし，定理の証明は物理的に可能であるという偶然的な事実を立証するためには，データのことに触れる必要はないのであって，ただひじ掛け椅子に座っていて，証明を考え出すだけで十分なのである。

　残された問題は，もちろん，ヒュームの懐疑論からの逃げ道を考案するに十分な，根拠ある大前提が私たちに発見できるかどうかである。カントはそれは可能だと考えていた。けれども彼の論証は，まわりくどい上きわめて疑わしい。それどころか，カントが立証したと自ら断言した先験的な偶然的真理の多くは，今では偽だと考えられている。たとえば，彼は，ニュートン物理学，ユークリッド幾何学，それにキリスト教神学の超越論的演繹を提案した（これらの教義がいずれもカントの時代のヨーロッパの知的生活を示す明白な特徴であったことは，単なる偶然の一致ではない）。ニュートン力学は相対性理論に基づく力学にとって代わられ，今では単に真理の実用的近似に過ぎないと考えられている。ユークリッド幾何学の地位は，「幾何学」という語句をどう解釈するかにかかっている。ユークリッドの諸定理を形式的体系とみなせば，それらは確かに先験的に理解できるが，やはり偶然的である。一方，ユークリッドの諸原理を物理的空間の記述とみなせば，それらは確かに偶然的であるが，偽である可能性がきわめて高い。キリスト教神学の地位の説明については，読者の練習問題とすることにしよう。もちろん，カントのあげた候補が首尾よくいかなかったからといって，他の候補も首尾よくいかないというわけではない。後の節で，心理学における先験的知識の源泉としての根拠ある信念の潜在能力について考えるつもりである。しかし，科学の仕事は根拠のある大前提を基礎として十分正当化され得るというカントの強硬なテーゼを擁護するよう努めるつもりはない。

10.3 根拠のない大前提

　人々がもし自分たちの認識上の企てを根拠づけることができない場合は，その企てをあきらめるか，それともある種の根拠のない大前提（経験的にも純理論的にも保証のない，偶然的命題への信念）に従うかするほかない。真であることさえわかれば自分たちの科学上の慣行を保証するような，方法論的および実質的原理を発見することをもくろみつつ，それらの慣行を吟味する必要がある。あとは，それらの真実性を受け入れさえすればいいのである。

　「超越論的演繹」という語句は，このような文脈でも使われてきた。したがって，超越論的演繹は，根拠のある大前提を推論する過程と，根拠のない一連の大前提の妥当性を立証する過程のいずれをも指す。けれども，これら2つの過程はまったく別個のものである。根拠のある大前提の「超越論的演繹」は確かに演繹の一種であるが，一方，根拠のない大前提の「超越論的演繹」はむしろアブダクション（仮説形成）に近い。カント自身は，両方向で論証をしたようである。彼としては，2つの過程は最終的には同じ結論を導いた。すなわち，根拠のある大前提の集合体は，人々の認識上の判断を正当化する仮定の唯一な集合体であることがわかる。

　カントが到達した結論を完全に受け入れる哲学者が，今日，世界中で1人でもいるとは思われない。根拠のある大前提の集合が，少しでもまっとうに科学的なことを保証するに十分なほど堅固だということは，確かに証明されていない。そればかりか，カントが，合理的探究の手続きを支える仮定の集合は唯一なものだと想定したのは，確かに誤りであった。たとえば，帰納法の原理に代わる理路整然とした原理を別に考えるのはやさしい。サモン（Salmon, 1966, p.12）は，水晶占い用の球を使うという代替法を考えてみるようにいう。

　　まったく別の方法を弁護する同様の主張を考えよう。1人の水晶占い師が，自分の方法は予言を行なうのに適切な方法であると主張する。人々が彼の主張に異論を唱えると，彼は，「待ってください。水晶占いが予言をするための最良の方法かどうか，明らかにしましょう」という。彼は水晶球をのぞき込んで，「水晶占いは将来の事例では適中するでしょう」と宣言する。万一，彼の方法は過去において成功したことはないと抗議されようものなら，彼は類推について何らかの批評をするかもしれない。「あなた方が自分の方法を正当化するのに自分の方法を使った以上，私も私の方法を正当化するのに私の方法を使っては，なぜいけないのでしょうか。あなた方があくまでも自分の方法を使って私の方法を批判したいというのなら，どうして私があなた方の方法を評価するのに私の方法を使ってはいけないのでしょうか。ところで，水晶球をのぞいて気づいたのですが，科学的方法は，今からは幸運の連続というわけには，いきませんよ」。

　私は，水晶占い師が，このように自分たちの方法の妥当性を本当に大前提としているかどうかは知らないが，帰納法と相反する根拠のない大前提の実例があることは確かである。明らかに根本主義者のなかには，聖書が文字通り真実であることを大前提

とするものがいる。このことによって，天地創造説と進化論との間の論争は，おおかたの科学者の予想以上に，哲学的に興味深いものである。もちろん，水晶占いや聖書が真実だと信じるために，それらの妥当性を前提とする必要はない。帰納法の妥当性を前提とする人なら，帰納法上の証拠を基礎とすれば，聖書が文字通り真実であると信じるようになるかもしれない。この種の根本主義は確かに経験的否認を受け入れやすい。しかし，聖書の妥当性を前提とする根本主義者は帰納法的証拠を当てにはしない。なぜ聖書を信じるのかと彼らに尋ねると，彼らはよく，聖書から，それ自体の真実性を証言する一節を引用する。この論法はもちろん循環論的である（ちょうど帰納法を支持する証拠として，過去の成功に訴えるのと同じである）。

カントは，先験的偶然知には他にも多くの属性があると考えていた。カント的大前提は，出生後に習得されるというよりむしろ生まれながらの（inborn）ものである。それらは人間が背負わされた（inflicted）ものであって，自ら選んだものではない。それらは修正不可能（unrevisable）である（自ら手放すことはできない）。それらは普遍的（universal）であって（誰にも同じものがある），個人に特有なものではない。最後に，それらは，特殊的というよりむしろ根本的（fundamental）である（それらは多くの科学にかかわりのある一般的な原理である）。「本有（生得）的（innate）」という言葉がしばしば使われるが，それは，「生まれつきの」，「背負わされた」および「修正不可能な」という言葉の組み合わせを指すようである。しかし，生まれながらの大前提は自ら選ぶことがあり得ないという事実は別として，前に触れた諸次元はすべて互いに独立である。大前提は，脳の手術の結果として出生後に獲得されることもあるかもしれないが，これは「背負わされたもの」であって，にもかかわらず修正可能かもしれない。事実，私たちは，これらの属性の組み合わせ（生まれながらものと自ら選んだものとの組み合わせを除いて）の任意の一部および全部（生まれながらのもので普遍的な属性，獲得性で個に特有な（idiosyncratic）属性，等々の組み合わせ）をもつ大前提を同時に所有することもあり得る。しかも，これらの組み合わせは，（誰かが知る限りは）根拠があるかもしれないし，そうではないかもしれない。

組み合わせのあり方いかんによって，注目される度合いが異なってくる。チョムスキー（Chomsky, 1969）の普遍文法の概念に代表される組み合わせは特に有名である。本書ですでに検討したように，チョムスキーの論旨は，人々が，自分たちのまわりで話されるのを聞いている言語の文法について，ある生来的な概念（built-in ideas）をもっているに違いないというものである。文法に関するこの信念は，文法が生まれながらのものでかつ普遍的だという点で，カントの大前提と類似している。類似していないのは，この信念が（言語学に）特殊的であり，かつ根拠をもたないという点である。その無根拠性は，この信念が実際に真実である（誰もが普遍文法の法則を遵守している）ため，明瞭ではないかもしれない。しかしこの事実は，誰もが普遍文法を遵

守するという単なる信念から演繹されるものではない。信念なるものの真実性は，それ自身先験的には知り得ない，ある因果関係に偶然的に依存する。

　このあと，（チョムスキーの大前提のように）無根拠でかつ特定科学に特有であるが，（チョムスキーの大前提とは異なり）やはり意図的に採用されたものであり，また個に特有でもあるような大前提について，述べることが多くなろう。そのような大前提が科学にとっては中心的な位置を占めることが，デュエム（Pierre Duhem, 1906）やラカトシュ（Imre Lakatos, 1978）の著作における主要なテーマである。第5章で検討したデュエムの主張を思い出してほしい。科学における仮説は，不定数の初期条件や補助仮説と結合した場合に限り，実験上の含意をもつ。実験で否定的な結果が得られた場合，そこからは，ただ，連言肢の1つが偽であることがわかるだけであって，それがどの連言肢かはわからない。さらには，連言の長さは不定であるから，有限数の実験によって否定的結果の原因を割り出せる可能性はない。けれども，自分たちの構想が前進するには，失敗の原因をどこに帰するかについて，ある種の決断を余儀なくされる。しかし，その決断は経験的結果によって指図され得ないのだから，数ある先験的法則のうちどれかを使って失敗の原因をつきとめるわけだが，どれを使うかは，自由裁量に任される。1つの選択肢として，気に入った理論的仮説を選んだあと，いかなる見かけ上の反証も必ず補助仮説または初期条件の欠如に原因がある，とすることによって，その仮説を反証のらち外に置くことが考えられる。ラカトシュによれば，そのような**規約主義的方略**（conventionalist stratagem）は，科学の歴史においては慣例的に信奉されてきた。次にあげるのは，この手続きを進めるようすをラカトシュが如実に描いた実例である（Lakatos, 1978, pp.16-17）。

　アインシュタイン以前の時代に，ある物理学者が，ニュートンの力学法則とその重力の法則（N）と，前提となる初期条件Iとから，新しく発見された小惑星pの軌道を計算した。しかし，惑星は計算された軌道からズレていた。このニュートン主義物理学者は，ニュートン理論からすれば，そうした軌道のズレはないはずだから，いったんそれが確認されたからには，理論Nは反駁されたことになると考えるだろうか。そんなことはない。未知の惑星p'が別に存在し，それがpの軌道を乱していると考えるだろう。彼はこの仮説上の惑星の質量，軌道などを計算し，実験天文学者にその仮説のテストを依頼する。惑星p'は小さくて，現在使える望遠鏡でもそれを観測できない。そこで実験天文学者はもっと大きな望遠鏡をつくるための研究助成金を申請する。三年たち新しい望遠鏡が完成する。もし未知の惑星p'が発見されれば，それはニュートン科学の新たな勝利として迎えられただろう。ところが発見されなかったとする。この科学者は，ニュートン理論そのものや軌道を乱している惑星があるという考えを捨てるだろうか。否である。こんどは，宇宙塵の雲がその未知の惑星を隠していると彼は主張する。そしてこの雲の位置とその性質を計算し，それをテストするための人工衛星打ち上げの助成金を要求する。もしも人工衛星の装置（おそらくはほとんどテストされていない理論に基づいた新装置だろう）が，推測された雲の存在を記録したなら，その結果はニュートン科学の顕著な成功として歓迎されたに違いない。しか

し再び実際には雲は見つからない。この科学者は，ニュートン理論，軌道を乱す未知なる惑星の存在，それを隠している雲といった考えを捨てるだろうか。捨てはしない。こんどは，人工衛星の装置を妨害する磁場のようなものが，宇宙のその場所に存在している，と考える。そして新たにまた人工衛星が打ち上げられる。もし磁場が発見されれば，ニュートン主義者は劇的な勝利を祝ったことだろう。しかし事実はまた裏切る。このことは，ニュートン科学の反駁と見なされるだろうか。見なされはしない。さらに別のうまい補助仮説が提案されるか，あるいは……この物語が全体として雑誌の山のなかにかくれてしまい，誰も再びそれにふれることがなくなるかである。(村上陽一郎・井上弘幸・小林伝司・横山光雄（訳）1986 方法の擁護－科学的研究プログラムの方法論－ 新曜社 pp.27-28による)

　このくだりでラカトシュは，自分の描く科学の慣行を批判しているわけではない。デュエム流の原理にのっとれば，慣行も非難を免れるといっているのである。否定的な実験結果が得られた場合，どこを変えたらいいかについて何らかの決断をする必要がある。こと実験的証拠に関する限り，どこを変えても効果があることには変わりがない。したがって，いつでも，気に入った原理以外の何かを変えることにしてはいかがだろうか。規約主義的方略が利用できるとなれば，科学における先験的偶然的信念の範囲はぐっと拡大する。カントの論証は，ヒュームの懐疑論を克服するには，論争の余地のない確固たる仮定が必要であることを立証している。また，ラカトシュが拡大解釈したデュエムの議論は，それを必要とするかしないかにかかわらず，確固たる仮定を立てることを阻むものは何もないことを立証している。最後になるが，攻撃のすきを与えないために何を選べばいいかに対して，原理的な制限はないようである。
　ある原理が，規約主義的方略によって保護されているために攻撃のすきを与えないのだ，ということを知れば，その原理には根拠がないことがわかる。しかしそれは，論理的にいって，上で検討したような大前提の特徴のいずれかを有しているはずである。たとえば，それは生まれながらのものであるかもしれない。すなわち，人はある一定の原理についてはそれらを否認から守る生得的傾向をもっているかもしれない。守られる大前提はまた，根本的あるいは特殊的，普遍的あるいは個に特有でもあり得よう。しかし個特有性と特殊性は規約主義的方略の結果として特にありそうである。実際，もしある大前提が採択されても，それは単に，ただの歴史上の偶然によるのかもしれない。すなわち，誰もが同じ原理を論破から守ることにしたとか，あるいはこれらの原理は常に根本的であったという偶然である。ラカトシュ（Lakatos, 1978）やクーン（Kuhn, 1962）の次のような主張は説得力がある。すなわち，いずれの原理が確固たるものとされるかに関しては，科学史のいたる所で食い違いがみられるし，それらの食い違いは，特定科学（あるいは特定科学の非常に専門化した分野）に特殊的な仮説にまで及んでいるという。科学の特殊な伝統の構成要素のうち大前提に関する部分を，クーンはパラダイム（paradigms）とよんでいるが，ラカトシュはそれら

を，科学的研究プログラムのハードコア（hard core）とよんでいる。

　心理学におけるパラダイムあるいはハードコアの違いを示す例として，内省報告の地位をめぐる方法的行動論者と現象学者の間の意見の相違を考えてみるとよい（Kukla, 1983）。前者によると，実験参加者Sによる経験Eに関する報告からは，「SはEを経験したと**報告した**」という経験的データが得られる（たとえば，Brody and Oppenheim, 1966を参照）。一方，現象学者によれば，同じ事象から「SはEを**経験した**」というデータが得られる（たとえば，Köhler, 1947を参照）。明らかにこの不一致はもう一度実験をしたとしても解決されない。というのは，論争の当事者はいずれも，自分たちの方法論的前提に従って実験結果を組織的に解釈するだろうからである。クーン（Kuhn, 1962, pp.109-110）が述べているように，「各パラダイムは，自分自身が指図する規準は多かれ少なかれ満たすが，自分の対抗者が指図する規準の一部は満たさないことが明らかにされるだろう」。

　要約すると，先験的偶然知の領域で歴史上きわ立った対照がみられるのは，カントの大前提とクーンの大前提の間においてである。前者は根拠があり，根本的，普遍的，生得的，負荷的（背負わされた），そして訂正不可能である。一方，後者は，根拠がなく，特殊的，個特有的，獲得的，選択的，そして訂正可能である。ラカトシュ（Lakatos, 1978, p.20）は，これと同様な区別を，次のように，「保守的能動主義者」と「革新的能動主義者」の間に設けている。

　　「受動主義的」認識論と「能動主義的」認識論の間には重大な境界線がある。「受動主義者」の考えによると，真の知識は，造物主が完全に不活発な心に与える印象である。つまり，心的活動は偏見と歪曲を生じるだけである。最も影響力のある受動主義学派は古典的経験論である。「能動主義者」の考えによると，心的活動なしには，つまり期待や理論に照らして造物主の書物を解釈することがなくては，それを読み解くことはできない。さて，保守的「能動主義者」の考えは，人々は基本的期待をもって生まれてきて，それでもってこの世界を「自分たちの世界」に変えるが，その後は永久に自分たちの世界という監獄のなかで生活しなければならないというものである。自分たちの「概念の枠組み」という監獄のなかで生活し死んでいくという考え方は，もともとカントによって展開された。悲観的なカント主義者は，現実世界はこの監獄ゆえに永遠に不可知であると考えたが，一方，楽天的なカント主義者は，神はこの世界に適合するように概念の枠組みを作ったと考えた。……しかし革新的能動主義者は，概念の枠組みは発展可能であるし……また新しい，よりよいものと置き換えることもできると考えている。つまり，「監獄」を作ったのは私たち人間であり，人間はそれらを批判的に粉砕することもできる……と。

　ここで再び強調しておく必要があるが，これら2つのタイプの「能動主義」は，互いに背反するものではないし，大前提に関する姿勢の種類をすべて網羅するものでもない。皮肉にも，どのような種類が実際に存在するかを解決することは，理論的分析に委ねるべき問題であるのと少なくとも同じく経験的研究に待つべき事柄でもある。

しかし，いかなるタイプの大前提が存在しようと，理論家にとっては特別な課題が生じる。これらについては後述する。

次節では，理論心理学において根拠のない大前提がはたす役割について論じる。さらにその次の節では，根拠のある大前提を取りあげる。

10.4　根拠のない大前提の発見と評価

今，仮に，人々はみな本有的（生得的）前提Pをもっているとしよう。このことから，人々は自分がPを大前提としていることがわかっているとは必ずしもいえない。たとえ人々がPを信じていることに十分気づいていても，自分たちが考える際に，Pが大前提として特別な役割を演じることは本人たちには明白でないかもしれない。カントによれば，人々が何を大前提としているかを発見するには，特別な分析（実際の言動からこれらの実践を保証すると思われる前提体系への遡及的作業）が必要である。この遡及的作業は少なくとも「超越論的演繹」の1つのタイプである（カントは，そのような分析の結果もまた根拠づけは可能だろうが，屋上屋を架しても後の討論には何ら役に立たないと考えていた）。

同様の遡及的作業は，カント的大前提と同様にクーン的大前提の発見にも一般的に必要である。クーン的大前提は人間に背負わされたものではないにもかかわらず，それらが科学の仕事の開始時において明示的に設定されることはまれである。1つの分野で研究している個々の科学者も，どの規約主義的方略に従うべきかについて，互いに相反する考えをもっているかもしれない。おそらく，個人としての科学者ならある1つの規約主義的方略にかかわることをわざわざ選ぶ科学者はいないだろうが，それでも，科学界の社会構成は，実際は，集団全体が1つの規約主義的方略に従うといったものである。したがって，カント的大前提の場合と同様，科学のパラダイムの場合も，通常は，そこにある先験的偶然的仮定がどんなものかを**推定**することが必要なのである。

このようなわけで，理論心理学にとっていま1つの課題は，現代の心理学理論の根底に潜む特殊な大前提を，先験的に演繹することである。この種の研究の注目すべき例は，フォーダー（Fodor, 1975, 1980a, 1988）が行なった，認知心理学において現代のほとんどの研究が大前提とする，心の「計算」理論についての説明である。フォーダーはこの活動を思弁的心理学とよんでいる。彼は，最近それが軽視されていることを嘆いて，次のように述べている。

　思弁的心理学者が行なったことは，こうである。彼らは心理過程について利用可能なデータを検討した。そして，そのデータを説明するために提案されていたような一次理論（first-order theories）について検討した。その後，データや理論に暗に含まれている心の一般概念を明らか

にしようと試みた。

　そのような「心の一般概念」を二次理論（second-order theory）とよぶことにしよう。二次理論についてのフォーダーの概念はクーンがいうパラダイムの概念よりもやや広い。二次理論の原理は，一次理論の背景となるあらゆる仮定といってよく，これらはあまりにありふれている上，あまりに慣れっこになっているので，一次理論家はそれらを設定していることに気づかないほどである。これらに含まれるのは，といっても必ずしもそれらに限定されるわけではないが，大前提の役割をはたす原理である。暗黙のうちに頼っている仮定をあらわにすることは，それらが大前提とされているか否かを問わず，重要な理論的課題である。

　形式的には，科学の大前提の超越論的演繹は，多数のデータを説明するために一次理論を公式化する課題に似ている。しかし，超越論的演繹の場合は，理論自体がデータの役目をはたす。超越論的演繹の結果は一組の原理にまとめられるが，そこから，先験的根拠に基づいて，ものになりそうだと判断される理論の範囲がわかってくる。

　理論家にとっていま１つの課題は，競合するパラダイムの主張を評価することである。この課題はどうすれば達成されるのだろうか。これはそれほどやさしいことではない。もちろん経験的研究によるのではない。たとえば計算パラダイムのなかで計画される経験的研究は，ただ，より洗練された計算理論を生むだけである。それはちょうど，S-R研究がより洗練されたS-R理論を生むだけなのと似ている。S-R理論と計算理論の違いは，あまりに根本的であるため，経験的手段によっては決められない。これこそ，両理論が異なるパラダイムであることの意味である。かいつまんでいうと，問題はこうである。根拠のない大前提の間で選好が行なわれる際の規準として，何が考えられるのだろうか。もちろん論理的一貫性の検査は常に考えられる。なるほど，聖書の真実性を前提とする根本主義者も，経験的理由からは批判され得ないが，もし仮に聖書のなかに，何ごとも，単に書物に書かれているという理由だけで信じることのないよう戒める一節が見つかったとすれば，根本主義は困るだろう。異なるパラダイムの支持者が，それぞれ，相手の立場は内的に矛盾しているとか，科学全体のより広い大前提と矛盾していると主張して互いに論争するのは，通常，このレベルにおいてである。10.3節で述べたように，方法論的行動主義者と現象学者のパラダイム間論争は，経験的手段によっては解決できなかった。しかし，とりわけケーラー（Wolfgang Köhler, 1947）は，方法論的行動主義は整合性に欠けると論じている。方法論的行動主義者は，心理学が扱えるのは公共的に観察可能な事象だけで，ただ私的な事象の報告は立証できないと主張する。行動主義はこの主張から自然に導かれると考えられている。その理由は生活体の行動こそ公共的な出来事であって，一方，感情，思考，およびイメージは単に私的なものだからである。しかし，ケーラーは，ある事

象が公共的だということは，他者がそれを観察していると自分自身が（私的に）納得しない限り決められないと指摘する。しかしこれは，まさに方法論的行動主義者自身の論法によって，不可能事となる。なぜなら，観察というものも，感情やイメージ同様，私的な出来事であるからである。言い換えれば，他者の経験が信じるに足るものであるという保証がときおりなされていると仮定しない限り，行動的事象が公的に観察可能であると主張できる根拠はない。しかしこの点を仮定すると，方法論的行動主義擁護論は崩壊する。この分析は健全ではあるが，方法論的行動主義を決定的に論破するわけではない。それはただ，自分の都合のよいようにやり込めているに過ぎない。とはいえ，この分析は，合理的説得の方法がパラダイム間論争と無関係ではないことを確実に示している。

　もちろん，ただ1つの大前提体系だけが論理的一貫性の検査に合格するという保証はない。どちらも整合性のある2つのパラダイムの間の選択をする際に合理的規準があるか否かは，一世代前の科学哲学において最も激論が交わされた問題であった。そこでは，クーン（Kuhn, 1962, 1977）とファイヤーアーベント（Feyerabend, 1975）が非合理論の側に立ち，ラカトシュ（Lakatos, 1978）とローダン（Laudan, 1977, 1984, 1996）に対峙した。ラカトシュは，競合する研究計画を評価する際に単純性の要件が重要であることを強調している。ある科学理論の大前提が根拠のないものである場合，その大前提は，補助仮説を調整することによって，問題をはらむ証拠を常にうまくいい抜けることができるから，けっして経験的問題に巻き込まれない。しかし，調整に調整を重ねていくと，描かれる世界がどんどん入り組んでくる。観測結果が示したように，天動説は，天体が周転円を描いて地球のまわりを回っているという仮説ではもちこたえられなかった。そこでコペルニクス以前の天文学者は，天動説という中核的仮定はそのままにして，もっと複雑怪奇な惑星軌道を仮定せざるを得なかった。心理学では，ハル（C. Hull）の動因理論が，問題をはらんだ証拠に配慮しようとして，同様の展開を経験している。ハル（1943）は，すべての行動が刺激低減に向かうと仮定していた。1950年代と1960年代に行なわれた実験では，生活体が，新奇で刺激の豊かな環境にしか導かないような新しい反応を容易に習得することが示され，これはハルの理論とは明らかに矛盾している。けれども，動因論者は，ラカトシュの架空のニュートン派の科学者と同様，これらの研究成果を反証として解釈はしなかった。それどころか，「退屈」動因（すなわち，新奇性によって低減する強力な内的刺激源）の存在を証明するものと見なしたのである。反証データが立て続けに押し寄せるたびに，動因論者はいくつもの仮説的刺激源の存在とその低減を仮定し続けた。コペルニクス以前の天文学にしても動因理論にしても，経験的な反駁には侵されなかった。しかし，これらの理論的構造物は，「相次ぐ手直し」と，いく重にも絡んだ支えの重みに耐えかねて崩壊し始めた。「虫食いだらけの支柱」は，「倒れかかった建物」をもち

こたえることがもはやできなかったからである（Duhem, 1906）。さて，このように単純性の要件に訴えるとなると，第7章で検討したすべての困難につきまとわれることになる。第一に，**絶対的な統語的単純性**（syntactic simplicity）の考えはつじつまが合わない。たとえば，ある言語に関しては「虫食いだらけの支柱」に見えるものも，別の言語に関しては，優雅なドーリア式の建造物になる。第二に，仮に絶対的単純性の考えが意味をなすとしても，単純な理論ほど真実である可能性が高いという意見を正当化する問題が残る。天動説と動因理論が，あからさまに単純性の要件に訴えたために，結局は覆されたことはほぼまちがいない。しかし，これらの要件には合理的な根拠があったのだと立証することは別問題である。

ラカトシュは，理論の手直しが**前進的**か**退歩的**かを客観的に判断するのは可能だといっている。理論の一連の手直しが前進的であるとは，手直しされたそれぞれの理論が，その前の理論が直面した否定的結果をうまく説明できるだけでなく，その前の理論からは得ることのできなかった**新たな経験上の帰結**を生む場合をいい，またその場合に限られる。一連の手直しが退歩的であるとは，それらが前進的でない場合をいう。この規準によれば，地球中心説の天文学者が着手した理論の手直しは，事実上，退歩的なものに等しかった。この，天文学者が仮定したますます複雑な軌道は，理論を経験的反駁から守りはしたものの，天文学のために何ら新たな観察上の帰結も生むことはなかった。けれども，ラカトシュの規準は，パラダイム評価の手続きを客観化することに関してはうまくいかない。ファイヤーアーベント（Feyerabend, 1975）は，低水準の経験的一般化を理論に付加することによって，退歩的な理論修正を前進的な修正に転換することが常に可能であると述べている。たとえば，周転円からさらに複雑な地球中心の軌道への切り替えも，その複雑な理論に「そして金は水よりも重い」を仮に追加したとすれば，前進的と見なされるだろう。明らかに，理論的な追加は，「単なる連言によるよりもさらに密接に」（同書, p.226），理論の残りの部分につなぐことが必要である。ラカトシュはこの批判に気づいていて，個人的な好みの影響にある程度譲歩しなくては，答えは出てこないことを認めている。しかし，ここで少しでも譲歩しようものなら，彼がやろうとしていることは台なしになると思われる。ある種の判定をする客観的な手続きを仮定した後，その手続きのなかの一点でも個人的な好みが入ることを認めれば，その手続きは全然客観的ではなくなる。それはあたかも，選択肢A，Bの相対的望ましさを決める際に，まず丹念な計算をした後，いずれか一方に「個人要因」に相当する自分の好みをつけ加えるという手続きをとるべきだ，といっているようなものである。これでは，明らかに，初めの計算を全然省いても同じことである。

さらには，いずれも前進的な2つの研究プログラムの間の選択，あるいはまさに後退し始めた非常に有望な研究プログラムと，まさに前進し始めている真新しいプログ

ラムの間の選択を，どのようにするべきかがはっきりしない。実際，ラカトシュ自身がいうように，研究プログラムは，しばらくの間後退してその後再び前進し始めることがある。そういうわけで，プログラムが後退し始めるとすぐにそれを止めるべきか，あるいは，しばらくはプログラムを継続して回復の機会を与えるべきかは，個人の好みの問題となる。プログラムが回復するかしないか（いや，そもそも後退するかどうか）は，最終的には，そのプログラムにひきつけられた研究者の賢さ加減によるだろう。このような考察に基づいてファイアーアーベントは，ラカトシュの理論修正の規準は，いかなる理論上の判断を正当化するにも用いることの可能な，1つのこじつけ解釈であると結論づけている。

　もし経験的および合理的妥当性の検査すべてに合格する競合的な複数のパラダイムがあった場合（その可能性は十分あると思われるが），どうすべきだろうか。さて，理論的分析によって対立するパラダイムの設計図が明らかになる。そうすれば，おのおのの体系の大前提は何か，それらの論理的帰結は何かがはっきりする。理想的に行なった場合には，その体系が内的に一貫しているかどうか，また体系が，競合するすべてのパラダイムの支持者が共有する，もっと広範な大前提と矛盾しないかどうかがわかる。そしてそれですべてである。信じるに足る理論をどれか選びたければ，その選択は，経験的あるいは合理的正当化なしで行なわれる必要があろう。おそらく，これこそ，「疑いをはさまずに」何かを信じることの意味を示すものだろう。9.8節で概念図式を論じたとき，同じ領域の2つの理論が根本的に異なる概念図式を採択している場合，それらを両方とも受け入れるのが合理的だと述べた。異なる前提で始まる理論に関しても，これと同じ方針をついとりたくなる。しかし，これら2つの場合の間には重要な違いがある。すなわち，根本的に異なる概念をもつ2つの理論は，互いに矛盾することはあり得ない。それに対して，異なる大前提で始まる2つの理論は，もしそれらの概念図式が重なりあう場合，矛盾した帰結を生むかもしれない。たとえば，帰納法支持者と聖書を奉じる根本主義者は，同一の状況でしばしば異なる予測をする。この場合，両方の予測がともに真であるとすることはできない。

10.5　心理学における根拠のある大前提

　根拠をもつ大前提は，真であることが論証できる以上，すべての科学理論に対して先験的な制約を強いる。そういうわけで，それらを発見することは，科学の専門家というよりむしろ哲学者に課された問題となる。けれども心理学者にとって興味ある点は，そのような制約の例として最もありそうなのが，さまざまな種類の奇妙な物理的環境のなかでも概して本質的に認知的，社会的なものだということである。少なくとも一見したところ，本質的にはいつも通り科学の仕事を行なえるように思われる。実際，科学が存立するためには物質界がなければならないということさえ明らかではな

い。というのは，肉体を離れた霊魂でも，ある種の科学研究ならできるかもしれないからだ。しかし，ある種の心的装置と社会的組織を所有する生き物が存在しない限りは，およそ科学らしきものは存在し得ない。したがって，人類が，事実，そのようなたぐいの心的装置と社会的組織を所有しているという命題は，いかなる科学理論によっても前提とされなければならない。同時に，この命題は，他ならぬ心理学に（ここで追求するつもりはないが，社会学に）最もよく馴染む。

　この種の根拠のある大前提は，心理学では，特定理論の根拠のない大前提と同じ役割を演じるわけではない。特定理論の大前提は，拒絶したり代案を探したりすることが自由にできる。しかし，根拠のある大前提によって強いられる制約には，いかなる心理学理論も従わなければならない。根拠のない大前提は実験によって確認も否認もされることはない。しかし，経験的研究と根拠のある大前提の関係はもっと独特のものである。根拠のある大前提を仮に経験的検査にかけようとした場合は，実験結果を待つ必要はないだろう。というのは，仮説の真実性は，仮説が検査にかけられているという事実から，必然的結果として出てくるからである。要するに，根拠のない大前提は**選択自由**であるが，これに対して根拠のある大前提は（もちろん，互いに科学をやっているという理解に立ってのことではあるが）**強制的**である。

　心理学の根拠ある大前提で最も根本的な（そして最も有名な）ものは，デカルトの「われ思う（cogito）」提題である。デカルトは，心的作用が存在するという偶然的心理学的事実を立証する根拠として，そのことが，自分のさまざまな信念の正当化可能性を評価するプロジェクトに乗り出した必然的帰結であることをあげている。この事業の詳細がどう進展しようが，それが始められたというまさにその事実こそ，心的作用が存在するという結論を正当化する。実際，非常に高度な知能という心的作用が存在することが先験的に認識できる。仮に，人類が経験的研究を行なう能力があるという命題を経験的検査にかけるとしても，その真理値がどれほどになるかが決まるまで，結果を待つ必要はないだろう。

　心理学は，この分析手段によって，多くのことを立証できるのだろうか。これはほとんど手つかずの問題である。おそらくこの種の分析からは，少数の明白な存在論的一般化以上のものは何も得られないだろう。しかしまた，それこそ科学という営みの存在そのものから，人間の心的（そして社会的）生活のかなり詳細な描写が導かれ得るということもありそうである。ここにあげるのは3つの思弁的な例である。

　第一に，認知的整合性（cognitive consistency）に関するさまざまな理論は，信念体系が明白な不整合を除去するための動的なルールに従うと主張して（たとえば，Festinger, 1957; Heider, 1958を参照），膨大な量の経験的研究を生み出してきた。しかし，よくよく分析すると，経験的研究が整合性理論の基本仮定を**否認**できると考えるのは矛盾していることが明らかになるだろう。なぜならば，否認の概念は矛盾のな

い体系に関連してのみ意味をもつからである。また，認知的整合性の理論は偶然的理論である。にもかかわらず，それらが鼓舞した経験的研究の一部は，論理的に必然的な真理を探求することとまったく同様に冗長で余計なのかもしれない。

　第二に，私たちが特定の仮説を考えたり特定の概念を構成したりするという事実は，人類がそのような仮説を考え，また概念を構成する能力のあることを十分に立証している。では，概念形成に関する心理学的理論の事情を考えてみよう。そのような理論は，一般に，人間精神には，実際，ある種の概念を構成する能力があるという仮説を立てるのが普通である。このタイプの仮説が偶然的であることは明らかである。にもかかわらず，当該概念のタイプについて有効な記述が与えられている限りは，この理論を経験的検証にかける必要はない。というのは，理論の内容がわかることが，すでに十分，理論の真であることを示しているからである。今，仮に，たとえば，ロッシュ（Elenor Rosch）のある典型概念の使用法の計算アルゴリズムが与えられたとしたら，そこからただちに，人間はロッシュの典型概念の使用能力があると結論できる。しかし，それならば，典型概念に関する膨大な実験文献がやっていることはいったい何なのか。確かに，典型概念の使用が普遍的なものかどうか，あるいは，その使用は人間の性に合っているかどうかを，先験的に確かめることはできない。しかし，これらの問題点は，人間がある種の概念を使用する認知能力があるか否かの問題と比較すると，理論的重要性において二次的である。そして，後者の問題は先験的手段で解決できるように思われるのである。概念能力の理論の定式化に関心のある心理学者なら，ただひじ掛け椅子に座ってさまざまな種類の概念を考え出しさえすれば，前進できるだろう。彼らが考え出すいかなる種類の概念も，人間の概念能力について何か新たなものを立証するだろう。

　最後に，心理学における根拠のある大前提について私の好きな例は合意の法則（law of consensus）であるが，それは次のように定式化される。すなわち，同じデータが与えられた場合，人々が帰納的一般化で合意しあう頻度は，偶然よりも高くなるというものである。たとえば，それまでに見たエメラルドがすべてグリーンかつグルーであったとしても，大部分の人は「エメラルドはすべてグリーンである」という命題のほうが，「エメラルドはすべてグルーである」という命題よりも優れた帰納的一般化であることに同意するだろう。さて，この法則を経験的検査にかけるという提案について人はどういうだろうか。もちろん，そのような検査はほとんど必要ないというかもしれない。というのは，合意の法則の真実性は日常生活のいたる所で明らかである（帰納的一般化において人々は常に他者と合意している）。これは，そのことに関する限りは真である。しかし私は，合意の法則を経験的検査にかけることはもっと強い意味で無意味であると主張したい。事実，合意の法則は，共同で行ういかなる知識探究の営みにおいても，大前提の役割をはたすに違いない。もし仮に合意の法

則が偽であったとすると，科学という営みは何ら意味をなさないだろう。もし仮に人々の帰納的推論がまったく個人特有のものであったとしたら，いかなる科学論争にも解決の道はない。そして，もし仮にいかなる論争にもけっして解決がなかったとしたら，もちろん科学は存在しない。要するに，合意の法則が偽であったとしたら，公的言語はあり得ない。というのは，言葉の意味について各自各様の仕方で一般化をするだろうからである。すなわち，一方で「グリーン」という単語はグリーンを意味すると結論する者がいるかと思えば，他方では，同じ言語的証拠に基づきながらも，「グリーン」はグルーを意味すると結論する者もいるといった具合である。このように，合意の法則が偽であれば，互いの発語を理解できると考える根拠はまったくない。しかし科学が大前提としているのは，人々は互いをある程度は理解できるということである。したがって，いかなる科学理論も，合意の法則と整合する必要がある。

　AIの語句でいえば，科学の存在に根拠をおいた大前提の研究は，事実上，人造の科学者を作るプロジェクトに相当する。データを収集し，説明理論を定式化し，これらの理論を経験的検査にかけ，また新しい研究成果に照らしてそれらの理論を修正する，といった能力が大前提とする構造と作用はどのような種類のものだろうか。それを知るには，AIに関係するすべての問題と同様，先験的分析を必要とする。しかし，この分析の結果がどうであれ，これらの構造と作用が私たち人間において実現されているという偶然的真実は動かせない。なぜならば，人間にもまた，データを収集したり，理論を定式化したりする能力があるからである。この最後の主張は，次のような理由で疑問視されるかもしれない。すなわち，人造科学者を育てる方法は2つ以上あるかもしれず，その場合，人間は人造科学者AとBのいずれに似せてできているのかという疑問を解決するには経験的研究によるほかない，という理由である。これは，そのことに関する限りは真である。しかし，人造科学者に2つ以上のタイプがあるかもしれないという疑問に答えるには，前の主張をわずかながら修正せざるを得ない。$S1, S2, \cdots, Sn$は，科学者のようにふるまう能力のある（未発見の）システムすべてを表わすとする。すると，「私たちは$S1$または$S2$または……またはSnのうちのいずれかである」という選言的言明は，心理学の根拠のある大前提である。この選言によって与えられる私たちの心的装置についての詳細さの程度は，集合$S = (S1, S2, \cdots, Sn)$の異質性の程度に依存する。この集合は，もちろん，無限集合であるかもしれない。あるいはまた，再帰的可算な集合でないことさえあり得る。しかし，現在Sに属することがわかっているシステムの数がゼロである以上，この集合が大きくなり過ぎはしないかとやきもきするのは時期尚早のように思われる。現在のところ，心理学のうちどれほどが科学の純粋に先験的分析から演繹的に推論され得るかは，誰にもわからないのである。

補遺 「理論心理学」について

五十嵐靖博

　理論心理学（theoretical psychology）は心理学自体を対象とする様々な研究の総称である。1950年代から動機づけに関する多数の理論を比較研究し，草創期の理論心理学をリードしたデンマークの心理学者K.B.マッセンは，理論心理学を'心理学の諸理論と理論に関する問題のメタサイエンス的研究'と定義している[*1]。科学哲学や科学史，科学社会学などの科学自体を研究対象とする学問分野は科学論(science studies)と呼ばれる。理論心理学は心理学を対象とするサイエンス・スタディーズだといえるだろう。1985年に，この分野を代表する学術団体である国際理論心理学会(the International Society for Theoretical Psychology: ISTP)が設立された。ISTPの創設メンバーが中心になって1991年にはTheory & Psychology誌が発刊された。同誌は，アメリカ心理学会第24部会（理論・哲学心理学会）とカナダ心理学会心理学史・心理学の哲学部門，イギリス心理学会心理学史・心理学の哲学部門との緊密な協力関係の下で刊行されている[*2]。

　理論心理学は，記憶や不安などのような個々の心理学的現象を説明する理論を目指しているわけではない。これらは，認知心理学や臨床心理学など，個別心理学の役割である。それに対して，さまざまな心理学の理論自体を研究の対象とすることが，心理学のメタサイエンスである理論心理学の特徴である。理論心理学の代表的ジャーナルであるTheory & Psychology誌の編集長H．スタム（カルガリー大学）は，1991年の創刊から10年間に同誌に掲載されたすべての論文を通覧し，諸論文のトピックスを次の12のカテゴリーに分類している[*3]。それは，1．認知・知覚・記号論，2．方法論・仮説検証・数理モデル，3．臨床心理学・精神病理学・精神医学，4．心理学の哲学，5．社会心理学・発達心理学，6．フェミニズム・性の政治学・身体論，7．社会的構成主義・ディスカーシブ心理学，8．心理学史，9．批判理論・心理学の社会的批判，10．精神分析，11．解釈学・現象学，12．ポストモダニズム・脱構築主義，など多様なカテゴリーである。これらから伺われるように，心理学諸理論の歴史的背景や社会との関係，理論構成の方法と新しい方法論の発展，理論の使用と実践などがメタサイエンス的視点から検討されている。

　現在の理論心理学には，異なったふたつの研究アプローチの存在が指摘されている[*4]。ひとつは心理学が営まれる文脈や社会的要因の影響に注目する心理学史的，科学社会学的な諸研究であり，もうひとつは論理分析的方法によって心理学理論を

検討する研究である。前者はカート・ダンジガーの「心を名づけること：心理学の社会的構成」（河野哲也監訳　勁草書房　2005）のような心理学史研究や，フェミニスト心理学などのさまざまな批判心理学を導き，認知行動主義などのような北米の主流心理学を再構成・脱構築して，代替案を提唱する多数の研究を生み出している。心理学のさまざまな理論に適用可能な理論構成の方法を提唱する本書は，論理分析的アプローチによるメタ理論的研究の典型ということができ，その最も大きな成果である。ヨーク大学（トロント）やカルガリー大学など理論心理学が盛んな北米の大学では，講義のテキストとしてしばしば本書が採用されている。論理分析的アプローチのテキストとして本書が，一方，科学論的アプローチのテキストとしてS．ベムとH．L．デ・ヨングの著書「理論心理学の諸問題」が講義に用いられることが多いという[5]。わが国では「入門マインドサイエンスの思想：心の科学のための現代哲学入門」（石川幹人・渡辺恒夫編　新曜社　2004）に，科学論的な立場から科学哲学や心の哲学，科学社会学，科学心理学，理論心理学が紹介されている。

〈注〉

[1] : Madsen, K. B. 1987 Theoretical psychology: A definitional and systematic classification. In W. J. Baker, M. E. Hyland, H. van Rappard, A. W. Staats (Eds.), *Current issues in theoretical psychology*. Amsterdam: North Holland.

[2] : Theory & Psychology誌の編集指針や目次などについては，同誌のウェッブサイト（http://www.psych.ucalgary.ca/thpsyc/）に詳細な情報が掲載されている。

[3] : Stam, H. J. 2000 Ten years after, decade to come. *Theory & Psychology*, 10, 5-21.

[4] : Slife, B. D. 2004 Expanding the theoretical horizons and methods of psychology: Review of André Kukla's Methods of theoretical psychology. *Contemporary Psychology*, 48, 21-23.

[5] : Bem, S. & de Jong, H. L. 1997 *Theoretical issues in psychology: An introduction*. London: Sage.

引用文献

Aristotle. De anima. In *Introduction to Aristotle*, second edition, ed. R. McKeon (University of Chicago Press, 1973).

Aronson, E. 1958. The need for achievement as measured by graphic expression. In *Motives in Fantasy, Action, and Society*, ed. J. W. Atkinson. Van Nostrand.

Bakan, D. 1966. The test of significance in psychological research. *Psychological Bulletin* 66: 423–437.

★ Barrow, J. D. 1991. *Theories of Everything: The Quest for Ultimate Explanation*. Vintage.

Berkeley, G. 1710. *A Treatise Concerning the Principles of Human Knowledge* (Hackett, 1982).

Boden, M. 1977. *Artificial Intelligence and Natural Man*. Harvester.

Bohm, D. 1971. Quantum theory as an indication of a new order in physics. *Foundations of Physics* 1: 359–381.

Bohr, N. 1958. *Atomic Physics and Human Knowledge*. Wiley.

Bradley, R., and N. Swartz. 1979. *Possible Worlds: An Introduction to Logic and Its Philosophy*. Hackett.

Brandtstädter, J. 1987. On certainty and universality in human development: Developmental psychology between apriorism and empiricism. In *Meaning and the Growth of Understanding*, ed. M. Chapman and R. A. Dixon. Springer-Verlag.

Brody, N., and Oppenheim, P. 1966. Tension in psychology between the methods of behaviorism and phenomenology. *Psychological Review* 73: 295–305.

Brown, J. R. 1991. *The Laboratory of the Mind: Thought Experiments in the Natural Sciences*. Routledge.

Cattell, R. B. 1950. *Personality: A Systematic, Theoretical, and Factual Study*. McGraw-Hill.

Chomsky, N. 1962. Explanatory models in linguistics. In *Logic, Methodology and Philosophy of Science*, ed. E. Nagel, P. Suppes, and A. Tarski. Stanford University Press

Chomsky, N. 1969. Linguistics and philosophy. In *Language and Philosophy*, ed. S. Hook. New York University Press.

★ Chomsky, N. 1980a. Discussion of Putnam's comments. In *Language and Learning*, ed. M. Piattelli-Palmarini. Harvard University Press.

Chomsky, N. 1980b. Recent contributions to the theory of innate ideas. In *Challenges to Empiricism*, ed. H. Morick. Hackett.

Chomsky, N. 1980c. Rules and representations. *Behavioral and Brain Sciences* 3: 1–15.

Chomsky, N. 1981a. On cognitive capacity. In *Readings in Philosophy of Psychology*, volume 2, ed. N. Block. Harvard University Press.

Chomsky, N. 1981b. Reply to Putnam. In *Readings in Philosophy of Psychology*, volume 2, ed. N. Block. Harvard University Press.

Chomsky, N. 1986. *Knowledge of Language: Its Nature, Origin, and Use*. Praeger.

★ Chomsky, N., and Fodor, J. 1980. The inductivist fallacy. In *Language and Learning*, ed. M. Piattelli-Palmarini. Harvard University Press.

Christensen-Szalanki, J. J. J., and Beach, L. R. 1983. Publishing opinions: A note on the usefulness of commentaries. *American Psychologist* 38: 1400–1401.

Christie, A. 1984. *Hercule Poirot's Casebook*. Dodd Mead.

Churchland, P. M. 1981. Eliminative materialism and the propositional attitudes. *Journal of Philosophy* 78: 67–90.

Cohen, L. J. 1981. Can human irrationality be experimentally demonstrated? *Behavioral and Brain Sciences* 4: 317–331.

Collingwood, R. G. 1924. *Speculum Mentis*. Clarendon.

Davidson, D. 1970. Mental events. In *Experience and Theory*, ed. L. Foster and J. W. Swanson. University of Massachusetts Press.

Davidson, D. 1974. On the very idea of a conceptual scheme. *Proceedings and Addresses of the American Philosophical Association* 47: 5–20.

Dennett, D. C. 1971. Intentional systems. *Journal of Philosophy* 68: 87–106.

★ Dennett, D. C. 1987. Cognitive wheels: The frame problem of AI. In *The Robot's Dilemma*, ed. Z. Pylyshyn. Ablex.

Descartes, R. 1641. Meditations. In *The Philosophical Works of Descartes*, ed. E. Haldane and G. Ross (Cambridge University Press, 1968).

Dirac, P. A. M. 1963. The evolution of the physicist's picture of nature. *Scientific American* 208: 45–53.

★ Duhem, P. 1906. *La théorie physique: Son object, sa structure*. Marcel Rivière.

★ Einstein, A. 1951. Autobiographical note. In *Albert Einstein*, volume 1, ed. P. Schilpp. Harper & Row.

Evans, G. 1979. Reference and contingency. *Monist* 62: 161–189.

★ Festinger, L. 1957. *A Theory of Cognitive Dissonance*. Stanford University Press.

★ Festinger, L., Riecken, H., and Schachter, S. 1956. *When Prophecy Fails*. University of Minnesota Press.

★ Feyerabend, P. K. 1975. *Against Method*. New Left Books.

Flanagan, O. J. 1984. *The Science of the Mind*. MIT Press.

Flavell, J. H., and Wohlwill, J. F. 1969. Formal and functional aspects of cognitive development. In *Studies in Cognitive Development*, ed. D. Elkind and J. Flavell. Oxford University Press.

Fodor, J. A. 1975. *The Language of Thought*. Harvard University Press.

Fodor, J. A. 1980a. Methodological solipsism considered as a research strategy in cognitive psychology. *Behavioral and Brain Sciences* 3: 63–73.

★ Fodor, J. A. 1980b. Reply to Putnam. In *Language and Learning*, ed. M. Piattelli-Palmarini. Harvard University Press.

Fodor, J. A. 1981a. Introduction. In J. A. Fodor, *Representations*. MIT Press.

Fodor, J. A. 1981b. The present status of the innateness controversy. In J. A. Fodor, *Representations*. MIT Press.

★ Fodor, J. A. 1983. *The Modularity of Mind*. MIT Press.

Fodor, J. A. 1988. *Psychosemantics: The Problem of Meaning in the Philosophy of Mind*. MIT Press.

Fodor, J. A., Garrett, M., and Brill, S. L. 1975. Pe, ka, pu: The perception of speech sounds in prelinguistic infants. MIT Quarterly Progress Report, January 1975.

Freud, S. 1917. *Introductory Lectures on Psychoanalysis* (Penguin, 1973).

Freud, S. 1933. *New Introductory Lectures on Psychoanalysis* (Penguin, 1973).

Garber, D. 1983. Old evidence and logical omniscience in Bayesian confirmation theory. In *Testing Scientific Theories* (Minnesota studies in the Philosophy of Science, volume 10), ed. J. Earman. University of Minnesota Press.

Gardner, H. 1983. *Frames of Mind: The Idea of Multiple Intelligences*. Basic Books.

Glymour, C. N. 1980. *Theory and Evidence*. Princeton University Press.

★ Goodman, N. 1954. *Fact, Fiction and Forecast*. Harvard University Press.

Grelling, K., and Nelson, L. 1908. Bemerkungen zu den Paradoxien von Russell und Burali-Forte. *Abhandlungen der Fries'schen Schule neue Folge* 2: 301–334.

★ Guthrie, E. 1952. *The Psychology of Learning*, revised edition. Harper.

Hacking, I. 1967. Slightly more realistic personal probabilities. *Philosophy of Science* 34: 311–325.

Hall, C. S., and Lindzey, G. 1978. *Theories of personality*. Wiley.

★ Hanson, N. R. 1961. *Patterns of Discovery*. Cambridge University Press.

★ Hartmann, H. 1958. *Ego Psychology and the Problem of Adaptation*. International Universities Press.

★ Heider, F. 1958. *The Psychology of Interpersonal Relations*. Wiley.

★ Hempel, C. G. 1965. *Aspects of Scientific Explanation*. Free Press.

Hilgard, E. R., and Marquis, D. G. 1940. *Conditioning and Learning*. Appleton-Century-Crofts.

★ Holland, J. H., Holyoak, K. J., Nisbett, R. E., and Thagard, P. R. 1986. *Induction: Processes of Inference, Learning, and Discovery*. MIT Press.

Horowitz, T. 1985. A priori truth. *Journal of Philosophy* 82: 225–238.

Horwich, P. 1982. *Probability and Evidence*. Cambridge University Press.

★ Hull, C. 1943. *Principles of Behaviour*. Appleton-Century-Crofts.

★ Hull, C. 1952. *A Behavior System*. Yale University Press.

Hume, D. 1739. *A Treatise on Human Nature* (Clarendon, 1964).

Kahneman, D., and Tversky, A. 1972. Subjective probability: A judgement of representativeness. *Cognitive Psychology* 3: 430–454.

Kant, I. 1781. *Critique of Pure Reason*. Macmillan, 1929.

Koch, S. 1981. The nature and limits of psychological knowledge: Lessons of a century qua "science." *American Psychologist* 36: 257–269.

Köhler, W. 1947. *Gestalt Psychology: An Introduction to New Concepts in Modern Psychology*. Livewright.

★ Kripke, S. 1972. *Naming and Necessity*. Harvard University Press.

★ Kuhn, T. S. 1962. *The Structure of Scientific Revolutions*. University of Chicago Press.

★ Kuhn, T. S. 1977. *The Essential Tension*. University of Chicago Press.

Kukla, A. 1983. Toward a science of experience. *Journal of Mind and Behavior* 4: 231–246.

Kukla, A. 1989. Nonempirical issues in psychology. *American Psychologist* 44: 785–794.

Kukla, A. 1995a. Amplification and simplification as modes of theoretical analysis in psychology. *New Ideas in Psychology* 13: 201–217.

Kukla, A. 1995b. Is there a logic of incoherence? *International Studies in the Philosophy of Science* 9: 57–69.

★ Lakatos, I. 1978. *The Methodology of Scientific Research Programmes*. Cambridge University Press.

Langley, P., Simon, H. A., Bradshaw, G. L., and Zytkow, J. M. 1987. *Scientific Discovery: Computational Explorations of the Creative Process*. MIT Press.

★ Laudan, L. 1977. *Progress and Its Problems: Towards a Theory of Scientific Growth*. University of California Press.

★ Laudan, L. 1984. *Science and Values*. University of California Press.

Laudan, L. 1996. *Beyond Positivism and Relativism: Theory, Method and Evidence*. Westview.

Locke, J. 1706. *An Essay Concerning Human Understanding* (Everyman's Library, 1961).

Longuet-Higgins, H. C. 1981. Artificial intelligence—a new theoretical psychology? *Cognition* 10: 197–200.

Lyons, W. E. 1986. *The Disappearance of Introspection*. MIT Press.

MacCorquodale, K., and Meehl, P. E. 1948. On a distinction between hypothetical constructs and intervening variables. *Psychological Review* 55: 95–107.

MacIntyre, R. B. 1985. Psychology's fragmentation and suggested remedies. *International Newsletter of Paradigmatic Psychology* 1: 20–21.

Mackay, D. G. 1988. Under what conditions can theoretical psychology survive and prosper? Integrating the rational and empirical epistemologies. *Psychological Review* 95: 559–565.

Maher, B. A. 1985. Underpinnings of today's chaotic diversity. *International Newsletter of Paradigmatic Psychology* 1: 17–19.

★ Mannheim, K. 1925. *Essays on the Sociology of Knowledge*. Routledge and Kegan Paul.

Marx, M. H., and Hillix, W. A. 1973. *Systems and Theories in Psychology*. McGraw-Hill.

Meehl, P. E. 1950. On the circularity of the law of effect. *Psychological Bulletin* 47: 52–75.

Meehl, P. E. 1967. Theory testing in psychology and physics: A methodological paradox. *Philosophy of Science* 34: 103–115.

Meehl, P. E. 1990. Why summaries of research on psychological theories are often uninterpretable. *Psychological Reports* 66: 195–244.

Michaels, L., and Ricks, C. 1980. *The State of the Language*. University of California Press.

Miller, N. E. 1959. Liberalization of basic S-R concepts: Extensions to conflict behavior, motivation, and social learning. In *Psychology*, volume 2, ed. S. Koch. Ronald.

★ Nagel, E. 1961. *The Structure of Science*. Hackett.

Newell, A., and Simon, H. A. 1981. Computer science as empirical inquiry: Symbols and search. In *Mind Design*, ed. J. Haugeland. MIT Press.

Nozick, R. 1993. *The Nature of Rationality*. Princeton University Press.

Peirce, C. S. 1901. The logic of abduction. In *Essays in the Philosophy of Science*, ed. V. Tomas (Bobbs-Merrill, 1957).

Piaget, J. 1929. *The Child's Conception of the World*. Harcourt, Brace.

★ Piaget, J. 1952. *The Origin of Intelligence in Children*. International University Press.

Place, U. T. 1956. Is consciousness a brain process? *British Journal of Psychology* 47: 44–50.

Plato. Phaedo. In *The Collected Dialogues of Plato* (Pantheon, 1961).

★ Popper, K. R. 1934–35. *The Logic of Scientific Discovery* (Basic Books, 1959).

Price, H. H. 1950. *Perception*, second edition. Methuen.

Putnam, H. 1965. Brains and Behavior. In *Analytical Philosophy*, volume 2, ed. R. J. Butler. Blackwell.

Putnam, H. 1970. Is semantics possible? *Metaphilosophy* 1: 187–201.

Putnam, H. 1975. *Mathematics, Matter, and Method: Philosophical Papers*, Volume 1. Cambridge University Press.

Putnam, H. 1980a. The innateness hypothesis and explanatory models in linguistics. In *Challenges to Empiricism*, ed. H. Morick. Hackett.

★ Putnam, H. 1980b. What is innate and why: Comments on the debate. In *Language and Learning*, ed. M. Piattelli-Palmarini. Harvard University Press.

★ Pylyshyn, Z. 1984. *Computation and Cognition: Toward a Foundation for Cognitive Science*. MIT Press.

Quine, W. V. O. 1951. Two dogmas of empiricism. *Philosophical Review* 60: 20–43.

★ Quine, W. V. O. 1960. *Word and Object*. MIT Press.

Quine, W. V. O. 1966. *The Ways of Paradox*. Random House.

Quine, W. V. O., and Ullian, J. S. 1970. *The Web of Belief*. Random House.

★ Reichenbach, H. 1963. *The rise of scientific philosophy*. University of California Press.

Rosch, E., and Lloyd, B. B., eds. 1978) *Cognition and Categorization*. Erlbaum.

Rosenkrantz, R. D. 1977. *Inference, Method, and Decision: Toward a Bayesian Philosophy of Science*. Reidel.

★ Russell, B. 1945. *A History of Western Philosophy*. Simon and Schuster.

Salmon, W. 1966. *Foundations of Scientific Inference*. Pittsburgh University Press.

Salmon, W. 1988. Dynamic Rationality: Propensity, probability, and credence. In *Probability and Causality*, ed. J. Fetzer. Reidel.

Schick, T. W., Jr. 1987. Rorty and Davidson on alternate conceptual schemes. *Journal of Speculative Philosophy* 1: 291–303.

★ Searle, J. R. 1980. Minds, brains, and programs. *Behavioral and Brain Sciences* 3: 417–424.

Sears, C. E. 1924. *Days of Delusion: A Strange Bit of History*. Houghton Mifflin.

Sheldon, W. H. 1942. *The Varieties of Temperament*. Harper.

★ Simenon, G. 1971. *Maigret and the Informer*. Harcourt Brace Jovanovich.

Skinner, B. F. 1945. The operational analysis of psychological terms. *Psychological Review* 52: 270–277.

Skinner, B. F. 1950. Are theories of learning necessary? *Psychological Review* 57: 193–216.

★ Skinner, B. F. 1953. *Science and Human Behavior*. Macmillan.

Skinner, B. F. 1974. *About Behaviorism*. Knopf.

Skyrms, B. 1987. Dynamic coherence and probability kinematics. *Philosophy of Science* 54: 1–20.

Smart, J. J. C. 1959. Sensations and brain processes. *Philosophical Review* 68: 141–156.

Smedslund, J. 1984. What is necessarily true in psychology? In *Annals of Theoretical Psychology*, volume 2, ed. J. R. Royce and L. P. Mos. Plenum.

Spence, K. W. 1936. The nature of discrimination learning in animals. *Psychological Review* 43: 427–449.

Spence, K. W. 1937. The differential response in animals to stimuli varying within a single dimension. *Psychological Review* 44: 430–444.

Spooner, A., and Kellog, W. N. 1947. The backward conditioning curve. *American Journal of Psychology* 60: 321–334.

Staats, A. W. 1983. *Psychology's Crisis of Disunity: Philosophy and Method for a Unified Science*. Praeger.

Staats, A. W. 1991. Unified positivism and unification psychology: Fad or new field? *American Psychologist* 46: 899–912.

Teller, P. 1980. Computer proof. *Journal of Philosophy* 77: 797–803.

Thagard, P. R. 1988. *Computational Philosophy of Science*. MIT Press.

Thorndike, E. L. 1898. Animal intelligence: An experimental study of the associative processes in animals. *Psychological Monographs* 2 (whole no. 8).

Tolman, E, C., and Honzik, C. H. 1930. Introduction and removal of reward, and maze performance in rats. *University of California Publications in Psychology* 4: 257–275.

Tymoczko, T. 1979. The four color map theorem and mathematical proof. *Journal of Philosophy* 76: 57–83.

★ van Fraassen, B. C. 1980. *The Scientific Image*. Oxford University Press.

van Fraassen, B. C. 1989. *Laws and Symmetry*. Clarendon.

Vollmer, F. 1984. On the limitations of commonsense psychology. *Annals of Theoretical Psychology* 2: 279–286.

Weiner, B., Graham, S., and Chandler, C. 1982. Pity, anger, and guilt: An attributional analysis. *Personality and Social Psychology Bulletin* 8: 226–232.

Wertheimer, M. 1959. On discrimination experiments: I. Two logical structures. *Psychological Review* 66: 252–266.

Wertheimer, M. 1962. *Fundamental Issues in Psychology*. Holt, Rinehart and Winston.

White, R. W. 1959. Motivation reconsidered: The concept of competence. *Psychological Review* 66: 297–333.

★ Whitehead, A. N., and Russell, B. 1910–1913. *Principia mathematica*. Cambridge University Press, 1963.

Whitt, L. A. 1990. Atoms or affinities? The ambivalent reception of Daltonian theory. *Studies in History and Philosophy of Science* 19: 517–529.

Wolman, B. B. 1981. *Contemporary Theories and Systems in Psychology*. Plenum

邦訳のある引用文献と参考図書

※引用文献で★印のついているものは邦訳があり，以下に掲載した．また，さらに理解を進めるために参考となる書籍を洋書・邦訳書・和書それぞれに分けて紹介した．

邦訳のある引用文献

Barrow, J. D.　1991　林　一（訳）　万物理論 —究極の説明を求めて—　みすず書房　1999
Chomsky, N.　1980a　ロワイヨーモン人間科学センター（編）　藤野邦夫（訳）　ことばの理論・学習の理論（下）　Pp.342-356．思索社　1986
Chomsky, N. and Fodor, J.　1980　ロワイヨーモン人間科学センター（編）　藤野邦夫（訳）　ことばの理論・学習の理論（下）　パラドックス論　Pp.287-290．思索社　1986
Dennet, D. C.　1987　デネット「コグニティヴ・ホイール —人工知能におけるフレーム問題」現代思想　Vol.15, No.5　Pp.128-150．青土社　1987
Duhem, P.　1906/1954　小林道夫・安孫子信・熊谷陽一（訳）　物理理論の目的と構造　勁草書房　1991
Einstein, A.　1951　中村誠太郎・五十嵐正敬（訳）　自伝ノート　東京図書　1978
Festinger, L.　1957　末永俊郎（監訳）　認知的不協和の理論—社会心理学序説—　誠信書房　1965
Festinger, L., Riecken, H., and Schachter, S.　1956　水野博介（訳）　予言がはずれるとき—この世の破滅を予知した現代のある集団を解明する—　勁草書房　1995
Feyerabend, P. K.　1975　村上陽一郎・渡辺　博（訳）　方法への挑戦　新曜社　1981
Fodor, J. A.　1980b　ロワイヨーモン人間科学センター（編）　藤野邦夫（訳）　ことばの理論・学習の理論　下　p. 357-365　思索社　1986
Fodor, J. A.　1983　伊藤笏康・信原幸弘（訳）　精神のモジュール形式 —人工知能と心の哲学—　産業図書　1985
Goodman, N.　1954/1983　雨宮民雄（訳）　事実・虚構・予言　勁草書房　1987
Guthrie, E. R.　1952　富田達彦（訳）　学習の心理学　清水弘文堂　1980
Hanson, N. R.　1961　村上陽一郎（訳）　科学的発見のパターン　講談社　1986
Hartmann, H.　1958　霜田静志・篠崎忠男（訳）　自我の適応—自我心理学と適応の問題—　誠信書房　1967
Heider, F.　1958　大橋正夫（訳）　対人関係の心理学　誠信書房　1978
Hempel, C. G.　1965　長坂源一郎（訳）　科学的説明の諸問題　岩波書店　1973
Holland, J. H., Holyoak, K. J., Nisbett, R. E., and Thagard, P. R.　1986　市川伸一（監訳）　インダクション—推論・学習・発見の統合理論へ向けて—　新曜社　1991
Hull, C. L.　1943　能見義博・岡本栄一（訳）　行動の原理　改訂版　誠信書房　1965
Hull, C. L.　1952　能見義博・岡本栄一ほか（訳）　行動の体系　誠信書房　1971
Kripke, S.　1972　八木沢敬・野家啓一（訳）　名指しと必然性 —様相の形而上学と心身問題—　産業図書　1985
Kuhn, T. S.　1962　中山　茂（訳）　科学革命の構造　みすず書房　1971
Kuhn, T. S.　1977　安孫子誠也・佐野正博（訳）　科学革命における本質的緊張　みすず書房　1998

Lakatos, I. 1978 村上陽一郎・井上弘幸・小林伝司・横山光雄（訳） 方法の擁護―科学的研究プログラムの方法論― 新曜社 1986
Laudan, L. 1977 村上陽一郎・井上弘幸（訳） 科学は合理的に進歩する―脱パラダイム論へ向けて― サイエンス社 1986
Laudan, L. 1984 吉田陽一（訳） 科学と価値 岩波書店 1977
Mannheim, K. 1925/1952 樺山俊雄（ドイツ語原典からの訳） 知識社会学問題 現代社会学体系 8：知識社会学 8 青木書店 1973
Nagel, E. 1961 松野安男（訳） 科学の構造 全3巻 明治図書 1968-1969
Piaget, J. 1952 谷村 覚・浜田寿美男（訳） 知能の誕生 ミネルヴァ書房 1978
Popper, K. R. 1934-1935 大内義一・森 博（訳） 科学発見の論理（上下） 恒星社厚生閣 1971
Putnam, H. 1980b ロワイヨーモン人間科学センター（編） 藤野邦夫（訳） ことばの理論・学習の理論（下） 生得的なものとその理由―論争の論評― Pp.317-341 思索社 1986
Pylyshyn, Z. 1984 佐伯 伴（監訳） 信原幸弘（訳） 認知科学の計算理論 産業図書 1988
Quine, W. V. O. 1960 大出 晁・宮館 恵（訳） ことばと対象 勁草書房 1984
Reichenbach, H. 1963 市井三郎（訳） 科学哲学の形成 みすず書房 1954
Russell, B. 1945 市井三郎（訳） 西洋哲学史（改版） みすず書房 1970
Searl, J. R. 1980 久慈 要・守屋唱進（訳） サール「心・脳・プログラム」 坂本百大（監訳） マインズ・アイ（下） TBSブリタニカ pp.178-210 1981, 1992
Simenon, G. 1971 野中 雁（訳） メグレと匿名の密告者 河出書房新社 1978
Skinner, B. F. 1953 河合伊六・高山 巌・園田順一・長谷川芳典・藤田継道（訳） 科学と人間行動 二瓶社 2003
van Fraassen, B. C. 1980 丹治信春（訳） 科学的世界像 紀伊国屋書店 1986
Whitehead, A. N., and Russell, B. 1910-1913 岡本賢吾ほか（訳） プリンキピア・マテマティカ序論 哲学書房 1988

参考図書
〈洋　書〉

Adler, M. J. 1937/1995 *Platonism and positivism in psychology.* New Brunswick, NJ: Transaction Publishers.
Baggini, J. and Fosl, P. S. 2003 *The philosopher's toolkit: A compendium of philosophical concepts and methods.* Oxford: Blackwell Publishing.
Bovens, L. and Hartmann, S. 2003 *Bayesian epistemology.* Oxford: Oxford University Press.
Botterill, G. and Curruthers, P. 1999 *The philosophy of psychology.* Cambridge: Cambridge University Press.
Churchland, P. M. 1989 *A neurocomputational perspective: The nature of mind and the structure of science.* Cambridge, MA: MIT Press.
Dancy, J. and Sosa, E.(ed.) 1992 *A companion to philosophy.* Oxford: Blackwell.
Elman, J. L., Bates, E. A., Johnson, M. H., Kamiloff-Smith, A., Parisi, D. and Plunkett, K. 1996 *Rethinking innateness.* Cambridge, MA: MIT Press.
Fodor, J. A. 2000 *The mind does not work that way.* Cambridge, MA: MIT Press.

Losee, J. 2001 *A historical introduction to the philosophy of science. 4th ed.* New York: Oxford University Press.
O' Donohue, W. and Kitchener, R. F.(eds.) 1996 *The philosophy of psychology.* London: Sage Publishers.
Putnam, J. A. 1995 *Pragmatism: An open question.* Oxford: Blackwell.
Tolman, C. W.(ed.) 1992 *Positivism in psychology: Historical and contemporary problems.* New York: Springer-Verlag.
van Fraassen, B. C. 2002 *The empirical stance.* New Haven: Yale University Press.

〈邦訳書〉
ボーデン, M.（著） 野崎昭弘他（監訳） 人工知能と人間 サイエンス社 1986
チョムスキー, N.（著） 大石正幸（訳） 言語と思考 松柏社 1999
チャーチランド, P. M.（著） 信原幸弘・宮島昭二（訳） 認知哲学―脳科学から心の哲学へ― 産業図書 1997
デイヴィス, W. H.（著） 赤木昭夫（訳） パースの認識論 産業図書 1990
フォルマー, G.（著） 入江重吉（訳） 認識の進化論 新思索社 1995
ラカトシュ, I.・マスグレーブ, A.（編） 森 博（監訳） 批判と知識の成長 木鐸社 1985
サール, J.（著） 坂本百大・土屋 俊（訳） 言語行為―言語哲学への試論― 勁草書房 1986
ヴケティツ, F. M.（著） 1990 入江重吉（訳） 進化と知識―生物進化と文化的進化― 法政出版 1994

〈和　書〉
足立自朗・渡辺恒夫・月本　洋・石川幹人（編） 2001 心とは何か―心理学と諸科学との対話― 北大路書房
廣松　渉ほか（編） 1998 岩波 哲学・思想事典 岩波書店
飯田　隆 1985 可能世界 新・岩波講座 哲学 7巻 トポス・空間・時間 岩波書店
石川幹人・渡辺恒夫（編著） 2004 入門・マインドサイエンスの思想―こころの科学をめぐる現代哲学の論争― 新曜社
神野慧一郎（編） 1991 現代哲学のバックボーン 勁草書房
上代　晃 1950 理論心理学―学習心理学の基本問題― 理想社
小林道夫 1996 科学哲学 産業図書
三浦俊彦 1997 可能世界の哲学―存在と自己を考える― 日本放送出版協会
森正義彦（編） 2004 科学としての心理学 培風館
日本認知科学会（編） 2002 認知科学辞典 共立出版
繁桝算男 1985 ベイズ統計入門 東京大学出版会
竹尾治一郎 1997 分析哲学の発展 法政大学出版局
渡辺恒夫・村田純一・高橋澪子（編） 2002 心理学の哲学 北大路書房

用語解説 （訳者による）

範例
A：岩波書店刊「哲学・思想事典」，B：共立出版刊「認知科学辞典」，C：有斐閣刊「心理学辞典」

アブダクション （abduction）
「仮説形成」，「仮説生成」，「仮説的推論」などと訳される。科学的探究の方法として伝統的な帰納（induction）や演繹（deduction）の推論過程に先立って機能する理論創造的な過程。パースが最重要視し定式化した。それは，論理的というよりむしろ直観的な概念発見の過程とされる。（A）　W. H. デイヴィス（著）　赤木昭夫（訳）　パースの認識論　産業図書　参照

演繹 （deduction）
論理学の概念で，前提から必ず真となる命題（結論）を導き出すことである。演繹の対概念として帰納（その項参照）があるが，原理的に言って帰納による結論は必ず真となるわけではない。三段論法は演繹課題の典型であり，4枚カード問題も形式的には演繹推論の課題である。（B）

オッカムのかみそり （Ockham's razor）
議論を進める上で，「必要もなく多くのものを定立してはならない」という規則のこと。節減（倹約）の原理（principle of economy, of parsimony）ともいう。（A）

蓋然論 （probabilism）
懐疑論の一種で，人間の知識は完全な確実性に到達することはできないから，「確からしいもの（蓋然的なもの）」で満足しなければならず，したがって「蓋然的なもの」こそ人間の信念・確信・知識・行為の指針である，という考え方。この主張は古代ギリシャの懐疑論者に見られ，近代ではC. S. パースの可謬論（fallibilism）に導いた。（三一書房刊「哲学・論理用語辞典」）

可能世界 （possible worlds）
古くはライプニッツが用いた概念で，1960年以降，R. カルナップ，S. A. クリプキ，D. ルイスらが用いている。この概念は様相論理（必然，偶然，可能，不可能などの様相を扱う論理学）を量化論理として扱うために用いられる。たとえば，必然性をあらゆる可能世界における真理ととらえ，可能性を少なくとも1つの可能世界における真理ととらえることによって，事象の様相は全称命題や存在命題として量化できる。　三浦俊彦（著）　可能世界の哲学―存在と自己を考える―　日本放送出版協会　参照

還元 （reduction），還元主義 （reductionism）
還元とは，ある理論で説明されている現象を別の（通常より単純と思われる現象に関する）

理論で説明してしまうことを指し，また還元主義は，そのようにすべきであると主張する立場をいう。例えば，化学は量子力学に還元される，という風に語られる。心理学では，心的現象は究極的には化学や物理学によって説明されるべきだ，とする立場を還元主義という。ただし，機能主義者が，心的現象は実は機能的なものであって，神経細胞の集まりによるだけでなく，例えばシリコンチップによっても実現可能だ，と考える場合，心的現象が物理現象に「還元」される，というよりは，物理現象によって「実現」され得る，と見なしているのである。

帰納（induction）
観測された個々の事象から出発して一般的な法則性や概念を導く推論方法で，ルネッサンス期まで主流であった「枚挙法（enumeration method）」と，17世紀にF. ベーコンが提案した「消去法（elimination method）」とがある。前者は仮説的概念の正事例を集積することによって概念を正当化する方法であるのに対して，後者は負事例をふるい落として行って，概念の本質的な属性を発見しようとする方法である。ヒュームが指摘したように，帰納推論は演繹推論における確実性は保証されないとされるが，科学的探究をはじめ現実には機能している。（A）

規約主義的方略（conventionalist stratagem）
規約主義（conventionalism）は，科学の基本法則や数学的真理ないし論理学の公理や推論規則は人間が取り決めた規約に他ならないとする，科学哲学者H. ポアンカレーの見解。デュエムやクワインはこれに批判的であったが，ウイトゲンシュタインはこれを徹底させた。（A）　小林道夫（著）　科学哲学　産業図書　参照

言語の普遍特性（linguistic universals）
すべての自然言語に共通して見られる，音声面，文法面，意味面における基本的特性をいう。たとえば，音声面では2つ以上の母音や破裂音の存在が，文法面では動詞，目的語，指示詞の存在がある。言語獲得の生得性の根拠の1つとなり得る。（C）

現象主義（phenomenalism）
実在すると見なされるものは実は現象の集合に過ぎず，実在は永遠に認識することはできない，とする世界観。人間にできることは現象を忠実に実証的に記述することだけである。この立場は物理学者で哲学者のE. マッハらに代表される。（A）　小林道夫（著）　科学哲学　産業図書　参照

心の表象理論（representational theory of mind）
外界の事物に関する心の状態（知覚や信念など）は，心の中にそうした事物に関する表象（心的表象）が存在することによって説明されるとする説。ここで「表象」というのは，事物を表現するなんらかの別の「事物」である。例えば，心が脳によって「実装」されているのならば，ニューロンの発火パターンが表象の役割を果たしているのかもしれない，な

どと考えることができる。

「思考の言語」仮説（the language-of-thought hypothesis）
J. A.フォーダーによる仮説で，思考が心的言語（mentalese）によって行われることを仮定する。この言語は，思考者の脳に物質的基盤をもつ表象システムからなり，通常の言語と同様に語彙，統語論，意味論を有するが，それらとは異なり人類に共通，したがって生得的であるとされる。(B)

進化論的認識論（evolutionary epistemology）
科学と認識論の連続性を主張する自然主義的認識論の1つ。認識の起源，知識の獲得を進化の過程と結果として，すなわち系統発生の相において理解しようとする立場である。古くはダーウィン，現代ではK. ロレンツ，D. T. キャンベル，K. R. ポパーに代表される。(A)　G. フォルマー（著）　入江重吉（訳）　認識の進化論　新思索社　参照

生得性仮説（言語獲得の）（innateness hypothesis）
言語能力は生得的に備わっているとする仮説。言語における普遍特性の存在がこの仮説の根拠の1つになっている。他の根拠として，子どもが直接触れる言語環境は不完全，不十分であるにもかかわらず，彼らすべてが生後ほぼ同様に自然言語を習得するという事実があげられる。この仮説をめぐるチョムスキーとパトナムの論争が有名である。(B)　ロワイヨーモン人間科学センター（編）　藤野邦夫（訳）　ことばの理論・学習の理論　下　p. 342-356　思索社　参照

ダッチブック定理（Dutch Book Theorem）
「ラムジーのダッチブック定理」ともいう。ラムジーが「真理と確率」(1926) で提示した議論。(整合的な価値判断を前提すれば) ある事象についての確率は，それについて合理的な主体が抱く信念の度合いによって測ることができ，それによって与えられる厳密な値は実際に確率算の基本定理を満たす，というテーゼの論証として使われており，そうした信念の度合いがもし確率の諸法則を満たさなければ，その主体にとって（彼の信念の度合いから計算すれば）公平な賭けであるにも拘らず彼が常に負け続ける，という賭けを構成することができる（ゆえにそのような信念は不合理なものとなる）という定理である。この議論は，確率の主観主義的な捉え方を支持するものと時にいわれるが，ラムジー自身はそれを，確率は一般に主観的なものである，ということを論証するために使ったわけではないことに注意。また現在では，ラムジーの提示した共時的ダッチブック定理のほかに，通時的なダッチブック定理についても研究が進んでいる。（この項，水本正晴氏による）　伊藤邦武（著）　人間的な合理性の哲学〜パスカルから現代まで　勁草書房（1997年）および Ramsey, F. P. (1990), Philosophical Papers, ed. by D. H. Mellor, Cambridge: Cambridge University Press　伊藤邦武・橋本康二（訳）　ラムジー哲学論文集　勁草書房（1996年）参照

中枢・状態同一説 (central-state identity theory)
いわゆる心身問題に対して提唱された比較的新しい理論に「心脳同一説」があるが，その一つがこの理論で，心的状態は中枢神経系の物理的状態とは同一のものだとする。この理論は大きくトークン同一説（その項参照）とタイプ同一説に分かれる。後者は個々の事例（トークン）としての心的状態だけでなく，一般化された種類（タイプ）としての心的状態までも，中枢神経系の状態と同一だとする。(B)

超越論的演繹 (transcendental deduction)
「超越論的 (transcendental)」は，カントでは，"transcendent"（超越的：人間の可能的な経験を超えた，超感性的）に"a priori"（先天的，先験的）を加味した独特な用語である。すなわち，「人間の先天的認識能力自体（特質，種類，形式など）にかかわる」という意味である。言い換えれば，「人間における，対象にではなく対象を認識する仕方に，あるいは認識する条件に一般に関与する，いっさいの認識」についていう。先天的認識能力としては，いわゆる「純粋理性」，すなわち時間・空間の認識にかかわる純粋直観と概念・判断・推論等の能力にかかわる悟性（広義）が想定された。結局，「超越論的演繹」とは，これらに関する演繹的推論である。なお，transcendentalの訳語として，かつては久保良英ら(1913)による「先験的」が用いられたが，その後，これでは原語の一面しか表わされないとして，九鬼周造(1929)による「超越論的」が広く用いられている。(A)　三一書房刊　思想の科学研究会（編）哲学・論理用語辞典　参照

典型（プロトタイプ）説 (prototype theory)
概念の表象が原型的または典型性の高い事例を中心に構成されているとする理論。自然現象のカテゴリー化に関しては有力な理論であるが，事例の典型性が次元値における中心傾向と必ずしも一致しないなど，理論の一般性には問題が指摘されている。(B, C)

道具論（主義）(instrumentalism)
科学理論は単に現象の計算や予測に便利な道具に過ぎないとし，理論の対象の実在を否定する科学哲学の立場。これに対して，科学理論の対象の実在性を主張する科学的実在論 (scientific realism) という考え方がある。(A)　小林道夫（著）科学哲学　産業図書　参照

トークン同一説（トークン同一性理論）(token-identity theory)
「（心脳）同一説」とは「心の状態と脳の状態が実は同じものである」という説のことをいう。ここでトークンとは，ある種類（タイプ）に属するものの実例を指す。例えばナポレオンは人という種類（タイプ）の実例（トークン）である（別の言い方をすればクラスとインスタンスとの関係である）。　トークン同一説は，例えば「今私はうれしい」という心の状態（トークン）が現在の「私」の脳の状態と同じであることは認めるが，一般的に「うれしい」という心の状態（タイプ）に対応するような脳の状態の一般化ができるかどうかについては，判断を留保する。（一般化ができなければ科学にならないではないか，と思われるであろうが，つまりトークン同一説はまさにそこのところを態度保留してしまうの

である。)

暴露 (unmasking)
社会学者マンハイム (K. Mannheim, 1925) が提起した概念。ある思想や理念や概念の真理性を否定するのではなく、それらの果たしている機能を、特定の社会的階級や集団の利害との関係から見直すことによって、それら思想や理念や概念が属する世界観自体を解体しようとすること。たとえば、「適者生存」のような進化論上の概念は、科学的に真偽を明らかにすべき概念と思われているが、実は、産業革命時代のイギリスの資本家階級による労働者への搾取を正当化するという役目を果たしていた、ということを「暴露」するならば、進化論を、科学を装った「世界観」として解体することにつながるだろう。なお、マンハイムは、物事を、真偽の観点からではなく、暴露の観点から見ようとする「暴露意識」の出現が、知識社会学という学問分野を可能にした、と説く。 Mannheim, K. 1925/1952 樺山俊雄 (訳) 知識社会学問題 現代社会学体系 8：知識社会学 8 青木書店 1973 参照

伴立 (含意, 伴意) (entailment)
2つの命題PとQにおいて、Pが真であることがQが真であることを保証するという関係があるとき、PはQを論理的に伴立する (entail) という。このように、前提が結論を伴立する推論 (つまり前提が真であるとき、結論がその前提から必然的に導かれることが何らかの意味で示されるような推論) を妥当な推論という。一方、「含意 (implication, implicature)」はこれよりも広い概念で、命題間の関係が論理的なものに限定されない。両者の使い分けは実際にはかなり難しいので、伴立は妥当な推論に、含意は真なる条件文の場合にそれぞれ限定すれば無難といえる。ただし、本訳書ではいずれも「含意」で統一した。(B) J. Baggini & P. S. Fosl The philosopher's toolkit. 参照

ブリッジ (橋渡し) 法則 (bridge law)
2つの異なる理論の語彙 (たとえば心理学用語と神経生理学用語) を結びつけ、一方の理論を他方の理論に還元するような法則。典型的には、還元後の理論 (神経生理学理論) と還元前の理論 (心理学理論) のそれぞれの言明や名辞をつなぐ双条件文や同一性言明 (両理論の用語間の対応づけ) として表現される。(B)

ベイズ主義 (Bayesianism)
18世紀イギリスの確率論者ベイズ (Bayes, T.) の統計法に関する特別な立場。その特徴は、主観確率とベイズの定理を積極的に使うこと、および統計的推論のための関連情報として、データからの情報だけでなく事前の知識を用いることの2点である。 繁桝算男 (著) ベイズ統計入門 東大出版会 参照

メンタリーズ (mentalese：心的言語)
「思考の言語」仮説の項を見よ。

モジュール性（modularity）

J. A. フォーダーによる概念で，心的過程を機能面から変換器，入力系，中枢系に分け，そのうち入力系の特性としてモジュール性を定義する。すなわち，モジュール性があるとは，特定の領域の問題のみを扱い（領域特殊性），特定範囲の情報のみを用い（情報遮蔽性），それ自身で閉じた独立の計算過程であり，特定の神経回路と結びついているようなシステムであることを意味する。(B)　J. A. フォーダー（著）　伊藤笏康・信原幸弘（訳）　精神のモジュール形式—人工知能と心の哲学—　産業図書　参照

四色定理（four-color map theorem）（四色問題：four-color problem）

「いかなる地図も，隣接する領域を異なる色になるように塗るには，4色あれば十分である」という定理。この定理を証明せよというのが四色問題で，19世紀中葉から数学上の難問であった。しかし，1976年，ついに米国イリノイ大学の2人の数学者（K. Appel と W. Haken の両教授）が電算機を1200時間も動かすことで定理を証明し，この難問を解決したという。（共立出版刊「数学小辞典」）　講談社刊　「数学用語小辞典」参照

量化（子）論理（学）（quantifier logic）

命題に「ならば」や「でない」などの論理的結合子を付して組合せた論理式に関する論理的構造や演算を論じる論理学を命題論理学というが，それにさらに「すべて」（全称量化）や「あ（或）る」（存在量化）などの量化子を加えて論じる論理学を量化論理学という。ただし，現在では述語論理学（predicate logic）と呼ぶほうが一般的である。

理論心理学（theoretical psychology）

補遺を参照のこと。

索引

人名索引

● A
Aristotle（アリストテレス）　4, 36-37
Aronson, E.（アロンソン）　125

● B
Bacon, F.（ベーコン）　59
Bakan, D.（ベイカン）　87
Barrow, J. D.（バロウ）　105
Beach, L. R.（ビーチ）　8
Berkeley, G.（バークレー）　5, 41
Boden, M.（ボーデン）　99,131
Bohm, D.（ボーム）　7
Bohr, N.（ボーア）　200
Bradley, R.（ブラッドレー）　3, 162, 165, 203
Brandtstädter, J.（ブラントシュテッター）163-164
Brill, S. L.（ブリル）　141
Brody, N.（ブロディ）　211
Brown, J. R.（ブラウン）　110
Brown, R.（ブラウン）　124

● C
Cattell. R. B.（キャテル）　185
Chandler, C.（チャンドラー）　163
Chomsky, N.（チョムスキー）　8, 13, 112-113, 151, 170-174, 176-179, 208-209
Christensen-Szalanki, J. J. J.（クリステンセン＝ザランキ）　8
Churchland, P. N.（チャーチランド）　52
Cohen, L. J.（コーエン）　170

● D
Collingwood, R. G.（コリングウッド）202
Dalton, J.（ダルトン）　110
Davidson, D.（デヴィドソン）120, 196-197
Dennett, D. C.（デネット）　52, 99
Descartes, R.（デカルト）　4, 117-118, 217
Dirac, P. A. M.（ディラック）　136
Donnellan, K.（ドネラン）　204-205
Duhem, ,P.（デュエム）　94, 209-210, 215

● E
Euler, L.（オイラー）　3
Evans, G.（エヴァンズ）　204-205

● F
Festinger, L.（フェスティンガー）　82, 125-127, 217
Feyerabend, P. K.（ファイヤーアーベント）196, 200, 214-216
Feynman, R.（ファインマン）　110
Flanagan, O. J.（フラナガン）　98, 169-170
Flavell, J. H.（フラヴェル）　169
Fodor, J. A.（フォーダー）　8, 13, 118-119, 130-131, 141-142, 170, 174, 179, 190, 212
Freud, S.（フロイト）　48, 108-109, 188

● G
Galileo（ガリレオ）　95

Garber, D.（ガーバー） 124
Gardner, H.（ガードナー） 184
Garrett, M.（ギャレット） 141
Glymour, C. N.（グリマー） 39, 89, 124
Goodman, N.（グッドマン） 61, 81, 138, 145-146, 174
Graham, S.（グレイアム） 163
Grelling, K.（グレリング） 186
Guthrie, E.（ガスリー） 150

● H
Hacking, I.（ハッキング） 85
Hall, C. S.（ホール） 51
Hanson, N. R.（ハンソン） 198
Hartmann, H.（ハルトマン） 108-109
Heider, F.（ハイダー） 217
Hempel, C. G.（ヘンペル） 79, 83
Hilgard, E. R.（ヒルガード） 94
Hillix, W. A.（ヒリックス） 9
Holland, J. H.（ホランド） 62
Horowitz, T.（ホロヴィッツ） 206
Horwich, P.（ホリッチ） 74, 89
Hull, C.（ハル） 128, 214
Hume, D.（ヒューム） 5-6, 80-81, 145, 202

● J
Janet, P.（ジャネ） 48

● K
Kahneman, D.（カーネマン） 170
Kant, I.（カント） 5-7, 201-203, 207-208, 210
Koch, S.（コック） 158
Köhler, W.（ケーラー） 211, 213

Kripke, S.（クリプキ） 201, 204-205
Kuhn, T. S.（クーン） 68, 89, 187, 196, 198-199, 210-211
Kukla, A.（クークラ） 2, 111, 211

● L
Lakatos, I.（ラカトシュ） 68, 209-211, 214-216
Langley, P.（ラングレー） 62
Laudan, L.（ローダン） 39, 69, 115-117, 124, 214
Leibniz, G. W.（ライプニッツ） 4-5
Lindzey, G.（リンゼー） 49
Lloyd, B. B.（ロイド） 192
Lyons, W. E.（リヨンズ） 2

● M
MacCorquodale, K.（マッコーコデール） 51
MacIntyre, R. B.（マッキンタイア） 156
Mackay, D. G.（マッケイ） 9
Maher, B. A.（マーヘル） 156
Mannheim, K.（マンハイム） 184-185
Marquis, D. G.（マーキス） 94
Marx, M. H.（マークス） 9
Meehl, P. E.（ミール） 51, 87-88, 163
Michaels, L.（マイケルズ） 7
Miller, N. E.（ミラー） 191

● N
Nagel, E.（ネーゲル） 153
Nelson, L.（ネルソン） 186
Newell, A.（ニューウェル） 8, 102, 181
Nozick, R.（ノジック） 142

● O
Oppenheim, P.（オッペンハイム） 211

● P
Peirce, C. S.（パース） 62-64, 142, 193
Piaget, J.（ピアジェ） 168-170
Place, U. T.（プレース） 154
Plato（プラトン） 4
Poirot, H.（ポワロー） 4, 8
Popper, K. R.（ポパー） 89
Price, H. H.（プライス） 41
Putnam, H.（パットナム） 53, 112-113, 151-152, 166-168, 170, 177-178, 189, 192
Pylyshyn, Z.（ピリシン） 99, 191

● Q
Quine, W. V. O.（クワイン） 107, 142, 187, 189, 195

● R
Reichenbach, H.（ライヘンバッハ） 59
Ricks, C.（リックス） 7
Riecken, H.（リーケン） 126
Rosch, E.（ロッシュ） 192
Rosenkrantz, R. D.（ローゼンクランツ） 134
Russell, B.（ラッセル） 6, 13, 118, 186-187

● S
Salmon, W.（サモン） 66, 81, 145, 207
Schachter, S.（シャクター） 126
Schick, T. W., Jr.（シック） 197
Searle, J. R.（サール） 98
Sears, C. E.（シアーズ） 126-127

Sheldon, W. H.（シェルドン） 72
Simon, H. A.（サイモン） 8, 102, 181
Skinner, B. F.（スキナー） 7, 49-50, 121, 163, 191, 195
Skyrms, B.（スキルムズ） 85
Smart, J. J. C.（スマート） 153-154
Smedslund, J.（スメズランド） 163
Spence, K. W.（スペンス） 128-129
Spinoza, B.（スピノザ） 4
Staats, A. W.（スターツ） 157-159
Swartz, N.（スウォーツ） 3, 162, 165, 203

● T
Teller, P.（テラー） 102
Thagard, P. R.（サガード） 39, 135
Thorndike, E. L.（ソーンダイク） 55-56, 60
Tolman, E. C.（トールマン） 90, 93
Tversky, A.（トヴェルスキー） 170
Tymoczko, T.（ティモツコ） 102

● U
Ullian, J. S.（ウリアン） 142

● V
van Fraassen, B. C.（ファン・フラーセン） 53, 66, 136
Vollmer, F.（フォルマー） 163

● W
Weiner, B.（ワイナー） 163-165
Wertheimer, Max（ウェルトハイマー） 128
Wertheimer, Michael（ウェルトハイマー）

133-135
White, R. W.（ホワイト）　91, 109
Whitehead, A. N.（ホワイトヘッド）　6,
　13
Whitt, L. A.（ホィット）　91
Wiles, A.（ワイルズ）　180
Wohlwill, J. F.（ヴォールヴィル）　169
Wolman, B. B.（ウォルマン）　9

事項索引

● あ
曖昧さ［vagueness］　195
アブダクション（仮説形成）［abduction］
　62-63, 78-79, 207
ア・プリオリ→【先験的】を見よ
アルゴリズム［algorithms］　96-97, 99-100

● い
移調効果［transposition effect］　128-129
一貫性の欠如→【理論】を見よ
意味［meaning］　16-19
イメージ［images］
　心的～［mental—］　110

● え
AI →【人工知能】を見よ
S-R結合［S-R bond］　56-57, 60
演繹［deduction］　24-37, 79, 207
　超越論的～［transcendental—］　203,
　　206-207, 212-213

● お
オッカムのかみそり［Ockham's razor］
　152

● か
懐疑論［skepticism］　5-7, 206, 210
蓋然論［probabilism］　39
概念［concept］　17-18
概念修正［conceptual change］　195-197
概念上の論争問題［conceptual issues］
　183-200
概念的分析［conceptual analysis］　106
解明［explication］　195
快楽原理［pleasure principle］　108
拡充［amplification］　105-131, 150
学習［learning］
　潜在～［latent—］　90-94
拡張領域［extended domain］　96
確認［confirmation］　78
　経験的～［empirical—］　78-89
　理論的～［theoretical—］　122-127
確認水準［confirmational status］　77-78,
　82, 95-98, 122
確率［probability］　39, 64-69
　事後～［posterior—］　85-87
　事前～［prior—］　65, 83-85, 87
　条件つき～［conditional—］　84
賭け［bets］
　条件つき～［conditional—］　86
仮説・演繹主義［hypothetico-deductivism］
　79-83, 88, 95, 122-123
仮説形成→【アブダクション】を見よ
仮説構成体［hypothetical constructs］　51
可能世界［possible worlds］　18-27, 162-
　163, 165-166
　～検査［—testing］　162
　～の比喩［—parables］　165

可能もどき世界［shmossible worlds］ 21
カラスのパラドックス［ravens paradox］ 83
含意［implication］ 22-23, 27
　　　形式〜［formal—］ 27
　　　実質〜［material—］ 27
含意（伴立）関係［entailment］
　　　理論間の〜［intertheoretical—］ 111-114
還元［reduction］
　　　理論〜［theoretical—］ 120-122, 153-156
観察［observation］
　　　自然的〜［naturalistic—］ 1, 79
　　　→【証拠】も見よ
観念論［idealism］ 5, 41
簡約［simplification］
　　　（推論規則：inference rule） 29

●き
奇跡論法［miracle argument］ 53
帰納主義［inductivism］
　　　ベーコンの〜［Baconian—］ 59-63
帰納法［induction］ 79-81, 202, 207-208, 218
帰謬法［reductio ad absurdum］ 34
基本操作［primitive operations］ 98
基本用語［primitive terms］ 11-12, 15-16, 18, 138
帰無仮説［null hypotheses］
　　　〜の検定［testing of—］ 87-88
規約主義的方略［conventionalist stratagem］ 209-212
強化［reinforcement］ 18, 163
共通起源仮説［common-origin hypothesis］ 112-113, 151-152

●く
空集合［empty set］ 14-19

●け
経験的問題［empirical issues］ 2
経験論［empiricism］ 1, 4 - 9, 201-206
ケテリス・パリブス節［ceteris paribus clause］ 93-95
ケルヴィン卿の虚偽［Lord Kelvin's fallacy］ 190
研究プログラム［research program］
　　　科学的〜［scientific—］ 68, 211
　　　後退的〜［degenerating—］ 215-216
　　　前進的〜［progressive—］ 215-216
言語の普遍特性［linguistic universals］ 112, 151
現実原理［reality principle］ 108
検証［verification］ 89
現象学［phenomenology］ 211, 213
現象論［phenomenalism］ 41
原子理論［atomic theory］ 110
言明［statements］
　　　観察〜［observation—］ 46-47, 73
　　　偶然的普遍的〜［contingent universal—］ 40
　　　法則定立的〜［nomological—］ 45
　　　理論的〜［theoretical—］ 46-47, 73
原理主義［fundamentalism］ 207-208, 213, 216

●こ
合意の法則［law of consensus］ 218-219

効果の法則 ［law of effect］　ii, 55-57, 60, 90-94, 163
後件 ［consequent］
　　〜肯定 ［affirming—］　28-29, 80
　　〜否定 → 【否定式】に同じ
　　前件と〜 ［antecedent and—］　27
肯定式 ［modus ponens］　28
　　→ 【前件肯定】に同じ
行動主義 ［behaviorism］
　　方法論的〜 ［methodological—］　211, 213-214
　　論理〜 ［logical—］　50-51, 166-168
合理論 ［rationalism］　1, 4-9, 201-204
個人主義 ［personalism］　65

● さ
三段論法 ［syllogisms］　36-37

● し
自我 ［ego］　108-109
思考の言語 → 【メンタリーズ】を見よ
自然 ［nature］
　　〜の斉一性 ［uniformity of—］　79, 146
　　〜の法則 ［law of—］　43-46, 60
自然種 ［natural kind］　192-194
実在論 ［realism］　48, 53-54
　　概念〜 ［conceptual—］　193
実証主義 ［positivism］
　　統一〜 ［unified—］　156-160
　　論理〜 ［logical—］　7, 50, 167, 191-192, 201
集合 ［sets］　13-15
重力説 ［theory of gravitation］　90, 187
受動主義 ［passivism］　211
循環論 ［circularity］　11

消去主義 ［eliminativism］　52
条件 ［conditions］
　　十分〜 ［necessary—］　23
　　必要〜 ［sufficient—］　23
条件（つき確率）化 ［conditionalization］　85-86
条件文 ［conditionals］　27
証拠 ［evidence］
　　逸話的〜 ［anecdotal—］　130-131
証明 ［proof］
　　間接〜 ［indirect—］　34, 108
　　→ 【帰謬法】に同じ
　　条件つき〜 ［conditional—］　33
　　直接〜 ［direct—］　32
初期条件 ［initial conditions］　91-93, 209
進化論 ［theory of evolution］　57-75
進化論的認識論 ［evolutionary epistemology］　64
人工知能 ［artificial intelligence: AI］
　　〜と根拠のある大前提 ［—and grounded presuppositions］　219
　　強い〜 ［strong—］　98, 181-182
　　非心理学的〜 ［non-psychological—］　98
　　弱い〜 ［weak—］　98-103
心的過程 ［mental processes］
　　無意識の〜 ［unconscious—］　48, 188
心的言語 → 【メンタリーズ】を見よ
心理学 ［psychology］
　　ゲシュタルト〜 ［Gestalt—］　128, 198
　　思弁的〜 ［speculative—］　212
　　民間（通俗）〜 ［folk—］　142
真理値 ［truth values］　15

● す
水星 ［Mercury］

〜の軌道［orbit of—］　90, 125

● せ

整合性［coherence］　66-70
聖書［Bible］　208, 213, 216
正当化［justification］　59
生得性仮説［innateness hypothesis: IH］
　　112-113
選言［disjunction］　26, 30
前件［antecedent］　27
　　〜肯定［affirming—］→【肯定式】に
　　　同じ
　　〜否定［denying—］　28, 29
先験的［a priori］
　　〜偶然知［contingent—］　201-219
選好性［preference］
　　派生的〜［derivative—］　74, 96, 134-
　　　135
　　本質的〜［intrinsic—］　74, 96, 134-
　　　135
占星術［astrology］　159

● そ

相互作用説［interactionism］　117-118
双条件的［biconditional］　27
相対性［relativity］
　　一般〜理論［general theory of—］　82,
　　　90, 97, 125
相補性［complementarity］
　　理論間の〜［intertheoretical—］　118-
　　　120
遡及［regress］
　　無限〜［infinite—］　12, 40

● た

対偶律［transposition］　30
大前提［presuppositions］　202
　　カント対クーンの〜［Kantian vs. Kuhnian
　　　—］　210-212
　　根拠のある〜［grounded—］　202-
　　　206, 216-219
　　根拠のない〜［ungrounded—］　207-
　　　216
多数性［numerosity］
　　〜の虚偽［fallacy of—］　190
達成要求［achievement needs］　125
ダッチブック定理［Dutch Book Theorem］
　　66, 85
妥当性［adequacy］（理論の）
　　経験的〜［empirical—］　77
　　事前〜［prior—］　69, 95, 98-101
妥当性［validity］（論証の）　25-26
タブラ・ラサ［tabula rasa］　130
単純化［simplification］
　　理論の〜［theoretical—］　133-160
単純性［simplicity］　53, 74
　　Rm（メンタリーズ＝心的言語に関連す
　　　る）〜　141-143
　　Rc（現行言語に関連する）〜　140-141
　　形而上的〜［metaphysical—］　144-
　　　147
　　〜の原理［principle of—］　145-146,
　　　150, 152
　　統語的〜［syntactic—］　137-139

● ち

地球外生物［extraterrestrials］
　　〜との交信［communication with—］
　　　194, 196-197

知識［knowledge］
　　後験的〜［a posteriori—］　6, 201
　　先験的〜［a priori—］　6, 201
　　〜ベース［—base］　100-101
チャーチ＝チューリングの定立
　　［Church-Turing thesis］　98
中枢・状態同一説［central-state identity theory］　153-154
チューリング・マシン［Turing machine］　98

●つ
追言［postdiction］　122-128

●て
定義［definition］
　　操作的〜［operational—］　191
　　直示的〜［ostensive—］　12
定義項［definiens］　11
データ［data］　39-43, 46-47
　　〜の創造［creation of—］　198-200
　　〜の即時的な増殖［instant accrual of —］　198
　　変則〜［anomalous—］　89-91
適用範囲［scope］　78, 97
添加［addition］　30
　　選言肢〜［disjunct—］　149
典型説［prototype theory］　218
電弱理論［electroweak theory］　156
天文学［astronomy］　133, 137, 187, 196

●と
動因理論［drive theory］　91, 128-129, 214-215
等価性［equivalence］　23
→【同値性】に同じ
道具論［instrumentalism］　48-52
統計学［statistics］　80-81
同値性［equivalence］　23
→【等価性】に同じ
トークン同一説［token-identity theory］　120-121
独立性［independence］
　　理論間の〜［intertheoretical—］　120-122
　　論理的〜［logical—］　122-128
ド・モルガンの法則［De Morgan's Law］　31-32, 92, 115

●な
内観法［introspection］　2

●に
二元論［dualism］　117-118, 133, 149-150
人間もどき［shmumans］　20
認知的不協和［cognitive dissonance］　82, 125-127
認知的保守主義［cognitive conservatism］　96

●ね
熱［heat］
　　〜の運動分子論［kinetic molecular theory of—］　124, 153, 159
熱力学［thermodynamics］
　　〜第二法則［secon law of—］　117

●の
能動主義［activism］　211
　　革新的〜［revolutionary—］　211

保守的〜［conservative—］　211

● は
ハードコア［hard core］　211
媒介変数［intervening variables］　51
排反性［exclusiveness］　194-195
暴露［unmasking］　184-185
発見［discovery］　59
パラダイム［paradigms］　68, 210, 213, 216
反事実的推論［counterfactual inference］　44-46
反証［falsification］　89, 91-95

● ひ
b学［bology］　158-159
b事物［b-thing］　121
B性［B-ness］　185-186
非妥当性［invalidity］　25-26
否定［negation］　26
　　二重〜［double—］　31
被定義項［definiendum］　11
否定式［modus tollens］　28, 89, 91
　　→【後件否定】に同じ
否認［disconfirmation］　78
　　経験的〜［empirical—］　78, 89-95
　　理論的〜［theoretical—］　129-131
表現力［expressive power］　195-198
表示［denotation］　15-16, 18-19

● ふ
フェルマーの大定理［Fermat's last theorem］　180-182, 206
不整合性［incoherence］　66-70
物理学［physics］

〜の保存の法則［conservation laws of —］　117-118
物理的シンボルシステム仮説［Physical Symbol System Hypothesis］　181
普遍性［generality］　70-73
　　→【適用範囲】も見よ
ブラウン運動［Brownian motion］　124, 159
ブリッジ法則［bridge law］　153-155
フレーム問題［frame problem］　99-101
プロトタイプ説 →【典型説】を見よ
文［sentences］　15
　　双面〜［Janus-faced—］　162

● へ
ベイズ主義［Bayesianism］　39, 65, 83-89, 96, 123-124, 152-153
ベイズの定理［Bayes's theorem］　85

● ほ
補助仮説［auxiliary hypothesis］　95, 209

● み
ミラー派［Millerites］　126

● む
無差別性［indifference］
　　〜の原理［principle of—］　67

● め
命題［propositions］　17-18
　　一貫性のある〜［consistent—］　22
　　一貫性のない〜［inconsistent—］　21-22
　　偶然的〜［contingent—］　19, 23-24, 161, 201

全称〜［universal—］　36, 43, 79
総合的〜［synthetic—］　201
存在〜［existential—］　36, 130
反対〜［contrary—］　22
必然的〜［necessary—］　19, 23-24, 161-182, 201
分析的〜［analytic—］　201
法則定立的〜［nomological—］　43
矛盾する〜［contradictory—］　22
命題的問題［propositional issues］　184
メグレ警部［Inspector Maigret］　4
メンタリーズ（心的言語）［mentalese］　141

● も
網羅性［exhaustiveness］　194-195
モジュール性［modularity］　177, 190

● ゆ
唯物論［materialism］　120-121, 133
唯名論［nominalism］　193-194

● よ
用語（語句）［terms］　15-17
　　観察〜［observation—］　46, 61
　　理論的〜［theoretical—］　46, 60
様相水準［modal status］　161-162, 165, 170, 178
予測［prediction］　78, 82, 86, 91-99, 123
四色定理［four-color map theorem］　102

● ら
ラッセルのパラドックス［Russell's paradox］　186-187

● り
理想化の仮定［idealizing assumptions］　42, 91
理髪師のパラドックス［barber paradox］　107-108, 186
量化論理（学）［quantifier logic］　35-37
量子電磁力学［quantum electrodynamics］　110
理論（説）［theories］　39-75
　　→特定理論の名称も見よ
　　〜間の一貫性の欠如（矛盾）［intertheoretical inconsistency］　114-118
　　〜の構成［construction of—］　55-57
　　〜の内的一貫性の欠如（矛盾）［internal inconsistency］　107-110
　　〜の評価［evaluation of—］　57-75
理論心理学［theoretical psychology］　ii, 1, 3, 7-9, 80, 220-221, 232

● れ
連言［conjunction］　26, 30
連言肢削除［conjunct deletion］　148-149
連鎖規則［chain rule］　30

● ろ
ローダンの法則［Laudan's rule］　116
論証［arguments］
　　一貫性の〜［consistency—］　128-129
　　演繹的〜［deductive—］　24-32, 35-37, 107
　　決定不全性による〜［under-determination—］　53
　　健全な〜［sound—］　25
　　論点先取り［begging the question］　81, 144

訳者あとがき

　本書の原著者アンドレ・クークラ教授は，現在，トロント大学心理学科の名誉教授であるが，同哲学科大学院担当教員団に属している。心理学で博士号を授与されたのは，米国カリフォルニア大学ロスアンジェルス校においてだと聞いている。主要な研究対象は，認識の限界の心理学的ならびに哲学的側面，主著としては，「科学的実在論の研究」（1998），「社会的構成主義と科学哲学」（2000），「理論心理学の方法」（2001）および「言表不可能性（inefallibility）と哲学」（2005）がある。

　本書は，個々の心理学理論を扱うのでなく，いかなる理論にも共通する，いわばメタ理論的問題に関する著者の提案と主張からなっている。すなわち，心理学には，未開拓の理論的研究領域はたくさんあるはずなので，研究者はもっと理論的研究をしなければならない。しかもそれは実験家が片手間にするべきものではない。物理学のように，研究者たちは実験心理学と理論心理学を分担するところまでいく必要がある。というのは，心理学には実験的に検証するまでもなく，論理的に必然性のある事柄もたくさんある。さらに論理的研究には，理論の構成とその経験的評価以外にも，理論の単純化や拡充，理論内部や理論間の論理的矛盾の発見と是正，理論間の独立性，相互補完性の検討，ブリッジ法則を介しての生理学・化学・物理学などへの還元，統一理論の発見（もっとも著者自身はこれには積極的ではないけれども）などがある。これらの多くは，データから離れた先験的な論理演算の問題なのである。

　確かに本書では，アメリカ心理学会発行の書評誌「現代の心理学」（2003年48巻1号）に掲載されたB. D. スライフの書評にもあるように，'新しい心理学史'や心理学の科学社会学的研究など，近年発展した心理学を対象とするメタサイエンス的研究には触れられていない。しかし，上述したように，心理学において従来きわめて限られていた理論的研究を今後いっそう拡大する必要性のあることが，明解な現状分析を通して，提起されているのである。

　本書翻訳のきっかけは，次のようなものであった。もう4年前になろうか，編訳者が新刊洋書のカタログで出版間もない本書の記事を見つけ，おもしろそうなので購入はしたものの，転勤などもあり，読む機会がなくそのままになっていた。その後，「理論心理学研究会」（現在の「理論心理学・心理学の哲学・合同研究会」）に参加するようになったが，やがて研究発表の順番が回ってきた。そこで，本書の全体

を要約して研究会で紹介をすることにした。こうして発表するうちに，研究会のメンバーから，本書には日本の心理学者にとって目新しい考え方が入っていてたいへんおもしろいので翻訳を企画しては，という声が上がってきた。これがきっかけで，編訳者が全体の粗訳を行ない，それを共訳者4名に，各自の得意とする内容の章を担当する形で，再検討してもらったのである。おかげで，当初は文字通り粗訳であったものが，見違えるほど改善された。もちろん，最終的な責任は編訳者にある。さらに全体を通して羽生が推敲をして表現の統一を図ったが，知識不足のため思わぬミスがあるかもしれない。その点については，読者諸兄姉の指摘をいさぎよくお受けしたい。

本書では，とかく一般の心理学研究者にはなじみの薄い用語が随所に出てくる。そこで読者の便宜のため，最小限の用語解説をつけることにした。訳者全員が分担したが，その際，主として参考にしたのは，岩波書店の「哲学・思想事典」，共立出版の「認知科学事典」，有斐閣の「心理学辞典」である。「ダッチブック定理」の項の解説だけは，共訳者の石川幹人を通して水本正晴氏（明治大学講師）に引き受けていただいた。この場を借りて氏に謝意を表わしたい。

原著書文献欄にあがっている文献のうち邦訳のあるものを，あまり網羅的とはいえないが，掲載した。また巻末に，原著書ではあげられていないが本書の内容と関連の深いと思われる文献を，洋書と和書または邦訳書とに分けてリストアップした。適宜，参考にしていただければさいわいである。

翻訳出版にあたって，北大路書房の小森公明社長，編集部の薄木敏之氏ほかの皆さんにたいへんお世話になった。記してお礼を述べたい。

2005年6月20日
太田の河畔，可部の里にて
編訳者　羽生義正　識

■ 編訳者紹介

羽生義正（はぶ・よしまさ）
- 1935年　台湾に生まれる
- 1964年　広島大学大学院教育学研究科博士課程単位取得満了
- 現　在　広島文教女子大学人間科学部教授（文学博士）
- 主著・論文　心理学と情報理論（共訳）　ラテイス社　1968年
  - 数理心理学序説（共訳）　新曜社　1974年
  - ブレイクダウン―ある心理学者の入院体験―（共編訳）　北大路書房　1981年
  - 現代学習心理学要説（編著）　北大路書房　1988年

■ 訳者紹介（50音順）

荒川直哉（あらかわ・なおや）
- 1960年　神奈川県に生まれる
- 1995年　Temple大学文理学部大学院課程哲学専攻よりPh.D（哲学）取得
- 現　在　（株）ジャストシステム
- 主著・論文　The naturalization of reference.（記号による対象指示の自然化に関する研究）学位論文　1995年
  - CD-ROMで始めるセマンティックWeb入門（共訳）　ジャストシステム社　2005年

五十嵐靖博（いがらし・やすひろ）
- 1966年　富山県に生まれる
- 1998年　早稲田大学大学院文学研究科博士課程単位取得満了
- 現　在　山野美容芸術短期大学美容保健学科講師
- 主著・論文　はじめて学ぶ心理学（第2版）（共著）　アートアンドブレーン　2000年
  - 意識の〈神秘〉は解明できるか（共訳）青土社　2001年
  - 入門・マインドサイエンスの思想―心の科学をめぐる現代哲学の論争―（共著）　新曜社　2004年
  - 心を名づけること―心理学の社会的構成―（上下）（共訳）　勁草書房　2005年

石川幹人（いしかわ・まさと）
- 1959年　東京に生まれる
- 1982年　東京工業大学理学部応用物理学科卒業
- 1995年　東京農工大学工学研究科物質生物工学専攻より博士（工学）取得
- 現　在　明治大学情報コミュニケーション学部教授
- 主著・論文　遺伝子情報処理への挑戦（共著）　共立出版　1994年
  - 体感する統計解析　共立出版　1997年
  - 人間と情報　培風館　1999年
  - ダーウィンの危険な思想（共訳）　青土社　2000年
  - 心とは何か―心理学と諸科学との対話―（共編著）　北大路書房　2001年

渡辺恒夫（わたなべ・つねお）
　　　1946年　　福島県に生れる
　　　1986年　　京都大学大学院文学研究科博士課程単位取得満了
　　　現　在　　東邦大学理学部生命圏環境科学科教授
　　　主著・論文　心とは何か―心理学と諸科学との対話―（共編著）　北大路書房　2001年
　　　　　　　　心理学の哲学（共編著）　北大路書房　2002年
　　　　　　　　〈私の死〉の謎―世界観の心理学で独我を超える―　ナカニシヤ出版　2002年
　　　　　　　　〈私〉という謎―自我体験の心理学（共編著）　新曜社　2004年
　　　　　　　　入門・マインドサイエンスの思想―心の科学をめぐる現代哲学の論争―（共編著）
　　　　　　　　新曜社　2004年

■ 翻訳分担

まえがき	羽生義正
第1章	五十嵐靖博
第2章	石川幹人
第3章	五十嵐靖博
第4章	五十嵐靖博
第5章	荒川直哉
第6章	荒川直哉
第7章	石川幹人
第8章	荒川直哉
第9章	渡辺恒夫
第10章	渡辺恒夫
全体粗訳・文章統一	羽生義正
補　遺	五十嵐靖博
用語解説	分担者全員

理論心理学の方法

2005年8月10日　初版第1刷印刷	定価はカバーに表示
2005年8月20日　初版第1刷発行	してあります。

著　　　者	A．クークラ
編 訳 者	羽　生　義　正
発 行 者	小　森　公　明
発 行 所	㈱北大路書房

〒603-8303　京都市北区紫野十二坊町12-8
電　話　(075) 4 3 1 - 0 3 6 1㈹
F A X　(075) 4 3 1 - 9 3 9 3
振　替　0 1 0 5 0 - 4 - 2 0 8 3

Ⓒ2005　　　　　　制作／見聞社　印刷・製本／㈱シナノ
検印省略　落丁・乱丁本はお取り替えいたします。

ISBN4-7628-2451-8　　　　Printed in Japan